신에 대해서 철학적으로 말하기

Richard Schaeffler, Philosophisch von Gott reden. Überlegungen zum Verhältnis einer Philosophischen Theologie zur christlichen Glaubensverkündigung © 2007
Verlag Karl Alber part of Verlag Herder GmbH, Freiburg im Breisgau

신에 대해서 철학적으로 말하기

초판 발행	2016년 4월 29일
초판 2쇄	2016년 6월 10일
지은이	리하르트 셰플러 Richard Schaeffler
옮긴이	이종진
펴낸이	박민우
기획팀	송인성, 김선명, 박민하, 박종인
편집팀	박우진, 김영주, 김정아, 최미라
관리팀	임선희, 정철호, 김성언, 권주련
펴낸곳	(주)도서출판 하우
주소	서울시 중랑구 망우로68길 48
전화	(02)922-7090
팩스	(02)922-7092
홈페이지	http://www.hawoo.co.kr
e-mail	hawoo@hawoo.co.kr
등록번호	제306-2004-22호

값 14,000원

ISBN 979-11-86610-64-0 93100

* 이 책은 저작권법에 따라 보호받는 저작물이므로 무단 전재와 무단 복제를 금지하며,
  이 책 내용의 전부 또는 일부를 이용하려면 반드시 저작권자와 (주)도서출판 하우의 서면 동의를 받아야 합니다.

Gott

신에 대해서 철학적으로 말하기

철학적 신학과 그리스도교 신앙선포의 관계에 대한 고찰

리하르트 셰플러 Richard Schaeffler 지음
이종진 옮김

Deus non cognoscitur nisi per se ipsum

한국 독자들을 위한 저자의 말

철학적으로 신에 대해서 말하는 것이 가능한지, 그리고 어떻게 가능한지 하는 물음은 전형적으로 유럽적인 문제로 보인다. 이 물음은 고대 후기에 유대-그리스도교적인 문화가 그리스 문화와 만나면서 생성된 것이다. 이 책의 역자와 출판사는 하나의 흥미로운 실험을 시도하고 있는데, 그것은 이들이 이 주제에 헌정된 탐구를 한국의 독자들에게 접근할 수 있게 만들고, 이때 한국의 독자들은 여기서 다루어지고 있는 주제를 분명히 또 다른 관점에서 바라볼 것이기에 그렇다.

초기 유럽의 상황은 다음의 방식으로 기술될 수 있다: 유대인들과 그 후의 그리스도인들 역시 성서 안에서 신에 대해서 말하는 것을 배웠다. 그리고 이들은 신에게 말하기 위해서 그들의 고유한 전례 언어를 발전시켰다. 그들은 그리스인들이 어떻게 신에 대해서 그리고 신에게 말하는지를 보았을 때, 그것을 외래의 신들에 대한 부역의 표현이라고 판단했다. 유대인들과 그리스도인들은 그것과 거리를 두었다.

그럼에도 불구하고 그들이 알아차린 것은, 그리스인들이 단지 그들의 예배 안에서 그리고 특유하게 종교적인 방식으로 신에 대해서 말했다는 것뿐만 아니라, 이를 위해서 고유하게 발전시킨 비판적 반성의 언어 안에서도 말했다는 점이었다. 파르메니데스, 헤라클레이토스, 혹은 플라톤과 같은 철학자들은 신이나 신들에 대해서 말했는데, 이는 척도들을 얻기 위한 것이었고, 이 척도들의 도움으로 그들은 상이한 종교들의 진술 안에서, 무엇보다도 고유한 그리스적인 전승의 신화들 안에서, 참된 것과 그릇된 것을 구분할 수 있었다. 그와 같은 철학적 척도들의 보기들은 이런 것들이었다: 참된 신에 대해서 말하려는 자는 그 신의 유일성, 그의 영원성과 불변성, 그의 초월성(모든 세상적인 것과의 상이성), 그의 존재적이고 도덕적인 완전성, 그의 전지와 전능에 대해서 말해야만 한다. "신"이라고 불리어지면서도 이런 속성들을 갖지 않는 존재는 거짓 신인 것이다.

유대인들과 그리스도인들은 이러한 논거들을 관심을 갖고 다룰 수 있었다. 그들은 그 안에서 그들이 숭배한 신만이 참된 신이라는 점에 대한 척도를 발견했다. 다른 모든 종교들은 "진리의 씨앗"(spermata veritatis)을 포함하고 있기는 하나, 신적인 것에 대한 오류로 이끄는 묘사들과 그토록 많이 섞여 있어서, 그것들은 전체적으로 "그릇된 종교들"로 선고되어야만 하는 것이다. 참고. 아우구스티누스, "참된 종교에 대해서". 신에 대한 철학적 언사는 그렇게 유대-그리스도교의 독자들에게 무엇보다도 두 가지 목적에 기여했다: 종교들 간의 비판적인 비교라는 목적에 그리고 "민족들의 종교들"에 비해서 성서적인 보도의 우위성을 입증하는 목적에.

또 다른 그리스 철학자들, 무엇보다도 신플라톤주의자들의 학교 출신인 철학자들은 그들의 신이해로부터 종교적 문헌들의 주석을 위한 지침을 발전시켰다. 그들은 전승된 신화들이 처음 일별했을 때의 원문이 인식하게 해주는 것보다 더 많은 진리를 내포하고 있음을 확신했다. 이 신화들은 "여전히 더 많은 그리고 다른 것을 말하고 있다". 그것들에 대한 적합한 주석은 그런 이유로 "우의적 해석"(Allegorese)인 것이다. *"철학적으로 신에 대해서 말하는 것"*은 그런 한에서 다음을 의미했다: 전승된 종교적 문헌들의 *"우의적 의미"*(Sensus allegoricus)를 밝히는 것. 그러나 전승된 신화들의 "문자적 의미"로부터 "우의적 의미"에로의 이행은 무엇보다도 다음을 통해서 발견되었는데, 바로 시간적 연속을 표현하는 것처럼 여겨졌던 설화들이 영원한 진리와 관련되는 통찰들의 "교육적인 표현"으로서 이해되었다는 것이다. 왜냐하면 사람들은 다음과 같이 생각했기 때문이다: 신화들은 그것들의 형식에 따라서는 설화들이지만, 그것들의 내용에 따라서는 신의 영원성과 초월성에 부응하는 그런 것으로만 이해된다. 이러한 프로그램을 뒤따른 것은, 무엇보다도 신플라톤주의의 학교 안에서, 호머와 또 다른 신화작가들의 우의적 주석의 광범위한 문헌이었다.

철학적으로 신에 대해서 말하는 과제에 대한 이러한 견해 역시 그리스도교의 보도를 해석하는 수많은 사람들로부터 동의를 발견했다. 왜냐하면 그들 역시 성서적인 설화를 주석하는 과제 앞에 서 있었는데, 그 과제는 성서적 문헌들의 저자와 독자가 "시간적인 것으로부터 영원한 것에로의 상승"을 아직 수행하지 못하였고, 그래서 신에 대해서 적합하게 말할 능력이 없다는 비난이 피해지도록 성서를 그렇게 주석하는 것이었다. 비로소 우의적인 주석이 이 문헌들로부터 종교의 참된 내용을 형성하는 저 영원한 진리들을 얻어낼 수 있는 것이다. 그러나 무엇보다도 유대인 독자들이 이러한 종류의 철학적 우의에 대해서 유보적인 태도를 취했다는 것이 플라톤적이 된 그리스도교의 신학자들(가령, 오리게네스)에 의해서 다음과 같이 추론하게 만들었는데, 바로 "유대인들은 항상 역사적인 것을 추구한다"는 것이었다. "도처에서 설화를 구하는 것", 이것은 "육적인" 사람들의 고유성이며, 그런 이유로 감각세계로부터 영원한 이념들의 세계로 상승할 능력이 없거나 그럴 의향이 없는 사람들의 고유성인 것이다. 그렇기 때문에 그들은 성서가 그에 대해서 말하는 신 안에서 "참된 신"을 다시 인식하지 못하며, 그 참된 신의 구별되는 고유성은 (무엇보다도 그의 영원성과 초월성은) 철학이 묘사하는 것이다.

다시금 이 논쟁 안에서 드러나는 것은 서두에서 언급했던 내용이다: 철학적으로 신에 대해서 말하는 것이 가능한지, 그리고 어떻게 가능한지의 물음은 전형적으로 유럽적인 문제로 보인다. 이 물음은 생성중인 유럽 안에서 유대-그리스도교적인 문화와 그리스 문화와의 만남에서 생긴 것이다. 그러나 신에 대한 언사가 의심할 바 없이 그리스 문화 안에서 존재했기 때문에, 이 물음은 곧 다음과 같은 특별한 형태를 획득했다: 성서적으로 증언된 신앙과 그리스 철학은 동일한 신에 대해서 말하는가? 혹은 "철학자들의 신"은 성서의 신과 단지 이름만을 공유하는가? 이 물음에 대한 회의적인 대답을 테르툴리안(Tertullian)은 그의 잘 알려진 물음과 함께 제시했다: "아테네가 예루살렘과 무슨 상관이 있는가?"

이 회의적인 물음은 동기가 없는 것이 아니었다. 왜냐하면 더 자세한 관찰이 보여준 것은 다음과 같았기 때문이다: 종교적 문헌들의 철학적 우의는 다루어진 문헌들의 차이에 대해서 특이한 방식으로 무관심하다. 호머의 신화들에 대한 플라톤적이 되는 우의는 성서적 문헌들의 우의적 주석과 거의 구별할 수 없는 결과들로 이끌고 있다. 여기서 계속해서 주변으로 물러나는 것은 성서적 보도의 혼동될 수 없는 특성이다. 그리고 성서적 보도의 이와 같은 혼동될 수 없는 형태는 그것의 설화형식과 긴밀히 결합되어 있다. 성서에 적합하게 신에 대해서 말한다는 것은 무엇보다도 그 신의 위대한 행적들을 이야기하는 것을 의미한다. 성서주석의 주제영역에 속하는 모든 "영원한 진리들"은 이 설화들의 올바른 이해에 기여한다; 그러나 그것들은 이 설화들을 대체하지는 못한다.

성서적 보도의 신은, 그의 영원성과 무한한 완전성을 침해받음이 없이, 역사의 신이다. "항상 설화들을 요구하는" 추정적으로 "육체적인" 유대인들은 이런 점에서 성서의 권위를 자신들의 편에 갖고 있다. 그리고 그리스도인들 역시 그들의 보도가 역사와 맺는 연관을 철학적이 되는 주석들을 통해서 빼앗기지 않도록 한다. 철학자들의 아테네는 예언자들과 사도들의 예루살렘이 아닌 것이다.

물론 이 점에서도 사람들은 이렇게 말해야만 한다: 관건이 되는 것은 유럽의 고대 후기의 특수한 문제이다. 그리스도교는 철학적 변형과 그와 결부된 "탈-역사화"의 위험으로부터 유럽 밖에서는 거의 위협받은 적이 없으며, 유럽 안에서는 단지 짧은, 이미 오래 전에 지나가버린 국면에서만 그러했다. 나지안조의 그레고리오(Gregor von Nazianz) 풍의 우의들은, 가령 그는 "거룩한 산으로의 모세의 등반"에서 호렙 산을 향한 모세의 등반을 플라톤적인 태양의 비유의 대중적인 각색으로 이해하고 있는데, 오늘날의 철학 안에서는 등장하지 않는다. "아테네"는 예루살렘에 대한 자신의 해석학적인 지배권을 오래 전에 포기했다.

그로부터 내 저서의 한국어 번역을 위해서 다음의 물음이 생겨난다: 비유럽적인 독자들이 자신의 문제가 아닌, 그리고 오늘날의 유럽인들 역시 더 이상 몰두하지 않는 문제와 대면해야만 하는가? 혹은 생성중인 유럽의 특수한 상황에서 가능컨대 또 다른 형태로 다른 시기에 다른 문화들의 구성원들에게도 물리칠 수 없는 것으로 입증된 문제들의 복합체가 발견된 것인가? 그리고 이 다른 문화들의 구성원들은 유럽의 고대에서 전개된 대답들로부터 그리고 그것들의 작용사로부터 무엇인가를 배울 수 있는가 — 이미 언급한 테르툴리안과 같은 그리스도교 비판가가 언제든 재차 지시했던 것처럼, 바로 이 대답들의 불충분함으로부터?

이런 종류의 물음들은 이제 앞에 놓인 번역의 "실험"이 어떻게 유익할 수 있는지를 인식하게 해준다. 가령, 비유럽적인, 한국의 독자들은 자신의 고유한 경험으로부터 다음의 물음에 대답해야만 하는데, 그것은 과연 비판적인 종교-비교가 그들에게 과제가 되었는지 그리고 어떤 의미에서 그러한지의 물음이다. 이것과 연결되는 물음은, 하나의 철학이 이 과제의 이행에 있어서 그들을 도와야 한다면, 그 철학은 어떤 것이어야 하는가이다. 한국의 독자들은 종교적 문헌의 올바른 주석을 위한 그들의 고유한 진력을 토대로 다음에 대한 판단을 내려야만 하는데, 그것은 그들이 종교적 설화의 언어형식에 어떤 의미를 부여하고, 그런 이유로 신앙선포 안에서의 역사적인 것을 영원한 진리에로의 상승을 위해서 뒤에다 남겨두는 신학자들의 시도를 어떻게 판단하는가이다. 그들이 이러한 물음 안에서 철학적이고 신학적인 플라톤주의들에 대해 유보적인 입장을 취한다면, 철학적인 반성을 역사적인 반성과 결합하는 시도들은 그들에게 의미심장하게 될 것이다. "철학과 신앙은 동일한 신에 대해서 말하는가?"라는 물음은 그러한 독자들에게는 다음의 물음과 연결될 것이다: "철학자들의 신 역시 역사의 신으로서 이해될 수 있는가?"

그런 종류의 숙고들은 다음과 같은 희망을 근거 짓는데, 그것은 한국의 독자들이 여기 놓여 있는, 의심할 바 없이 유럽적으로 이해된 저서 안에서 그들의 방식으로 그리고 그들의 문화적인 맥락 안에서 종교들 간의 대화를 위한 척도들과 종교적 문헌의 비판적 주석을 위한 척도들을 구하는 데 도움이 되는 문제 제기들과 논증의 단초들을 발견하게 되리라는 희망이다. 이 희망은 이 저서의 저자로 하여금 한국어로 이 책에 접근이 가능하게 된 독자들이 어떤 방식으로 여기서 행해진 철학적이고 신학적인 숙고들에 반응하게 될 것인지 긴장에 찬 주의력으로 기다리게 만든다. 나는 역자와 출판사에 대해서 그들이 문화들의 한계를 넘어선 그 같은 대화를 가능하게 해준 데 대해서 감사드린다.

뮌헨 2015년 8월
리하르트 셰플러

옮긴이의 말

옮긴이가 셰플러의 후기 저서들 중의 하나인 『신(神)에 대해서 철학적으로 말하기』를 우리말로 옮기게 된 동기는 본 저서가 특수형이상학의 한 분과인 〈철학적 신론〉의 보충교재로 삼기에 적합하다고 판단해서이다. 물론 본 저서는 저자가 한국의 독자들에게 보낸 글에서 밝혔듯이, 유럽적인 상황에서 발생한 특수한 문제를 탐구하는 데에 헌정된 것이다. 그러나 본 저서의 마지막 장에서 개진되고 있는 셰플러의 특수한 신론, 즉 칸트철학을 토대로 해서 발전시킨 요청적 신론은 전통적인 철학적 신론의 유형들과 비교할 때 비교적 새로운 것으로서, 일반적으로 철학적 신론을 연구하는 탐구자들에게 소개할 만한 가치가 있는 것이다. 즉, 이 저서의 내용은 유럽적인 맥락에서 생겨난 '철학자들의 신 논쟁'이라는 특수한 문제로부터 비롯된 것이면서도 그것을 넘어서는 함의를 갖는다는 것이다. 한국의 다종교적인 상황에서, 다양한 종교적 문헌들에 대한 상이한 철학적 해석들은 이미 그 자체로 해석학적인 경쟁의 성격을 갖는다. 다양한 종교들에 대한 비판적 비교와 그러한 비교를 위한 철학적 척도의 탐구가 진리에 근접해나가는 데에 필요한 학문적 작업임을 승인한다면, 본 저서에서 개진되고 있는 하나의 특수한 철학적 신론은 분명히 철학적이고 신학적인 성찰의 소재가 되기에 충분한 가치가 있는 것이다.

어려운 여건에서도 철학전문서적인 본 역서의 출판을 기꺼이 허락해주신 하우출판사 박민우 대표님에게 감사의 말씀을 드린다. 옮긴이는 평생을 종교철학의 여러 문제들을 탐구하는 데 바친 독일의 저명한 철학자인 셰플러의 사유가 우리의 문화권 안에서 사유하는 철학자와 신학자들에게도 계속적인 학문적 반성을 위한 자극과 동기를 부여해 주기를 바랄뿐이다. 노령임에도 불구하고 한국의 독자들에게 관심을 갖고 비교적 장문의 글을 보내주신 셰플러 교수님께는 더할 나위 없는 감사의 마음을 전해드린다.

서강대 다산관 연구실에서
2016년 4월
이종진

서언

 2005년에 나는 프라이부르그, 뮌헨, 푸아티에와 로마에서 강연을 했는데, 그 강연들은 상이한 관점에서 다음의 물음과 관계된 것이었다: 철학적으로 신에 대해서 말하는 것이 가능한가, 그리고 이때 "철학자들의 신"이 아니라, 그리스도교의 신앙보도가 말하는 신과 동일한 신에 대해서 언급되고 있음을 확신하는 것이 가능한가?
 프라이부르그에서의 강연인 "신앙, 철학 그리고 신학은 동일한 신에 대해서 말하는가?"는, 본인의 명예신학박사학위 수여를 계기로 해서 행한 것인데, 이 문제를 전개시켰다. 이때 관건이 된 것은 무엇보다도 척도들을 발전시키는 것인데, 그 척도들에 준해서 신에 대해서 말하는 철학이 신앙보도가 선포하는 신과 동일한 신에 대해서 말한다는 주장을 정당하게 제기할 수 있는지가 검토될 수 있는 것이다. 왜냐하면 오직 그럴 때에만 그 같은 철학은 신학에게도 이 신앙보도의 주석의 가능성을 제공하는 데 적합하기 때문이다.
 내가 뮌헨의 예수회 철학대학에서 명예철학박사학위 수여를 계기로 해서 행한 강연은 이 물음에 대한 대답에로 이끌 수 있는 하나의 길을 검증하려는 것이었다. 그 강연의 제목은 이렇다: "세상의 책에서 읽기 - 신에 대한 철학적 언사의 한 길인가?"
 푸아티에와 로마에서 행한 강연들은 외견상 철학사적인 주제들만을 다룬 것이지만, 체계적-철학적인 문제에 기여하려는 것이었다. 그것은, 바로 전통적인 형이상학을 넘어서서 발전되는 철학이 신에 대한 철학적 언사의 가능성을 개시하는지, 그리고 어떻게 그러한지의 문제이다.

푸아티에에서 행한 강연은 독일어 판으로 계속 작업을 해서 다음의 제목을 달았다: "종교의 변증법과 순수 이성의 역사". 이 강연은 철학사적인 관점에서 볼 때 칸트 자신이 "순수이성비판"에서 하나의 열려진 물음으로서 알아차렸던 물음과 관계된 것이었다: "순수 이성의 역사"라는 표제어 아래서 칸트는 "체계 안에 남아 있어서, 장차 가득 채워져야만 할 자리"에 대해서 말했다. 그와 같은 "열려진 자리의 채움"이 가능한지를 검토하기 위해서 시도된 것은, 칸트적인 종교이해의 계속적 발전을 통해서 인간 이성을 본질상 역사적인 크기로 규정하는 가능성을 얻는 것이었다. 그러나 이 물음에 대한 체계적-철학적 관심은, 오로지 이성을 역사적으로 이해하는 철학만이 성서의 신에 대해서 말하는 데 적합하다는 점에 의거하는데, 이 신의 인간에 대한 관계가 역사 안에서 전개되기에 그렇다.

로마에서 행한 강연인 "하이데거의 〉기여Beiträge〈 - 그리스도교의 신과의 작별인가?" 역시 우선은 철학사적인 본성을 가진 것이었다. 그러나 이 강연 또한 체계적-철학적인 관심에 기여하는 것이었다. 물음이 그랬던 것처럼, 인간적 사유를 역사적으로 이해하는 철학은, 하이데거가 생각했듯이, 필연적으로 "모든 존재했었던 신들 그리고 특히 그리스도교의 신과는 전적으로 다른" 신에 대해서 말하도록 이끄는가? 혹은 바로 이성의 역사 안에서 신앙이 말하는 신과 동일한 신이 작용하고 있음을 보도록 허용하는 대안이 열려져 있는가? [강연에서] 제시된 것처럼, 이러한 대안을 하이데거에게서 배제시킨 것은 존재론적인 차이에 대한 그의 이해이다. 그렇게 해서 다음의 물음이 생겨났다: 존재와 존재자의 차이에 대한 또 다른 이해는, 신에 대한 또 다른 철학적 언사, 즉 그 안에서 신앙하는 사람 역시 성서가 말하는 신을 재인식할 수 있는 그런 언사를 가능하게 하는가?

존재론적인 차이에 대한 그 같은 변화된 이해는 로마에서 행한 강연에서 제안되었다: 하이데거의 견해에 따르면, 그 "명령Geheiß"은, 우리에게 "사유하도록 명하고" 그래서 사유를 늘 재차 변형에로 재촉하고 동시에 능력을 주는 것인데, 직접적으로 그리고 전적으로 존재로부터 비롯된다. 반면에 존재자들은 인간적 "탈은폐의Entbergens" 한갓 대상들이다 — 유럽 철학의 시초 이래로 그리고 근세의 경과 안에서 늘 더 분명하게 이 대상들을 인간의 지배 아래에 복속시키는 시도로서 입증된 탈은폐. 그와는 반대로 여기서 제안된 대안에 따르면, 우리에게 자신의 요구의 다양한 방식들을 통해서 "사유하도록 야기하는" 것은 존재자이다. 물론 이 다양한 요구의 방식들은 서로 침투하며 그리고 이때 상대화될 상황에 처하는데, 그것들이 현상형태들Erscheinungsgestalten로서 파악되고, 그것들의 의미내용Bedeutungsgehalt이 신(神)의 해방시키는 말 건넴 안에서 발견될 수 있을 때에만, 그 방식들은 적합하게 이해된다. 존재론적인 차이는 그때 현상형태와 의미내용의 차이로서 입증된다.

존재론적인 차이에 대한 그 같은 이해는 "존재자로서의 그리고 전체에 있어서의 존재자"에 대한 물음을, 하이데거에 의해서는 지배의지의 의혹 아래에 놓여 진 것인데, 새로운 방식으로 다시 획득하는 것을 가능하게 한다. 지금까지 간행되지 않았던 논문인 "존재자에 대한 물음을 되찾음"이 이러한 가능성을 검토하는 데 바쳐졌다. 그리고 뮌헨에서 행한 강연인 "세상의 책에서 읽기 — 신에 대한 철학적 언사의 한 길인가?"는 그로부터 "철학적 신학"의 되찾음을 위한 길을 발견하는 가능성들을 검토한다. 이때의 철학적 신학은 고전적인 철학적 신론의 중요한 주제들을 끄집어내고, 동시에 종종 고발된 그 신론의 '역사와 동떨어져 있음Geschichtsferne'을 극복하는 데 적합한 그런 것이다.

거명한 네 강연들과 간행되지 않은 논문의 이 같은 주제적인 친화성으로 인해서 이 텍스트들을, 부분적으로 확장하면서, 한 책 안의 장들로서 결합될 수 있도록 개작하는 것이 좋겠다는 생각이 들었다. 이것은 다음의 사정으로 인해서 용이하게 되었는데, 푸아티에와 로마에서 행한 강연들은 지금까지 단지 프랑스어 내지 이탈리아어로 간행되었을 뿐, 독일어 판으로 출간되지 않았으며, 프라이부르그 강연과 거명한 논문은 전혀 간행되지도 않았다. 뮌헨에서 행한 강연은 "시대의 소리들Stimmen der Zeit"에서 인쇄되었는데, 보다 확장된 판으로 이 책에 수용되도록 인가해준 헤르더Herder 출판사에 감사드린다. 이 책 "철학적으로 신에 대해서 말하기"를 자신의 프로그램에 받아준 칼 알버Karl Alber 출판사에게도 감사드린다. 나는 오랜 시간 이래로 확증된 알버 출판사와의 협력이 계속됨에 대해서 기쁘게 생각한다. "학문과 종교Scientia & Religio" 총서의 편집인들에게 나의 또 다른 저서인 "신학을 위한 철학적 사유의 훈련"에 이어서 이 책 또한 그들의 명망 있는 총서에 받아준 것에 대해서 감사드린다.

뮌헨, 2006년 8월에
리하르트 셰플러

차례

한국 독자들을 위한 저자의 말 / 4

옮긴이의 말 / 10

서언 / 12

문제제기 / 21

1장: 신앙, 철학 그리고 신학은 동일한 신에 대해서 말하는가? / 31

서론: 문제의 생겨남과 그것의 해명을 위한 걸음들 / 32

1. 종교들은 신에 대해서 어떻게 말하는가? / 39
2. 신에 대해서 말하는 종교적인 방식 안에서 무엇이 성서적인 특유성이고 그리스도교적인 고유성인가? / 45
3. 신앙을 위해서 어떤 것이, 사람들이 신앙이 말하는 신에 대해서 신학적으로도 말하고 그때 철학적인 개념들을 사용할 수 있는지의 여부에 좌우되는가? 그리고 어떤 척도들에서 그 같은 언사가 측정되어야 하는가? / 56
4. 어떤 종류의 신학과 철학이 이러한 척도들에서 자신을 확증하는 데 적합한가? / 63
5. 철학을 위해서 어떤 것이, 철학이 자신이 말하는 바의 것을 "신"이라 명명할 수 있는지의 여부에 좌우되는가? / 73

계속되는 물음: 이성은 역사를 가지는가? / 78

2장: 종교의 변증법과 순수이성의 역사
혹은: 칸트적인 체계 내의 빈틈은 채워질 수 있는가? / 83

A. 전통적인 관점: 역사에 대한 영원한 진리들의 승리로서의 이성과 시간에 대한 영혼의 승리로서의 종교 / 86
   1. 이성 - 사실진리들에 대한 영원한 진리들의 승리와 그것들의 역사에 대한 나중의 발견 / 86
   2. 종교 - 영원한 것의 경험 그리고 역사가 종교에 본질적이라는 뒤늦은 발견 / 88

B. 새로운 관점: 종교의 변증법과 이성의 역사의 발견 / 91
   1. 칸트에 있어서 "순수 이성의 변증법"과 새로운 종교이해 / 91
   2. 희망의 철학으로서의 칸트적 요청이론 / 93
   3. 신에 대한 요청적인 언사의 고유성에 대하여 / 95
   4. "종교의 변증법"이 있는가? 혹은: "칸트와 함께 칸트를 넘어서" 가야하는 세 이유들 / 97

C. 칸트의 체계 내의 "빈틈"은 채워질 수 있는가? / 105
   1. 종교의 역사 / 105
   2. 이성의 자율성, 신적인 법칙 그리고 의무의 다양 / 109
   3. 이성 - 배울 능력이 있는 선생 / 113
   4. 칸트와 함께 칸트를 넘어서: 이성은 경험을 가능하게 하며, 경험은 이성을 자기규정의 새로운 형식들에로 불러낸다 / 116

도달된 문제 상황에 대하여 / 118

계속되는 물음: 사유를 본질적으로 역사적으로 파악하는 철학은 어떤 신에 대해서 말하는가? / 120

3장: 하이데거의 "기여"
혹은: 이성에 대한 역사적 이해는 "그리스도교의 신"과의 작별로 이어지는가? / 123

주제의 해명을 위해서: 하이데거의 후기철학 - "전혀 다른 신"에 대한 고지인가? / 124

- A. "마지막 신의 지나가버림", 마틴 하이데거의 사유길, 그리고 그 주도적인 주제로서의 "존재론적인 차이" / 126
  1. "존재론적인 차이" - 하이데거의 사유길의 모든 국면들에서의 지속적인 주제 / 127
  2. "존재와 시간"에서 "기여"에로의 길 / 129
  3. "거절의 최상의 형태"로서의 "마지막 신" / 132
  4. "기여"를 넘어서는 길? / 133
  5. 사유와 역사 - 관계규정의 이중적 측면 / 136
- B. 책임 있는 들음의 시도들과 계속되는 주석의 과제들 / 140
  1. "존재의 호의"와 "존재자의 요구"에 대한 물음 / 141
  2. 존재론적 차이에 대한 새로운 해석: 현상형태와 의미내용의 구분 / 142
  3. "열린 장"의 교체하는 형태들과 사유의 역사에 대한 물음 / 145
  4. "존재망각" - 불가피한 "운명"인가? / 147
  5. "신의 지나감" - 한갓 "지나가버림"인가? / 149
  6. "존재의 본질"로서의 자유 - 그리고 존재론적인 차이에 대한 새로운 이해? / 150
  7. "마지막 신" - 물음이 다시 한 번 새롭게 제기됨 / 153

계속되는 물음: 존재자로서의 존재자에 대한 물음을 되찾음 / 155

4장: 존재자에 대한 물음을 되찾음 / 159

1. 존재론적인 물음은 경험들을 주석한다 / 160
2. 우연성의 경험과 자유의 문제 / 165
3. 어떤 방식으로 대상은 자신을 우리에게 드러내는가 / 167
4. 대상구성의 역설 / 177
5. 성공적인 경험의 우연성과 신적인 말 건넴의 해방시키는 자유 / 179
6. 존재자에 대해 새롭게 제기된 물음 - 신에 대한 새로운 언사에로의 길인가? / 183

5장: 세상의 책에서 읽기
신에 대한 철학적 언사의 한 길인가? / 187

서론: "세상의 책에서 읽기" - 오래된 프로그램어, 새롭게 읽힘 / 188

1. 이 프로그램어의 다중적인 의미 / 188
　　2. 다음에 전개되는 숙고의 의도 / 190
　　3. 철학적으로 신에 대해서 말하는 새로운 방식의 시도를 위한 동기들 / 192

A. 하나의 책으로서의 세상 그리고 그것이 읽혀질 수 있기 위한 조건들 / 196
　　1. "세상의 책에서 읽기" - 일체의 "인간들의 책들에서 읽기"를 비로소 가능하게 만드는 유일한 조건 / 196
　　2. 하나의 은유, 그러나 시적인 그림 그 이상인 것 / 199
　　3. 읽기는 능동적인 과정이며, 그러나 자기대화는 아니다 / 200
　　4. 텍스트는 모든 성급한 이해에 저항한다 / 208
　　5. 텍스트는 새로 읽었을 때, 새로운 것을 말한다. 그러나 그것이 상대주의를 정당화하지는 않는다 / 213

B. 길은 텍스트의 이해로부터 저자의 인식에로 이끄는가? / 216
　　1. 도달된 문제 상황에 대하여: 어떤 종류의 유비가 신을 "저자"로서 말하게 허용하는가? / 216
　　2. "심리학적인" 그리고 "문법적인" 주석 / 218
　　3. 텍스트의 문법으로부터 저자의 필체에로? / 223

C. 전망: 주석의 조력으로서의 칸트의 철학 - 그리고 새로운 테제: 경험의 해방시키는 힘이 필체이며, 그것에서 우리는 신적인 저자의 해방시키는 자유를 인식한다 / 230
　　1. 칸트 - 변화된 문제맥락 안에서 주석의 조력자로서 / 230
　　2. 전통적인 신 증명들 - 새롭게 통역함 / 234

부록

참고 문헌 / 238

색인 / 242

문제 제기

"신에 대해서 철학적으로 말하기"라는 제목은 이 책의 한정된 틀 안에서 다 다룰 수 없는 주제영역을 지시하고 있다. 주도적인 물음은 다음과 같은 것이 아니다: "철학적으로 신에 대해서 무엇이 말해질 수 있는가?" (나의 저서인 "신학을 위한 철학적 사유의 훈련Philosophische Einübung in die Theologie", 특히 제 2권인 "신론을 위한 철학적 사유의 훈련Philosophische Einübung in die Gotteslehre"에서 나는 이 물음의 대답을 위한 단초를 발전시키고자 했다.) 여기서는 보다 작은 물음이 다루어질 것이다: "철학자는, 그가 신에 대해서 말하고자 시도할 때, 신앙의 언어사용에서 '신'이라 불리어지는 저 현실에 대해서 말하고 있다고 확신할 수 있는가?" 부제목인 "그리스도교 신앙선포와 철학적 신학의 관계에 대한 숙고"는 이 작은 주제설정을 암시하는 것이다.

철학의 시작 이래로 신 혹은 신들에 대해서 말하는 것이 철학의 과제에 속한다는 것은 당연한 것으로 간주되었다. 아리스토텔레스는 철학의 전 영역 안에서 신에 대한 철학적 언사의 장소를 지정했었다: "이론 철학은 세 개의 분과들을 갖는다: 수학, 자연학 그리고 신학"[1]. 이때 "신학은 (모든 물체적인 것으로부터) 분리되어서 존재하며, 움직여지지 않는 것에 대해서 다룬다"[2]. 왜냐하면 "신적인 자연은 분리되어 있고, 움직여지지 않으며, 동시에 첫째이자 가장 많이 지배하는 원리이기 때문이다 - $\pi\varrho\dot{\omega}\tau\eta$ $\varkappa\alpha\dot{\iota}$

---

[1] Metaphysik ε 1.1026 a.
[2] Met κ 7.1064 a 33.

κυριωτάτη ἀρχή"³. "분리된"과 "움직여지지 않은"이라는 술어들이 감각적 지각의 대상들과 신적인 것의 차이를 표현하는 반면에, "원리"라는 술어는 감각적으로 주어진 세계와 신적인 것의 관계를 표현하고 있다.

이제 형이상학과 그것의 부분으로서의 철학적 신론은 오래전부터 근본적인 비판에 직면해 있다. 흔히 듣게 되는 견해에 따르면 우리는 "형이상학 이후의nachmetaphysische 시대"에 들어섰다. 이와 함께 철학적으로 신에 대해서 말하는 전통적인 방식 역시 변경할 수 없이 과거가 되어버렸다는 것이다. 이러한 "철학사적인 시대규정" 앞에서 우선 다음의 질문이 제기될 수 있다: 전통적인 형이상학이 다루어 온 주제들은 변화된 방식으로 다시 획득되고 있는가? 전통적인 형이상학을 아주 철저히 비판했던 칸트가 그럼에도 불구하고 가졌던 견해는, 형이상학의 물음들이 "인간의 자연본성이 무관심할 수 없는 대상의 연구와 관련해서 아무리 무관심한 척하려 해도 그것은 소용없는 것"⁴에 해당되는 종류의 물음들이라는 것이다. 왜냐하면 형이상학이 제기하는 물음들은 "이성 자체의 본성으로부터 부과된 것"⁵이기 때문이다. 여기에 연결되는 물음은 이렇다: 선험철학은 - 칸트적인 형태에서든, 계속 발전된 형태에서든 - 신에 대해서 말하는 새로운 방식의 단초를 제공하는가? "선험신학은 선험철학의 최상의 관점이다"⁶. 존재론과 그리고 신에 대해서 말하는 선험철학적인 방식을 새롭게 획득하는 가능성은 이 책의 4장과 5장에서 해명될 것이다.

그전에 또 다른 물음이 제기될 수 있다: 설령 신에 대한 철학적 언사의 가능성을 이런 혹은 또 다른 길에서 다시 획득하는 것이 가능하다 할지라도, 철학자들이 말하는 저 현실(가령, "자기 자신 안에 존립하는 존재" 혹은 "모든 대상구성의 최상의 조건")이 신앙이 말하는 신과 동일한 것인가? 그

---

3 Met κ 7.1064 a 37.
4 Immanuel Kant, Kritik der reinen Vernunft, Vorrede zur ersten Auflage, A, X.
5 A.a.O.A, VIII.
6 Immanuel Kant, Opus posthumum, 7. Konvolut, 5. Blatt.

리고 이 물음이 어떻게 대답되는지에 좌우되는 것은 철학에 대해서, 그러나 또한 신앙에 대해서 무엇인가? 이 물음은 철학을 위해서 중요한 것이다; 왜냐하면 "신"이라는 어휘는 철학의 언어 안에서는 차용어인데, 이는 본래 종교의 언어 안에 그 본향을 두고 있기 때문이다. 이 차용어의 철학적 사용은 그렇기 때문에 신에 대한 종교적인 혹은 특별히 그리스도교적인 언사를 비판적으로 주석한다는 주장을 포함하고 있다. 그와 함께 철학은 특별한 종류의 경험에 대한 연관을 획득한다. 그리고 이제 드러나게 될 것은, 이러한 해석학적 능력 안에 철학의 검증시험Bewährungsprobe이 놓일 수 있다는 것이다. 그러나 이 해석학적인 검증시험은 단지, 철학과 종교 내지 그리스도교 신앙이 동일한 신에 대해서 말한다는 것이 제시될 수 있을 때에만, 성공할 수 있다.

   철학의 동일한 해석학적 주장은 다음의 물음에 대한 다수의 신학자들의 관심 역시 근거 짓는 것인데, 그 물음이란 신앙이 말하는 신에 대해서 철학적으로 말하는 것이 가능한가의 여부이다. 왜냐하면 신학은 신앙을 가능한 자기-오해들로부터 보호하려고 진력하기 때문이다. 만일 철학이 동일한 신에 대해서 말할 경우에, 신학은 자신의 과제를 이행하기 위해서 철학적인 신 개념들을 끌어오려고 시도할 수 있다. 이를 위해서 여기서는 단지 유일한 보기 하나만을 들겠다: 서두에서 언급한 철학적 신 개념은 동시에 신이나 신들에 대한 모든 종교적 언사를 판단하기 위한 척도를 내포한다: 철학이 분리되어 있고 움직여지지 않은 것에 대한 언사로서 자신을 이해시키는 그 만큼, 철학은 "진실로 신적인 것"에 대해서 말한다. 그러나 동시에 하나의 주석규칙이 지칭되었는데, 그것은 신이나 신들에 대한 종교적 언사의 이해를 가능하게 만드는 것이다: 종교들이 형식에 따라서 "맨-처음들"에 대해서 이야기하는 곳에서, 이 설화들은 무시간적인 "원리들"에 대한 구상적인 언사로서 주석될 수 있다. "시간에 따라서 최초인 것"은 "개념과 사안에 따라서 최초인 것"의 구상적인 묘사이다. 수백 년 동안 그리스도교 신학을 위해서 그와 같은 주석의 표준적인 보기를 아우구스티누스가 제공했다. 그가 성서에서 "한 처음에("in principio") 하느님이 하늘과 땅을 창조했다"는 말을 읽을 때, 그는 주석을 하면서 "어떤 원칙 안에서"(in quo principio) 하느님이 하늘과 땅을 창조했는지를 묻고 있으며, 다음과 같이 대답하고 있다: "그의 영원한, 모든 물질적인 것으로부터 분리된 그리고 자기 자신 안에서 쉬고 있는 말씀 안에서"[7].

이 보기에서 분명해지는 것은, 어떤 방식으로 신에 대한 그 같은 철학적 언사가 그리스도교 신학을 위해서 의미심장하게 되었는지 하는 것이다: 그것은 그리스도교 신학에게 종교들을 비판적으로 판별하게 하는 데 기여했으며 - 무엇보다도 신적인 것을 움직여지지 않은 것도 아니고, 분리되어 있는 것도 아닌 것으로서 묘사하는 민족들의 신화들에 대한 비판에 기여했으며 - 성서적인 보도의 주석이 그것에 준해서 확증되어야 하는 바로서의 규칙으로서 기여했다: 모든 물질적인 것과 시간에 종속된 것으로부터 영원하고 움직여지지 않은 원리에로의 상승 안에서 비로소 성서적 보도에 대한 저 이해가 획득되는데, 그것은 모든 신화들을 능가하는 성서적 보도의 진리와 우월성을 드러내게 한다. 철학적 개념들의 사용이 그러한 주석에 기여하는 것은, 말씀을 "육적인 것"으로 이해하려는 늘 임박한 퇴행을 피하고, 말씀의 "영적인geistlichen" 의미를 드러내게 하는 것이다. 이때 물론 성서문헌의 "영적인"(spirituelle) 의미는 어느 정도의 자명성으로 그것의 "정신적인geistigen"(intelligiblen) 의미와 동일시되고 있다. "죽이는 문자"로부터 "살아있게 만드는 영"으로의 상승은 동시에 물질적이고 시간적인 세계로부터 정신적이고 영원한 세계로의 상승으로서 이해되고 있다. 중세의 스콜라 철학자들이 아리스토텔레스의 개념들인 "분리된 것"과 "움직여지지 않은 것"에 집중했던 반면에, 교회의 교부들은 우세하게도 플라톤적인 인식이론을 성서적 선포에 대한 그들의 해석학의 토대로 만들었다 - 범례적

---

[7] Aurelius Augustinus, Confessiones XI cap.9.

으로 니싸의 그레고리오Gregor von Nyssa가 그의 저서인 "모세의 생애Vita Moysis"에서 "거룩한 산으로의 모세의 등정"을 감각세계로부터 이데아-천상에로의 상승으로서 묘사하고 있는 곳에서 그러하며, 이러한 상승에 대하여 플라톤은 그의 "동굴의 비유"에서 말했다[8].

바로 영적인 것(Spirituellen)과 정신적인 것(Intelligiblen)의 이러한 동일시가 다음의 물음을 생겨나게 한다: 그리스도교의 보도는, 만일 그것이 신 혹은 신적인 것에 대한 철학적 개념들을 가지고 주석될 경우에, 그것의 혼동될 수 없는 특성 안에서 적중된 것인가 혹은 그르쳐진 것인가? 우리는 이 물음의 절박성을 하나의 보기에서 분명히 할 수 있는데, 그것은 신학의 역사 안에서 응당 받았어야 할 주목을 늘 발견했던 것은 아니다: 스피노자에게서 철학적 경건성의 표현으로서 이 문장이 발견된다. "신을 사랑하는 자는 신이 그를 다시 사랑하는 것을 바랄 수는 없다"[9]. 그것을 "바랄 수 없는" 이유는 사랑이 상처를 준다는 점에 존립한다. 사랑하는 자는, 그의 사랑이 응답받지 못할 때, 고통을 당한다. 상처받은 사랑의 고통은 분노로 표현되며, 그 분노는 그렇게 가치가 없는 상대에게 사랑하면서 매여 있었던 것을 사랑하는 자가 후회하는 지경에 이르도록 할 수 있다. 동시에 분노는, 상처받은 사랑의 표현으로서, 이 무가치한 상대가 상처받은 애인에게 상관없게 된 것이 아니라는 표현이기도 하다. 이것은 다음의 가능성을 열어두는데, 곧 분노하는 자가 발견하게 되는 것은, 자신이 자기가 사랑한 자에게서 벗어날 수 없으며("도대체 어머니가 자기 아이를 잊을 수 있는가?"), "자기의 후회를 후회하게" 되고, "자신의 분노로부터 돌아서게" 된다는 것이다. 인간을 사랑하게 되는 신은 자신을 상처받게 만들 뿐만 아니라, 이를 통해서 그 이상의 "정서들"에 종속되는데, 무엇보다도 분노와 후회이다: 자신의 사랑에 대한 후회, 그러나 또한 자신의 후회에 대한 후회, 그리고 그와 함께 자신의

---

[8] Gregor v. Nyssa, "De Vita Moysis", ed Daniélou, gr.u.frz. Paris 6. Aufl 1956.
[9] B. Spinoza, Ethik, 5. Teil, Lehrsatz 19.

분노로부터 돌아섬. 그러한 신은 스피노자의 견해에 따르면, 영원하고, 움직여지지 않고, 자기 자신 안에서 지복적임을 중지한 신이다. 그와 함께 그 신은 진실로 신적인 존재이기를 멈춘 것이기도 하다. 그 철학자가 이해하는 대로의 경건성은 신이 그러한 일을 당하도록 원하는 것을 금한다(게다가 그러한 원의는 헛된 것인데, 왜냐하면 신은 신으로 존재하기를 전혀 중지할 수 없기 때문이다).

이제 결정적인 것은, 철학적인 의미에서 "신을 사랑하는 자"가 원할 수 없는 모든 것이 성서에서는 실제로 일어난 것으로 보도되고 있다는 것이다: 성서의 신은 사랑한다. 그는 이 사랑에 응답하지 않는 인간을 통해서 상처를 받는다. 이 상처받은 사랑은 분노로서 표현된다. 그렇게 되면 "신은 인간을 창조한 것을 후회하게 된다"(홍수에 대한 보도의 시작). 그러나 그렇게 되면 신은 여전히 분노 안에서 자신의 사랑으로부터 풀려나지 못하며, 이 후회를 후회하게 되고, 죄를 지은 인간들에게 다시는 홍수의 새로운 심판을 내리지 않겠다고 약속한다. (구름 사이의 무지개는 우선적으로 인간에게가 아니라 신 자신에게 이 약속을 상기시키는데, 이는 신으로 하여금 새롭게 분노를 발하는 것을 막기 위해서다.) 죄스런 인간들의 희망은 여기에 의거하며, 그래서 니느웨Niniveh의 왕은 요나Jona 예언자의 심판고지에 대답할 수 있었다: "하느님께서 노여움을 푸시고 우리를 멸하시려던 뜻을 돌이키실지 아느냐?"[10].

신에게 사랑받고 싶은 소망에 대한 스피노자의 경건한 포기는 철학적 경건성의 극단적인 경우로 보일 수도 있다. 그러나 이것은 이미 아리스토텔레스에게서 표명된 "진실로 신적인 것"의 척도들로부터 생긴 귀결이다: "분리되어" 있고, "움직여지지 않게" 있음. 아리스토텔레스주의자들 그리고 그들 중의 그리스도인들 역시 신의 "분리되어 있음"으로부터 다음의 결론을 이끌어냈다: 피조물이 신과 맺는 다양한 관계들이 있기는 하다. 그러나

---

10 Jona 3,9.

신이 피조물과 맺는 실재적인reale 관계는 없다. 왜냐하면 그와 같은 관계는 신의 존재 안으로 상대성의 한 계기를 짊어지도록 하겠기 때문이다. 그리고 "움직여지지 않음"이라는 신의 술어로부터 그들이 추론한 것은, 피조물들이 창조주와 관계하는 방식을 통한 신의 "촉발됨Affiziertwerden"에 대한 저마다의 생각 역시 근본적으로 거부되어야 한다는 것이다. 왜냐하면 그렇지 않을 경우 신은 모든 "심정의 움직임들"의 교체에 연루되겠기 때문이다. 그것은 무엇보다도 분노와 후회를 포함할 수밖에 없는 것들이다. 스피노자가 그로부터 이끌어낸 결론, 곧 인간들을 사랑하는 신은 신이기를 멈추게 된다는 생각은, 이러한 신이해가 성서의 보도와 중요한 관점에서 모순된다는 것을 특히나 분명히 해준다. "하느님은 사랑이시다"라는 요한복음의 진술은, 현재 재위중인 교황[베네딕토 16세 교황-역자 주]이 자신의 강령적인 회칙의 주제로 삼은 것인데, 이러한 대조를 그 근본적인 의미에서 오해의 여지 없이 드러내고 있다.

이제 그리스도교의 플라톤주의자들과 아리스토텔레스주의자들이 늘 사랑의 신에 대해서 말하려 진력했다는 것은 의심의 여지가 없는 것인데, 이 신은 플라톤의 "선(善)"처럼 자기 본성의 필연성으로부터 "스스로를 발산하는"("선은 자기 확산적인 것이다Bonum est diffusivum sui") 존재가 아니라, 자유롭고 강요받지 않은 결단으로부터 죄인에게 향하는 분이다. 그리고 그들은 여기서부터 한 신에 대해서 말하기 위한 길들을 추구했는데, 그 신은 죄스런 인간에 대한 사랑을 통해서 우연적인 결정들에 의거하는 역사에 관여하는 분이다: [가령] "선택"의 결정에 [의거하는 역사], 이 결정을 통해서 이 신은 죄스런 인간들을 죄스런 세상 안에서 구원을 일으키는 도구로 만든다, 그리고 강요받지 않은 용서의 행위들에 [의거하는 역사], 이 행위들을 통해서 동일한 신은 선택되었으면서도 죄를 짓게 된 자들에게 회심의 새로운 길들을 열어준다. 그럼에도 불구하고 늘 재차 드러나는 것은, 선택된 플라톤적이고 아리스토텔레스적인 개념들이 이러한 신학적 진술의도와 긴장에 빠졌고, 그 결과로 신과 인간 사이의 역사적인 관계가 언제든 재차 은 연중에 신적인 본성과 인간적 본성 간의 본질관계Wesensverhältnis로 이해 되었다는 것이다. 그리하여 성서가 말하는 신관계의 역사적인 성격이 시야에서 사라질 위험에 처하게 된 것이다. 그렇게 되면 역사는 교환할 수 있는 "보기들"의 다양성으로 화하고, 이를 통해서 늘 동일한 본질관계가 구상적으로 현상하게 된다. 형이상학적 개념들의 사용은, 신학적인 의도와 이 의도를 실현하려는 철학적 길들이 서로 대구에 처하게 된 것에 대한 이유처럼 여겨진다.

이런 종류의 관찰들은 불가피하게 다음의 물음을 제기한다: 철학은 (그리고 철학적 개념들을 이용하는 신학은) 신앙이 말하는 신과 동일한 신에 대해서 말하는가? 이때 특기할 만한 것은, 이 물음이 철학자들에 의해서는 거의 제기되지 않고, 신앙인들에 의해서 제기된다는 것이다. 철학자들이 무릇 신에 대해서 말할 경우에, 그들은, 얼마 안 되는 예외들을 도외시한다면, 신앙이 말하는 신과 동일한 신에 대해서 말하고 있다고 확신한다. 그러나 신앙인들은 철학자들이 말하는 신 안에서 성서에서 증언된 신을 다시 발견하지 못하는 경험을 늘 해 왔다. 성서의 신은 그들이 신앙하고, 희망하고 사랑하면서, 무엇보다도 전례를 거행하면서 관계를 맺는 신이다. 이러한 어려움이 생겨난 데에는 신의 "부동성"과 순수한 가지성Intelligibilität에 대한 플라톤적인 진술들과, "분리되어 있음"이라는, 그리고 모든 "촉발됨"과 모든 관계들을 능가하는 "순수한 현실성과 자기연관성"이라는 아리스토텔레스적인 신술어들Gottesprädikate 또한 결정적인 역할을 했다.

이로부터 "철학자들의 신"이 "아브라함과 이사악과 야곱의 하느님"[11]과 동일한 것인지 하는 의구심이 생겨날 수 있었다. 하지만 이 의구심이 하나의 테제, 곧 철학은 근본적으로 신앙의 신과는 또 다른 신에 대해서 말한다는 테제에 의해서 대답되기 전에 물어야 할 것이 있다:

---

11 Blaise Pascal, Mémorial.

철학 그 자체가 이러한 의구심을 생겨나게 한 것인가? 아니면, 이것은 단지 특정한 종류의 철학에만 적용되는 것인가? 신앙인이 그 안에서 "자신의 신"을 다시 인식할 수 있게끔 그렇게 신에 대해서 말하는 또 다른 종류의 철학이 가능한가? 이 물음을 결정하기 위해서는 척도들이 필요하다: 철학이 신에 대해서 말하면서 그 신이 그리스도교 신앙의 보도가 선포하는 신과 또 다른 신이 아니라는 것을 확신할 수 있으려면, 그 철학은 어떤 특성을 지닌 것이어야 할까?

1장

신앙, 철학 그리고 신학은 동일한 신에 대해서 말하는가?

서론:
문제의 생겨남과 그것의 해명을 위한 걸음들

앞으로의 상론이 바쳐지게 될 문제설정을 해명하기 위해서 나는 우선 중세의 대전들Summen과 "문제토론Quaestiones disputatae"이라는 언어용법을 그것들의 세 단락들인 "다음과 같이 생각된다Videtur quod", "그러나 다음과 같은 반론이 있다Sed contra", "나는 다음과 같이 말해야 한다Respondeo dicendum", 그리고 그것과 연결된 "주장Argumentum"과 함께 사용할 것이다.

(다음과 같이 생각된다)

신앙, 철학 그리고 신학이 동일한 신에 대해서 말하고 있는 것은 자명한 것처럼 생각된다. 이미 그 물음은 무의미해 보이는데, 그것의 대답이 분석적이기 때문이다: 오직 하나의 신만이 존재한다. 따라서 무릇 신에 대해서 말하는 사람은 저마다가 동일한 신에 대해서 말하는 것이다. 문제가 되는 것은 다만, 그가 신에 대해서 올바른 것을 말하고 있는가의 여부이다.

(그러나 다음과 같은 반론이 있다)

신학사적인 관찰은 이러한 외관에 반대해서 말하고 있다: 늦어도 파스칼 이래로 이러한 동일성에 대한 신학적 의심이 있었다: "아브라함과 이사악과 야곱의 하느님, 철학자들과 현자들의 신이 아닌".

물음은 물론 이렇다: 파스칼의 경계설정에서 "아닌nicht"이 의미하는 것

은 무엇인가? 그것은 단지 "무엇"(진술내용)과 관계되는가, 혹은 "무엇에 관하여"("지시체")와도 관계되는가? 신앙과 철학은 동일한 신에 대해서 단지 상이한 것을 말하는가? 혹은 철학자들의 신은 신앙의 신과는 다른 존재인가? 신에 대한 언사의 "어떠함das Wie"은 "무엇Was" 그리고 "무엇에 관하여Wovon"와 어떻게 관계하는가? 그것은 "형식적 사안일 뿐"인가? 혹은 하나의 언사가 무엇에 대해서 말하고 또한 무엇을 말하는 것은 어떻게 말해지는지의 방식에 종속된 것인가?

(나는 다음과 같이 말해야 한다)

이 물음에 대해서 내가 시도하는 것은 아직은 대답 자체가 아니라, 우선은 척도와 관계되는데, 그 척도에 준해서 가능한 대답들이 측정되어야 하는 것이다. 이런 의미에서 척도의 문제에 대한 나의 대답은 다음과 같다:

철학과 신학이 신앙이 말하는 신과 동일한 신에 대해서 말하는지의 여부는 신앙의 증인들과의 대화에서 밝혀져야 한다.

철학과 신학은 신앙하는 사람에게 신앙의 보도를 이해시키기 위한 조력들을 제공한다. 이러한 이해의 조력이 그것이 성취하려는 바를 이루는지의 여부는, 그것이 신앙인으로 하여금 신앙보도의 들음으로부터 그 자신에게 생겨나는 물음에 대답하도록 도와주는지의 여부에서 제시되어야 한다.

(주장)

나의 논증은 우선은 철학에만, 이차적으로는 물론 신학과도 관계되는데, 신학이 그 자신의 주장과 진술에 있어서 철학적 개념들을 사용하는 한에서 말이다.

첫 번째 걸음

의심할 바 없이 철학은 신에 대해서 신앙과는 다른 것을 말한다. 신앙은 창조주에 대해서 말하며, 철학은 예를 들면 "최초의 부동의 동자primus motor immobilis"에 대해서 말한다. 신앙은 "지속하는" 신에 대해서 말하는데, "그의 시간은 노쇠하지 않기" 때문이다. 철학은 "순수 현실태actus purus"에 대해서 말하는데, 그것의 실존은 어떤 것에도, 누구에게도 종속되어 있지 않다. 이것은 지시체의 동일성에 영향을 끼치지 않는데, 상이한 진술들이 서로 논리적으로 모순되지 않는 한에서 말이다. 물론 동일한 대상에 대한 모순적인 진술들이 이루어지는 곳에서 그들 중 하나는 거짓이거나 - 혹은 그것들은 외견상으로만 동일한 대상에 대해서 말하고 있는 것이다.

앞의 경우에는 어떠한가? "최초의 동자"는 무수히 많은 "이차원인들"을 통해서 우리의 경험세계에서 발생하는 것과 분리되어 있다 - 창조주는 그렇지 않다. "순수 현실태"는 "수난Passio"의 모든 가능성으로부터 벗어나 있다 - 그것은 성서의 신처럼 "화를 낼 수" 있는가? 만일 그것이 그렇게 할 수 없을 경우에: 그것은 그렇다면 "사랑할 수" 있는가? "분노"는 상처 받은 사랑이다. 사랑하지 않는 자만이 분노하지 않는다.

이 진술들 중의 하나는 거짓인가? 아니면 그 대상은 동일한 것이 아닌가? 따라서 상이한 신들이 있는 것인가?

두 번째 걸음

성서는 "여러 민족들"에 의해서 숭배되고 있는 "거짓 신들"에 대해서 말하고 있다. 만일 하나의 신만이 있다면, 그런 "거짓 신들"이 존재하는 것인가? 구약성서의 유배 이후의 경전들에서 그에 대한 대답이 발견되고 있다: "거짓 신들"이란 신이 아니지만, 신으로서 간주되기를 바라는 존재들이다. 그것에 "철학자들의 신"도 속하는가? 철학은 신에 대해서 단지 신앙이 말하는 것과는 다른 것을 말하는가? 혹은 철학은 하나의 현실에 대해서 말하면서 - 신에 대해서가 아니라, 이 현실을 신으로 사칭하는가? 철학은 "거짓 신"에 대해서 말하는가? 이것은 "변증신학"을 대변한 많은 사람들의 견해였다(예를 들면, 헬무트 틸렉케Helmuth Thielecke, 나는 학생시절에 그의 강의를 들었었다).

세 번째 걸음

"무엇에 관하여"(지시체)와 "무엇"(진술-내용) 옆에 신에 대해서 말해지는 방식인 "어떻게"도 존재한다. 여기에, 비록 진술들이 논리적으로 결합할 수 있다 할지라도, 신앙과 철학 사이의 지속적인 차이가 놓여있는 것일까?

"사람들은 철학자들의 신에게 희생제를 드릴 수가 없다. 그 신 앞에서 무릎을 꿇을 수도 없고, 음악을 연주하거나 춤을 출 수도 없다"[12]. 사정이 이러한 이유는, 철학자들이 신에 대한 진술을 할 때, 그 진술들이 의례적인 숭배를 배제하는 데에 있다는 것이 아니다. 오히려 그 이유는, 그 진술이 신에 대해서 말하는 방식에 있는 것이다: 가설설정의 대상으로서, 그리고 말해진 모든 것을 지속적으로 교정 가능한 것으로 설정하고, 그래서 나누어지지 않은 헌신을 방해하는, 열려진 창구를 가진 토론의 대상으로서. 바로 계속되는 토론의 이러한 열어둠에 기여하는 것이 철학적 개념들과 그것들의 도움으로 표명된 진술들이다. 이를 통해서 철학적 진술들은 그 특유의 형식을 취하게 되는데, 이것이 종교적 개념들과 진술들의 형식, 예를 들면, 찬미하는 고백의 언어형식과 근본적으로 구분된다. 이것은 분명히도, 만일 사람들이 하나의 언사가 무엇에 대한 것인지 그리고 무엇을 말하는지를 알고자 원할 경우에, 사람들이 경시할 수도 있는 한갓 "형식적 사안" 이상의 것이다.

저 이의제기 근저에는 현상학의 근본-통찰이 놓여 있다: 노에시스의 구조와 노에마의 본질-고유성 사이에는 "엄밀한 상관관계"가 존립한다. 우리로 하여금 대상과 관계 맺게 하는 행위의 형식과 그 때문에 우리가 그 대상에 대해서 말하게 되는 언사의 형식 또한 맥락을 형성하는데, 그 안에서 저마다의 "지향적 행위"와 그로 인한 저마다의 언사 또한 비로소 그것의 "무엇에 관하여"와 "무엇"을 획득하게 된다. 이로써 현상학은 선험철학의 근

---

[12] Martin Heidegger, Identität und Differenz, Pfullingen 1957, S. 70.

본통찰과 연결된다: 형식들은 "대상-구성적"이다. 왜냐하면 형식들은 주관적 체험들이 객관적으로 타당한 경험으로 변환되는 것을 가능하게 만들기 때문이다.

계속적으로 발전된 선험철학이 보여주는 것은 이렇다: 상이하게 구조화된 맥락들이 있으며, 그 안에서 객관적으로 타당한 것의 척도들은 상이하게 설정된다.

이를 위해서 가장 잘 알려진 보기는 다음과 같다: 근대 학문의 맥락 안에서 자유와 그리고 그와 함께 윤리적 의무는 등장하지 않으며, 그렇게 해서 그것들은 "주관적인 평가"로서 나타난다. 그러나 그로부터 윤리적 의무란 존재하지 않는다는 결론을 끌어내는 것은 오류추론이다. "자유"와 "윤리적 의무"가 과학적인 경험지식Empirie의 맥락 안에 존재하지 않는다는 것이, 이 개념들이 의미하는 바가 또 다른 맥락들 안에서 존재한다는 것을 부인하게 하지는 못한다. 이 또 다른 맥락들 안에서 존재하는 것은 거기서 자신을 "객관적으로 타당한" 것으로서, 즉 우리의 이론적이고 실천적인 판단을 위한 척도로서 입증한다.

이로부터 이런 물음이 생겨난다: "종교적 현실", 무엇보다도 신에 대해서는 어떠한가? 설령 과학적 인식의 맥락 안에서는 신을 위한 "어떤 자리도 없다"고 할지라도(호킨스Hawkins의 확인에 따르면: "그 어떤 창조자를 위한 자리도 없다"), 신이 등장하고 그 자신을 규준적인 것으로 입증하는 맥락들이 존재하는가?

이러한 보기들로부터 하나의 결론을 이끌어낼 수 있다: 각각의 "어떻게"는 대화공동체의 고유성을 정의하며, 그 안에서만 화자와 청자는 공통적으로 그들의 "사안"과 관계를 맺을 수가 있다. 과학적인 진술은 하나의 토론-제안과 같으며, "연구자들의 공동체community of investigators"를 구성한다. 신앙의 증언은 "건축하는" 언사이며, 신앙인들의 대화공동체와 전승공동체를 "[신의] 이름이 거주하는" "장소"로서 건축한다.

종교철학자 역시 그렇게 때문에 신앙의 자기진술을 조회해야 하는데, 그것의 "무엇"이나 "무엇에 관하여"뿐만 아니라, 그것의 "어떻게"도 알아야 한다. 왜냐하면 그는 오직 그렇게 해서만 종교적 언사의 사안연관과 의미내용을 파악할 수 있기 때문이다. 종교적 언사의 "어떻게"가 보여주는 것은, 어떤 방식으로 종교가 주관적인 종교적 체험들을 객관적으로 타당한 종교적 경험의 내용으로 변환시키는 맥락을 구축하는가이다. 그 점에 종교적 사용 안에서의 이성의 과제가 존립한다. 심지어 형이상학자도, 그가 "이것이 모든 사람들이 신이라고 말하는 바의 것이다Et hoc est quod omnes dicunt Deum"라고 주장하기를 원하는 한에서, 우선은 종교적 언사의 이 "어떻게"에 귀를 기울여야 한다.

도달된 문제 상황에 대하여

철학자는, 신앙이 신에 대해서 말할 때, 마치 "벽에 귀를 대고" 사랑의 대화를 엿듣는 "염탐꾼"처럼, 그렇게 경청하고 있는가? 그때 그는 신앙이 무엇에 대해서 말하는지 그리고 신앙이 무엇을 말하는지를 파악하는가? 혹은 그는, 신앙이 스스로를 진술하는 곳에서, 예기치 않은 방식으로 무엇인가 자기 자신에 대한 것을 듣게 되는가 - 철학적 사용 안에서의 이성에 대한 무엇을? 그리고 그는 이를 통해서 신앙의 행위 안에 함축되어 있는 저 이성 사용에 대해서 한 마디 할 수 있는 능력을 지니게 되는가 - 철학적인 한 마디, 그럼에도 불구하고 "신앙에 어긋나게 말하는" 것이 아닌 한 마디를?

그런 이유로 나는 예비적으로 이미 하나의 척도를 표명하고자 한다:
오직 배울 준비가 되어 있는 이성만이 쓸모 있는 선생이다 - 이성은 우선 저 경험의 증언들을 경청하는 것을 배워야 한다. 그것들 안에 어떤 종류의 현실적인 것이 "본래적으로 주어져 있는" 것이다. 그런 다음에 이성은 이 증언들에서 경험-맥락의 구조를 읽어내는 것을 배워야 한다. 비로소 그 다

음에 이성은 그러한 경험의 증언들을 전수하고 주석하는 사람들에게 다음에 대해 가르쳐 줄 수가 있다. 곧, 이러한 종류의 경험이 어떤 조건들에 의거하는지, 이 맥락 안에서 객관적으로 타당한 것이 한갓 주관적으로 추정된 것과 어떻게 구별될 수 있는지, 그리고 어떻게 오류-해석들이 피해질 수 있는지 등이다.

그 같은 배움의 준비를 오늘날 물리학자들, 심리학자들, 그리고 생리학자들이 정당하게도 철학에 대해서 요구하고 있다 - 신앙하는 사람들 또한 이것을 요구할 수 있어야 하는 것이 아닌가? - 이것은 물론 많은 인내를 요구하는 과제이다: 철학자에게, 그러나 그의 청자들에게도.

이로부터 다음과 같은 숙고의 행보들이 생겨난다.
1. 종교들은 신에 대해서 어떻게 말하는가?
2. 신에 대해서 말하는 종교적인 방식 안에서 무엇이 성서적인 특유성이고 그리스도교적인 고유성인가? (이것은 특별한 정도로 인내가 요구되는 배움의 행보들이다.)
3. 신앙을 위해서 어떤 것이, 사람들이 신앙이 말하는 신에 대해서 신학적으로도 말하고 그때 철학적인 개념들을 사용할 수 있는지의 여부에 좌우되는가? - 그리고 어떤 척도들에서 그같은 신학적 언사가 - 그리고 그 맥락 안에서 철학적 개념들의 사용이 -, 양자 모두 그들의 "지시체들"을 그르치는 것을 피하기 위해서, 측정되어야 하는가?
4. 어떤 종류의 신학과 철학이 이러한 척도들에서 자신을 확증시키는 데 적합한가?
6. 철학을 위해서 어떤 것이, 철학이 자신이 말하는 바의 것을 "신"이라 명명할 수 있는지의 여부에 좌우되는가 - (이것이 모든 사람들이 신이라고 말하는 바의 것이다)?

1. 종교들은 신에 대해서 어떻게 말하는가?

> **테제 1** 종교들 안에서 신에 대한 언사가 있는 한, 이 신은 우선적으로 개념을 통해서 규정 될 수 있는 것이 아니라, 이름을 통해서 (혹은 그런 이름들의 다수를 통해서) 동일성이 확인될 수 있다. 그러나 그 이름이 무엇을 의미하는지는 오직 설화들 안에서만 설명될 수 있다. 그 같은 설화들이 종교적 진술의 근원적인 형식이다.

상론

1) 이름들과 설화 안에서의 그것들에 대한 설명의 기능

이름들은 어떤 정보를 전하는 것이 아니라, 부르는 자와 부름을 받은 자 간의 상호관계 안으로 들어서는 것을 가능하게 한다; 한 인격을 이름으로 명명함은 효력을 발하는 언어행위이다. 특별히 종교적인 맥락 안에서 "이름을 부름Acclamatio Nominis"은 종교의 근본적인 언어행위들에 속한다[13].

그러한 명명이 가능한 것은 오직 그 전에 다른 자가 이러한 상호관계 안으로 들어서려는 자에게 그의 이름을 전달해 주었기 때문이다. 그렇기 때문에 "이름의 계시Revelatio Nominis"는 종교적 관계들의 정초-행위들에 속

---

[13] Hermann Cohen, Religion der Vernunft aus den Quellen des Judentums, Berlin 1917. 코헨은 유대의 속죄일 전례에 대한 장에서 기도를 다루고 있는데, 그는 이것을 명시적으로 "언어행위"라고 부르고 있다.

한다. 그것은 신성이 자신을 드러낼 경우에, 그 신성을 재인식하고 이름으로 부르는 것을 가능하게 해준다. "이것이 영원히 불릴 나의 이름이며, 이것이 대대로 기릴 나의 칭호이다"[14].

하나의 이름이 무엇을 의미하는지는 명명된 자가 보편개념에 포섭됨을 통해서 규정되는 것이 아니라, 단지 명명된 자가 등장하는 역사들이 이야기됨을 통해서이다. 신의 이름도 오직 그 같은 설화들을 통해서만 설명될 수 있다.

이로부터 종교적 설화에 대한 이해를 위해서 다음이 귀결된다: 종교적 설화들은 먼 태고 적에 발생한 것에 대해서 정보를 주는 것뿐만 아니라, "한 처음에" 활동했던 신을 그가 수행하는 각각의 현재적 행위 안에서 다시 인식하도록 안내한다.

그에 대한 고전적인 표현은 부활성야 전례 안에서의 신-호칭에서 발견된다: "하느님, 우리는 당신이 태초에 일으키신 위대한 행적들이 얼마나 우리의 시간 한복판에서도 [말하자면: 의례적인 축제 안에서] 번개처럼 빛을 발하는지를 경험합니다 Deus, cuius antiqua miracula etiam nostris temporibus coruscare sentimus". 의례적인 상기(Anamnese)는 "한 처음에" 발생한 것의 현재화에 기여한다.

그러한 현재화는 *필요하다*. 왜냐하면 "당시에"와 "오늘" 사이에 "신들의 퇴거"가 놓여 있거나(플라톤의 티마이오스Timaios에 나오는 것처럼), 혹은 "신 내지 신들의 영역으로부터 인간의 추방"이(죄로 인한 타락에 대한 성서의 보도처럼), 혹은 "너희들은 더 이상 나를 보지 못한다"[15]는 데에 존립하는 정당한 판결의 "심판"이 놓여 있기 때문이다. 신(혹은 신들)과 세계 사이의 먼 거리를 극복하는 현재화는 *가능하다*. 왜냐하면 세상은 일찍이 발생한

---

14 Ex 3,15.
15 Joh 16,10.

신 혹은 신들의 현존의 "흔적들"로 충만하기 때문이며 - 그리고 이 흔적들이 그것들 편에서 신들의 재림의 형태들로 변모될 수 있기 때문이다[16].

부름과 이야기함의 의례적인 언어행위들은 인간들로 하여금 신의 "먼 거리"와 저마다의 새로운 증여Zuwendung의 역사 안으로 들어서게 한다. 부름과 이 부름을 설명하는 이야기는 신성의 이러한 재림Parusia에 대한 봉사의 부분들이며, 이때 재림이란 신성의 저마다 새로운, 그리고 세계를 갱신하는 도래를 의미한다. 그것들은 언어행위들이며, 그것들의 최초의 자리를 의례 안에 가지고 있다. 많은 종교들 안에서 이것은 그것들의 유일하고 적법한 장소이다. 따라서 의례 밖에서의 신 이름의 사용과 종교적 설화의 전수는 오직 의례 안에서만 발생할 수 있는 가까움Nähe을 속여서 믿게 하는 것으로 여겨진다. 신 이름들과 신성에 대해서 말하는 설화들은 오직 의례 안에서만 그것들의 "진리"를 가진다[17].

2) 다음의 물음에 대한 결론: 종교들은 신에 대해서 그리고 그에게 어떻게 말하는가?

종교들은 다시 인식하는 부름 안에서 *그에게* 말하며, 주석하는 설화 안에서 *그에 대해서* 말한다. 종교적 언사의 두 형식들은 화자의 개인적인 신 관계를 위해서 의미를 가질 뿐만 아니라, 세계를 위한 것이기도 하다. 종교적 언사는 "건축하는"("성전을 짓는") 언사로서, 신과 멀어진 세상 한복판에서 신성에게 그의 새로운 그리고 세상을 갱신하는 도래의 장소와 시간을 준비하는 것이다.

언어행위의 두 형식들은 - 이름-부름과 이야기 - 종교적 관계를 파괴하는 방식으로 오해될 수 있다. 그에 대한 가장 뚜렷한 보기는 주술이다(57쪽

---

[16] Mircea Eliade in: Traité d´histoire des religions, Paris 1949, deutsch: Die Religionen und das Heilige, Stuttgart 1954.

[17] Raffaele Pettazzoni, La veritàdel mito, 1954, deutsch auszugsweise in Paideuma IV 1950, 1-9.

이하 참조).

신학적인 논변들은 - 그리고 이 맥락에서 이때 사용된 철학적 개념들 또한 - 종교적 관계를 파괴시키는 그러한 종류의 자기-오해로부터 종교를 보호하는 데 적합한 척도들을 준비시킨다.

3) 다음의 물음에 대한 결론: 신앙, 철학 그리고 신학은 동일한 신에 대해서 말하는가?

신의 이름을 부를 때 신의 영예와 인간과 세계의 구원이 문제되고 있다는 것을, 그리고 신과의 관계 안으로 진입하는 잘못된 시도가 구원을 불행으로 바꿀 수 있다는 것을 모르는 사람은, 만일 그가 신에게 그리고 (이차적으로) 신에 대해서 말할 경우에, 그가 무엇을 하고 있는지를 모르는 것이다. 아마 그는 계속해서 "신"이라는 어휘를 사용할 수 있을지도 모른다. 그러나 그 말은 자신의 의미를 잃어버린 것이다.

그렇게 되면 그는 더 이상 종교가 말하는 신과 동일한 신에 대해서 말하는 것이 아니다. - 그렇게 되면 신에 대한 언사는 의미가 없는 어휘가 되어버린 것이다: "속된 망언kenophonia"의 위험[역자 주: 1티모 6,20 참조], 이것은 종교에 대해서 이해가 없는 관찰자들에게서뿐만 아니라, 종교적 언사 자체 안에서도 등장할 수 있다. 물음은 이렇다: 신학과 철학이 이러한 위험을 강화시키지 않고 오히려 그 극복에 기여해야 한다면, 신학과 철학은 어떤 외관을 지녀야 할까?

4) 전망: 철학자는 종교의 그와 같은 자기진술을 "엿들을" 때, 무엇을 듣게 되는가? 그가 그렇게 듣게 되는 것은 철학자로서의 자신에게도 의미심장한 것인가?

우선 종교철학자로서 그는 종교적 경험의 고유성에 대해서 무엇인가를

듣게 된다: 종교적으로 이해된 세계는 "한 처음에" 발생한 것의 흔적들로 충만하다. 그리고 종교적 경험의 내용은 이 흔적들이 현재 발생하고 있는 형태들로 "변모"한 것이다. 이러한 현재화의 다양한 형식들 안에서 성스러움의 저 출현(성현Hierophanie)이 발생하며, 이것이 종교적 경험의 중심적인 내용을 이룬다. 그렇게 이해된 성현은 우리의 세속적인 세계경험의 내용 또한 주석한다: 세상 안에 있는 모든 현실적인 것은 "가능한 변모의 질료materia possibilis tranfigurationis"이다. 그리스도교적으로: 그것은 가능한 "성사의 질료Materia sacramenti"이다.

이로써 종교철학자는 무엇인가 또한 듣게 되는데, 그로부터 그는 *종교적 이성의 고유성*을 인식할 수 있다. 신이 일으킨 근원들의 흔적들과 현재적 형태들은 오직 우리의 세계경험의 내용들이 비판적으로 주석되는 한에서만 이해될 수 있다. 그렇지 않을 경우 우리의 세계경험의 이 내용들은 그것들 안에서 현상하는 것과 동일시되거나(성상숭배Idololatrie), 혹은 그것들의 의미가 지각되지 않아서, 그 결과 그것들은 종교적으로 무의미한 것으로 간주된다(성상파괴Ikonoklasmus). 종교적 이성은 현상들에 대한 이 비판적인 주석의 능력이며, 그와 함께 주관적인 인상들을 객관적으로 타당한 종교적 경험으로 변환시키는 능력이다. 이때 종교적 경험 안에서 파악되는 근원들의 재림은 동시에 모든 종교적으로 이해된 세속적 세계경험의 "아프리오리Apriori"(문자적인 의미에서: "이전 것으로부터" 도래하는 것)이다: 그것은 우리의 세계경험의 맥락을 구축하도록 우리에게 개념을 부여하는데, 무엇보다도 "먼 과거"(Chorismos)와 "발생하는 도래"(Parusia)의 개념들, "원형Urbild"과 오직 원형에서만 "자신의 발판을 얻게 되는"(met-échei), 작용력 있는 "모사Abbild"의 개념들이다. 플라톤 철학의 중심개념들(Chorismos와 Parusia, Urbild, Abbil, 그리고 Met-hexis)은 여전히 종교적 이성의 아프리오리를 그렇게 철학적인 방식으로 습득하는 방식들로서 입증된다.

그런 다음 철학자는, *선험철학자*로서, 이런 종류의 경험을 그 가능성의 조건을 향해서 주석하는 과제에 대해 무엇인가를 듣게 된다. 이 과제는 오늘날 특별한 시사성을 가진다. 종교적 경험과 그것의 "아프리오리"를 일견하면서 선험철학자는 시선이 유일한 경험, 곧 과학적 경험지식에로 좁아지지 않도록 하는 가능성과 과학의 특별한 합리성을 이성의 유일한 형태로 간주하지 않을 가능성을 얻게 된다.

마지막으로 철학자는 종교의 증언들을 그렇게 경청하면서 종교에게 특별히 철학적인 봉사를 베풀 가능성에 대해서 무엇인가를 경험하게 된다: 이 봉사는 철학이 세계현실과 비판적이고 해석학적으로 교제함에 있어서 척도들을 제공하는 데서 존립하는데, 그것들은 무엇보다도 성상숭배와 성상파괴라는 이중의 위험을 극복하기 위한 것들이다. 이 위험은 종교의 역사 안에서 늘 재차 등장하곤 한 것이다. 이러한 봉사가 종교를 위해서 비로소 생산적인 것이 될 수 있는 것은 물론, 종교 스스로가 자신의 가능한 오류형태들에 주의하게 되었을 경우이다.

2. 신에 대해서 말하는 종교적인 방식 안에서 무엇이 성서적인 특유성이고 그리스도교적인 고유성인가?

> **테제 2 첫째 부분:** 성서에서 말해지고 있는 신은 자신의 이름의 고지를 통해서 특별한 종류의 "계약"을 가진 상호관계를 구축한다. 이것은 신적인 자유와 인간적 자유 사이의 관계인데, 더 구체적으로는: 여러 민족들 중에서 하나의 민족을 "선택"한 신과 여러 신들 중에서 하나의 신을 선택한 인간 사이의 관계이다. 이 관계는 그 구체적인 형태를 계명과 기도의 언어행위 안에서, 그리고 "이름을 거룩하게 함[18]"이라는 실천 안에서 발견한다.

상론

1) 계약과 계명 안에서의 그것의 전개로서의 신과 인간의 상호관계

성서의 신이 인간에게 부여하는 상호관계는 "계약"이라는 특별한 성격을 지닌다: "너희는 모든 민족들 가운데에서 나의 소유가 되리라"[19].

이 계약은 "거짓 신들"에 대한 봉사가 흔하게 행해지는 세상으로부터 한 민족을 부른 신적인 "선택"의 표현이다. 그러한 "거짓 신들"의 가장 뛰어난 보기는 혈족과 향토[20]로서, 현대적으로 말하자면: 혈연과 대지, 혹은 사

---

[18] Vgl. Hermann Cohen, Religion der Vernunft aus den Quellen des Judentums, Kap XVII, das Gebet.
[19] Ex 19,5.
[20] Josua 24.

회와 경제이기도 하다. 이 신적인 선택은 인간적인 선택-결정을 통해서 대답되기를 원한다: "너에게는 나 말고 다른 신이 있어서는 안 된다"[21]; "어떤 신들을 섬길 것인지 너희는 선택해야 한다"[22].

계약은 계명들 안에서 구체화된다. 계명들은 신적인 위임자가 인간에게 맡기는 "명령들"(Mandata)이다. 신적인 신뢰의 표현으로서 계명들은 선택의 표현이며, 그렇기 때문에 신적인 신뢰의 새로운 입증 안에서 그리고 또한 새로운 명령들 안에서 그 보답을 가진다: "하나의 명령에 대한 보답은 새로운 명령이다"(선조들의 금언들)[23].

계명에 대한 대답은 기도이다. 그 원초적 형식은 이렇다: "보십시오, 여기에 제가 있습니다". 이 대답의 전개는 축복을 선사한 자에게 그것을 되돌리는 것이다(참조. 유대교 회당의 의례 안에서의 선창자의 외침: "축복으로 충만한 이는 복됩니다" 그리고 공동체의 응답: "주님, 우리 하느님, 당신은 복되십니다").

선사받고 또 되돌려준 축복의 상호관계 안에서 분명해지는 것은 "이름"(신에게서 허락받은 상호관계)이 구체적으로 무엇을 의미하는가이다: 신의 부름 안에 서 있음과 신을 부를 능력이 있음. 모든 인간적 실천은 이 "이름의 빛남"에 기여하는 것이다. "네가 행하는 모든 것은 이름을 위해서 행한 것이어야 한다"(선조들의 금언들).

신적인 명령(계명)의 이행이 이렇게 이해된다면, "이름"은 동시에 신의 왕국을 비추는 것이다. "복된 이름이여, 그 안에서 당신의 왕국이 온 시대를 통해서[다른 텍스트 안에서는: "세세대대로"] 그리고 저마다의 시간에" – 유대교의 기도서 안에 흔히 등장하는 기도-종결.

그렇게 이해되었을 때 율법은 길-안내(Halachah)가 된다: 이 지시를 따르

---

[21] Ex 20,3.
[22] Josua 24,15.
[23] Vgl. Paul Riessler, Altjüdisches Schrifttum außerhalb der Bibel, Augsburg 1928, Kap 54, Die Sprüche der Väter, S. 1058–1083.

는 인간은 "견고한 지반"(Emunah)을 얻게 된다: 그는 계율에 "존립Bestand을 부여"하면서, 그 자신이 "견고한 존립"[24]을 얻게 된다.

2) 이 성서적 "신앙"(Emunah)은 어떻게 신에게 그리고 신에 대해서 말하는가?

신앙인이 신*에게* 말하는 것은, 자신의 위임자에게 자신을 처분에 맡기면서("보십시오, 여기에 제가 있습니다") 그리하여 "이름의 계시"를 신적인 선택과 명령에 대한 인간적 수용 간의 관계의 구축으로서 파악하면서이다.

신앙인이 신*에 대해서* 말하는 것은, 그가 신적인 자유에 대해서 말하면서인데, 이 자유만이 인간을 거짓 신들의 지배에서 해방시킨다. 아울러 신앙인은 인간적 자유에 대해서 말하면서도 신*에 대해서* 말하는데, 이 자유는 청자가 신의 길-안내에 자신을 맡길 때에 획득되는 것이다: "이집트의 신들"의 세력권에서 벗어나는 것과 "신의 영광이 거하는" 땅으로 들어가는 것, 늘 새로운 은사Gabe이자 과제Aufgabe로서.

3) 다음의 물음에 대한 결론: 신앙, 철학 그리고 신학은 동일한 신에 대해서 말하는가?

신과 인간의 상호관계가 신적인 자유와 인간적 자유의 행위에 의거한다는 것을 알지 못하는 자는, 그가 신에게 그리고 신에 대해서 말할 때 무엇을 행하는지를 알지 못한다. 이때 신적인 자유는 "신으로부터 멀어진" 세상에서만이 아니라 거짓 신들에 대한 봉사에 빠진 세상으로부터의 신적인 선택의 자유이며, 인간적 자유는 선택된 이들에게 계시된 "이름"에 대한 인간적 봉사의 자유이다:

이 신적인 이름은 신의 "명령들"(mandata)에 대한 신의를 통해서 "영광

---

[24] Jesaja 7,9: "너희가 믿지 않으면 정녕 서 있지 못하리라".

스럽게" 되기를 원한다.

    이러한 관계를 땅이나 혈족에로의 신성의 자연적인 귀속성과 혼동하는 자는 자유로운 선택의 신으로부터 "금송아지"를 만들게 된다. 이것은 부족의 생산력의 상징이거나 그 왕의 승리의 상징이다: 선택된 자들에게 지속적으로 존재하는 유혹! 그렇게 되면 그는 더 이상 성서적 신앙이 말하는 신과 동일한 신에 대해서 말하지 않는 것이다 - 철학자는 신앙인에게 이러한 위험을 지각하게 해줄 수 있는가?

    4) 다시금 하나의 전망

    철학자는 "거짓 신들에 대한 부역으로부터의 탈출"에 대한 증언을 접하면서, 무엇을 듣게 되는가?

    우선 종교철학자로서 그는 종교의 역사에 대해서 무엇인가를 듣게 된다: *세계현실에 대한 비판적-해석학적 관계는 종교 자체에 속하는 것이다*; 왜냐하면 종교는 현실적인 것을 "흔적들"의 결합체로 이해하는데, 이 흔적들은 "현재적인 형태들"로 변형될 수 있는 것들이다. 그와는 반대로 *종교들과 그들의 신들에 대한, 그리고 또한 자기 신앙의 가능한 오류형태들에 대한 비판적 관계는*, 특정한 종교들의 구분표지가 되는데, 그 가운데서도 성서적 종교의 구분표지가 된다. "거짓 신들"에 대한 부역은 종교적 경험에 대한 오해로부터, 그리고 또한 신앙의 가능한 자기-오해에서 생겨나는데, 이것을 비판하는 능력은 *신앙에 내재적인 이성의 특수한 형태이다*.

    그런 연후에 철학자는, *선험철학자로서, 종교적 경험의 애매성에 대해서* 무엇인가를 듣게 되는데, 이러한 애매성은 "거짓 신들"에 대한 숭배로 이끌 수 있는 것이다. 그리고 그는 그런 거짓 신들을 거부함이 철학의 발생을 통해서 비로소 가능하게 된 것이 아님을 또한 듣게 된다. 철학의 발생은 그 자체가 종교사 안에서의 사건이며, 물론 성서적으로 증언된 종교사만은 아니다. 향토와 혈연의 누멘적 힘들에 대한 숭배로부터 역사적인 자유의 신에 대한 숭배로 이행함을 가능하게 만들었고, 동시에 "옛 어리석음에로 되돌아감"의 위험에 주의하도록 만든 것은, 종교적 경험 자체였다. 그리고 그것과의 연관 안에서 철학자는 종교의 증언들을 경청할 때 *경험 일반의 애매성*에 대해서 무엇인가를 경험하게 되는데, 그것이 가상적인 대상들의 구성에로 이끌 수도 있는 것이며, 그때 그것들은 현실적인 것의 자리에로 밀고 들어온다. 철학자는 이러한 애매성을 비판적 해석학을 통해서 극복해야 할 필연성에 대해서도 경험하게 된다. 마침내 그는 종교에게 새로운 봉사를 베풀 가능성에 대해서 무엇인가를 경험하게 된다: 이 봉사는, 비판이 외부로부터 종교에 가해지도록 하는 것이 아니라, 종교에 내재된 자기비판적인 잠재력을 의식하게 만들고 그것의 사용을 위한 척도를 발전시키는 데에 존립한다. 왜냐하면 오직 종교적 경험을 가능하게 만드는 조건에 대한 되물음만이 종교로 하여금 동시에 자신이 처한 위험들에 민감하게 만들 수 있기 때문인데, 그 위험들이란 종교적 경험을 잘못 이해하고 그것을 통해서 이 경험의 오류형태들로 잘못 인도되는 것을 말한다. 오직 그럴 때에만 철학자는 다음의 물음에 대답할 수 있다: "옛 어리석음에로 되돌아감"이라는 경험된 위험에 직면해서 종교는 어떻게 종교적 경험 자체를 불신하는 "경건한 회의주의" 앞에서 보호될 수 있는가?

> **테제 2 둘째 부분**: 그리스도교 신앙이 말하는 신은 "계약"의 역사를 그리스도의 죽음과 부활 안에서 그 "충만"에 다다르게 한다. 이 신은 신앙인들을 "자신의 이름 안에서" 보호하며, 이들이 "우리의 주님이신 그리스도를 통하여" 완성되는 상호관계 안으로 들어서게 해준다. 계명과 기도, 그리고 모든 신앙적 삶의 실천들은 이 맥락 안에서 "그리스도와 같은 모습의 공동체"의 표현형식들이며, 더욱이 "희망을 품은" 표현형식들이다.

상론

1) "충만" - 그리스도교 선포의 중심개념

"도래한 충만"에 대한 고지는 그리스도교 선포의 주제어들에 속한다.

보기들: "때가 차서 하느님의 나라가 가까이 왔다"[25].

"오늘 이 성경 말씀이 너희가 듣는 가운데에서 이루어졌다"[26].

"이사야 예언자를 통하여 하신 말씀이 이루어지려고 그리된 것이다"[27].

"나는 율법을 폐지하러 온 것이 아니라 오히려 완성하러 왔다"[28].

보기들이 가르치는 것은 이렇다: 예수의 등장 안에서 모든 것들의 시초가 새롭고 갱신하는 방식으로 현현할 뿐만 아니라, "시대들의 충만" 또한 선취적인 방식으로 현재가 되고 있다.

이 맥락에서 "율법의 완성"에 대한 언사 또한 살펴볼 필요가 있다: 예언자들의 선포뿐만 아니라 "율법 안에서 가장 큰 계명" 역시 아들의 자기헌신 안에서 충만함에 이르고 있다.

시간, 성경, 그리고 율법의 이 같은 "충만에 이름"은 "예루살렘에서 충만에 도달해야 하는" 것 안에서 발생하고 있다: 그것에 관해서 모세와 엘리

---

[25] Mk 1,15.
[26] Luk 4,21.
[27] Mt 4,14.
[28] Mt 5,17.

야가 변모된 예수와 이야기하고 있다[29]. 이 "충만"은 십자가이다: 여러분의 지도자들은 "그들의 판결을 통하여 자기도 모르게 성경말씀이 이루어지게 했습니다"[30].

십자가는 그것의 현상형태에 따라 보자면 그리스도에 대한 "세상"의 판결이고, 그러나 그 의미내용에 따라 보자면 이 세상과 그 "지도자들"에 대한 판결이다. "이제 이 세상은 심판을 받는다. 이제 이 세상의 우두머리가 밖으로 쫓겨날 것이다"[31].

"충만"의 시간은 동시에 이 같은 심판의 시간이며, 이는 마치 신이 선택된 자들과의 역사를 시작했을 때, 이끌어냄의 시간이 "이집트의 모든 신들에 대한 심판"이었던 것과도 같다[32].

도래한 실현의 시간은 동시에 "이름을 영광스럽게 함"의 시간이다: "그렇기 때문에 저는 바로 이때를 위하여 온 것입니다. 아버지, 아버지의 이름을 영광스럽게 하십시오"[33]. 이렇게 이름을 영광스럽게 함은, 그 안에서 "왕국의 통치가 시대에서 시대로 이행하며 등장하는데", 동시에 아버지를 통해서 "아들을 영광스럽게 함"이며, 아들을 통해서 아버지를 영광스럽게 함이다: "아버지, 때가 왔습니다. 아들이 아버지를 영광스럽게 하도록 아버지의 아들을 영광스럽게 해 주십시오"[34]. 그러나 아버지와 아들의 상호관계 안에서 이렇게 이름을 영광스럽게 함은 "그 반대 아래서 sub contrario", 곧 그것과 상반되는 십자가-비천함의 현상형태 안에서 발생한다.

(아버지에 대한 상호관계의) 이 이름 안에서 제자들은 "보호받은 채 머물러야" 한다. "거룩하신 아버지, 아버지께서 저에게 주신 이름으로 이들을

---

[29] Luk 9,31.
[30] Apg 13,27.
[31] Joh 12,31.
[32] Ex 12,12.
[33] Joh 12,27f.
[34] Joh 17,1.

지켜주십시오"[35]. 그리고 이들은 아버지와의 이 상호관계 안에서 보호받을 수 있다. 왜냐하면 그들은 현재의 굴욕과 도래하는 영광 안에서 "그리스도와 같은 모습이 되겠기" 때문이다: "그리스도께서는 만물을 당신께 복종시킬 수도 있는 그 권능으로, 우리의 비천한 몸을 당신의 영광스러운 몸과 같은 모습으로 변화시켜 주실 것입니다"[36].

2) 그리스도교 신앙은 어떻게 신에게 그리고 신에 대해서 말하는가?

그리스도교 신앙은 "도래한 시간"을 의식하는 중에 신*에게* 말한다, "이름을 영광스럽게 함"을 빌면서, 이름을 영광스럽게 함은 시대의 분기점에 "나라의 도래" 안에서 그리고 신적인 의지의 수용 안에서 발생한다(주의 기도의 첫 세 가지 청원들).

신에게 그렇게 말함은 오직 신에 *대한* 신약의 언사를 경청할 때에만 가능하다. 신약성서는 "종말론적인 고지"의 방식으로, 곧 "도래한 시간"에 대한 언사의 방식으로 신에 대해서 말한다. 이 시간고지가 신에 대한 그리스도교적 언사의 모든 "무엇에 관하여"와 "무엇"을 규정한다.

3) 다음의 물음에 대한 결론: 신앙, 철학 그리고 신학은 동일한 신에 대해서 말하는가?

신에 대한 그리고 신에게 말하는 그리스도교의 방식이 "종말론적인 시간의 고지"에 의거하고, 그 안에서 시간들이 그리고 그와 함께 율법과 예언자의 정신이 "충만에 다다름"을 알지 못하는 자는, 그 대신에 역사 일반과 특별히 "계약"의 역사에 종속되지 않은 하나의 "가르침"을 구하는 자는, 그러나 또한 시간들이 도달한 "충만"에 대해서 그것이 십자가의 "비어 있음" 안

---

[35] Joh 17,11.
[36] Phil 3,21.

에서 빛나고 있음을 보는 것과는 다른 방식으로 말하는 자는, 만일 그가 그리스도교의 보도가 선포하는 신에 대해서 그리고 그 신에게 말을 할 경우에, 그가 무엇을 하는지를 알지 못하는 자이다. 그렇게 되면 신앙이 말하는 신에 대해서 유일하게 말해질 수 있는 맥락이 실종된다. 이 맥락을 버리고 그럼에도 불구하고 "신"에 대해서 말하는 자는, *더 이상 그리스도교 신앙이 말하는 신과 동일한 신에 대해서 말한 것이 아니다.*

4) 세 번째 전망

철학자는, 그가 이 "도래한 시간"에 대해서 말하는 것을 들을 때, 무엇을 듣게 되는가?

우선, *종교철학자로서*, 종교적 경험이 역사와 관련 맺을 수 있는 다양한 방식들에 대해서 무엇인가를 [듣게 된다]: 영원과의 "접촉" 안에서 시간과 역사를 능가하는 승리로서; 혹은 "거룩한 시간들"의 근원으로서, 그 시간들에 즉해 성현이 발생하고, 그 시간들은 세계사건의 순환 안에서 회귀하며, "실재적-회상"을 가능하게 한다: [즉] 시간의 무상성 안에서 유일하게 "기억할 만한 가치가 있는 것"의 현재화에 대한 봉사를 [가능하게 한다]; 혹은 무상한 시간에 가치를 부여하는 유일한 사건들로서, 그것들을 늘 놓치지 않기 위해서는 그것들에 "사로잡혀야" 한다.

그런 연후에 종교철학자는 여기서 그리스도교 신앙이 역사와 관련 맺는 특별한 방식에 대해서 무엇인가를 경험한다.

"그리스도와 같은 모습"이 될 가능성에 대한 그리스도인들의 경험은 역사 한복판에서 발생하는데, 그 역사는 그것의 "충만"에 도달하도록 규정된 것이며, 그것의 특별한 내용을 통해서 이 미래의 충만을 이미 선취하는 것이다. 이 "도래한 시간"에 대해서 말하는 것을 들으며 그리고 스스로 그것에 대해서 말하는 자는 이를 통해서 능력을 얻게 되는데, 그것은 역사 안에서 하나의 "약속"을 드러내고, 종교적 경험의 내용을 그것의 "실현"으로 파악하며, 그와 함께 모든 것이 자기의 자리를 발견해야만 하는 맥락을 구축하는 능력이다. 그 맥락 안에서 모든 것은, 그리스도교적 선포의 의미에서 "객관적으로 타당한" 것으로서 간주되어야 하는 것이다. 그 같은 경험맥락의 구축을 위한 능력이 그리스도교 신앙의 특수한 이성형태인 것이다.

계속해서 철학자는, *선험철학자로서*, 일반적으로 경험의 고유성에 대해서 무엇인가를 듣게 되는데, 그것은 신앙의 특수한 경험 안에서 특별히 분명하게 드러나는 것이다: 회상과 새로움 사이에 있는 경험의 자리에 대하여 [무엇인가를 듣게 된다], 이때 회상이 없이는 경험은 이해될 수 없으며, 놀랍게 만드는 새로움은 잘못 이해된 아프리오리 안에서 미리 알려질 수 있는 것이 아니다. 그리고 지속적인 기억할 만함의 계기와 모든 경험에 속하는 회수되지 않은 희망의 계기에 대하여, 그리고 "이미"와 "아직 아닌"의 지속적인 긴장에 대하여, 마지막으로 희망된 미래의 '실재적인 선취Real-Antizipation'에 대하여, 이것은 모든 경험 안에서 발생하는데 - 무엇보다도 윤리적인, 그리고 또한 이론적인 경험 안에서 -, 그리하여 우리는 그 안에서 우리가 걷는 길의 목적을 현전하는 것으로서 경험하고 그리하여 오직 그렇게 길 위에 머무를 수 있는 것이다. 이러한 그리고 여러 다른 관점들 안에서 종교적 전승은 늘 재차, 종교적 경험만이 아닌, 경험의 학교로서 입증되었다. 그리고 선험철학자는, 그가 경험의 가능조건에 대한 물음을 사안에 적합하게 제기할 수 있기 이전에, 이 경험의 학교 안으로 들어가야 한다.

마지막으로 철학자는 신앙의 자기증언을 그렇게 경청할 때 그리스도교 신앙에 봉사할 가능성에 대해서 무엇인가를 경험하게 된다: 오직 *저마다의* 경험에 속하는 선취적인 계기의 드러냄만이, 신앙인들의 특수한 경험 안에서 이 선취적인 계기를 받아들이는 저 *특수한* 형태를 보다 정확히 규정하는 것을 가능하게 한다. 비로소 이를 통해서 가능해지는 것은, 모든 시간적인 것의 잠정성 한 복판에서 "충만"의 선취에 대하여 책임 있는 방식으로 말하기 위한 조건을 동시에 제시하는 것이다. "이미"와 "아직 아닌"의 긴장 그리고 그와 함께 약속의 계기가 어떤 방식으로 모든 경험의 구성적인 계기들에 속하는지를 보여줄 수 있는 철학만이 신학으로 하여금 자신의 특별한 물음에 대답하도록 기여할 수 있다: "이미"와 "아직 아닌"의 영속적인 긴장 앞에서 어떻게 신앙은 이중의 위험을 극복할 수 있을까? 그것은 믿음 깊은 희망이 "지복 직관"이 아니라 "우리의 시야를 벗어나는" "사실들"과 관련된다는 것을 잊는 위험이거나, 혹은 차이의 의식 안에서 "종말론적인 시간 고지"를 "재림의 지체"를 통해서 결정적으로 파괴된 환영으로 간주하는 위험이다. 오직 배울 능력이 있는 철학적 이성만이 신앙 스스로 초래한 위험에 주의하게 된 신학에 비판적-해석학적인 봉사를 제공할 수 있는 것이다.

3. 신앙을 위해서 어떤 것이, 사람들이 신앙이 말하는 신에 대해서 신학적으로도 말하고 그때 철학적인 개념들을 사용할 수 있는지의 여부에 좌우되는가? 그리고 어떤 척도들에서 그 같은 언사가 측정되어야 하는가?

> **테제 3** 신앙은 자기-오해의 특별한 위험들에 내맡겨져 있다. 이 위험들을 인지하고 극복하기 위해서 신앙은 자신의 보도에 대한 비판적-해석학적인 이해에로 안내될 필요가 있다. 신앙에게 이런 안내를 제공하는 것은 신학의 과제이다. 신학은 자기편에서 철학적 개념과 논증절차의 사용 없이는 이 과제를 수행하지 못한다. 그렇기 때문에 신앙을 위해서 결정적인 것은, 신학과 그것에 의해 사용된 철학이 진실로 "모든 이가 신이라고 부르는 것"에 대해서 말하는지 – 말하자면 모든 신앙인들이 [신이라 부르는 것에 대해서 말하는지], "신"이라는 어휘는 본래 이들의 언어에 본향을 두고 있기에, 혹은 신학과 그것에 의해 사용된 철학이 그들 언사의 또 다른 "어떻게"를 통해서 신앙이 말하는 신이 더 이상 등장하지 않는 그런 맥락을 구축하는지의 여부에 달려있다.

상론

1) 종교의 오류형태들과 비판의 과제들

이미 종교는 일반적으로 위험에 내맡겨져 있는데, 그 위험이란 신을 향한 그리고 신에 대한 종교의 언사가 잘못 이해되어서, 그 결과 이러한 언사가 사안연관과 의미연관을 잃어버리는 것이다. 속된 망언[37]은 종교 "에 대한" 언사의 위험일 뿐만 아니라, 종교적 언사 자체의 위험이기도 하다. 이런 위험이 알아차리지 못한 채 남아있거나 혹은 철학적 이론을 통해서 외견상 정당화되고 그를 통해서 견고해진다면, "속된 망언"은 종교적 관계("상관관계")를 파괴시킬 수도 있는 사이비 언사(kené apáte)가 된다. 그래서 이런 경고가 있다: "아무도 사람을 속이는 헛된 철학으로 여러분을 사로잡지 못하게 조심하십시오"[38].

종교적 언사가 어떻게 그 사안연관과 의미연관을 상실할 수 있는가에 대한 가장 뚜렷한 (그러나 결코 유일하지는 않은) 보기는 말-주술과 그로부터 귀결되는 의례-주술인데, 이 의례주술은 "거룩한" 말씀들과 행위의 형식들을 인간적 목적을 달성하는 데 이용하려는 것이다. 신적인 말 건넴과 인간적 대답 사이의 교체적 상호관계의 자리에, 그리고 이러한 맥락에서 신적인 이름-고지와 인간적인 이름-부름의 상호관계의 자리에, 신에 대한 일면적인 권력행사의 시도가 들어서게 된다. 인간은 신의 이름을 알고 있기에 신을 강제로 불러들일 수 있는 것이다. 성상숭배와 성상파괴의 교체적인 변동은 또 다른 종류의 종교의 자기-오해에 의거한다: 성상숭배는 성스러움과 인간이 경험할 수 있는 성스러움의 현상형태 사이의 차이를 잊는 것이다; 성상파괴는 그러한 현상형태의 대체할 수 없는 의미를 오해하고, 그리하여 자신을 위해서, 허구적으로, 성스러움 내지 신적인 존재에 대한 직접성

---

37 1 Tim 6,20.
38 Kol 2,8.

을 요구하는 것이다. 주술에 대한 그리고 그림-우상화에 대한 그리고 그림-파괴에 대한 비판은 철학적인 종교비판의 고전적인 주제들에 속한다. 문제는 물론, 이러한 비판이 "거룩한 이름"의 사용에 대한 종교적 이해를 고려하는 것인지, 아니면 이러한 비판이 [위에서] 언급한 오류형식들의 위험을 피하기 위해서 종교적으로 "작용하는 말"의 모든 형식을 주술의 혐의 아래 두거나 "거룩한 표징"의 모든 설정을 성상숭배의 혐의 아래 두는 것은 아닌지 하는 것이다. 철학의 그 같은 비판은 종교의 피할 수 있는 자기-오해들을 드러내는 대신에, 종교를 전체로서 폐기하게 될 것이다. 그렇게 되면 비판은 더 이상 종교로 하여금 적합한 자기이해를 발견하도록 도울 수가 없게 될 것이다.

2) 성서적 신앙의 특수한 위기들

특별히 성서적 신앙은 종교적 경험의 오해된 내용을 통해서 "거짓 신들"의 숭배에로 오도되는 "여러 민족들"의 위험을 알고 있다. 또한 성서적 신앙은 "참된 신"의 숭배자들이 다시금 "오래된 어리석음에로 되돌아가는" 위험도 알고 있는데, 가령 이스라엘인들이 "금으로 만든 송아지"를 숭배하는 것처럼 말이다. 성서적 전승공동체의 구성원들은 바로 이러한 위험을 그들 자신의 자기위험으로도 인식하기 때문에, "여러 민족들"에게도, 비판적인 전도설교의 방식 안에서, 그들의 "거짓 신들"의 오도하는 힘이 어디에 의거하는지에 대해서 해명할 수 있는 것이다: 그것은 신적인 자유와 인간적 자유 사이의 관계를, 한 부족이 자신의 부족신에 자연적으로 소속되어 있음으로, 한 지배왕조가 신적인 "원지배자"에게 자연적으로 소속되어 있음으로 혼동하는 것이다. 그런 종류의 부족신들이나 제왕신들에 대한 비판 역시 철학적인 종교비판의 고전적인 주제들에 속한다. 그러나 다시금 이런 물음이 제기된다: 철학적 비판은, 신의 자유로운 선택을 통해서 그리고 인간의 응답하는 선택-결정을 통해서 특별한 신 관계 안으로("계약" 안으로) 들어섰다는 종교적 의식에, 고려와 주의를 기울일 수 있는가? 혹은 철학적 비판은, 특별한 소속에 대한 그리고 역사 안에서의 특별한 책무에 대한 이런 종류의 의식을 부족과 왕조의 신성화에 대한 숨겨진 형식으로 의심하는가? 그렇게 되면 성서적 신앙은 자기-오해로부터 보호되는 것이 아니라, 완전히 폐기될 것이다. 철학자는 그 같은 철저한 종교비판을 필요한 것으로 간주할지도 모른다; 그러나 그는 오직 그에 의해서 비판된 보도를 경청함을 통해서만 스스로, 신앙을 위해서 하필이면 본질적인 차별화들을 자신의 비판과 함께 빠뜨린 것은 아닌지, 결정할 수 있을 것이다; 그때에 그가 자기비판적으로 물어볼 수밖에 없는 것은, 그가 비판하고자 하는 것을 그가 적합하게 파악했는지의 여부이다.

그러나 심지어 이러한 되돌아감이 피해지는 곳에서도, 성서적 신앙은 파괴적인 방식으로 오해될 수 있다. 말하자면 모든 신적인 선택과 소명의 부여가 자유로운 신의 행위에 의거한다는 것이 잊혀지거나 내몰리게 되면, 그 신은 "이집트의 신들에 대한 심판" 때에 "히브리인들의 집을 지나쳐 가며" 재앙을 면하게 한 분인데, 이러한 관계의 전승은 세대가 교체하면서 한갓 "계속적 번식"의 자연적 관계로 변화된다. 바오로 식으로 말하자면: 이사악의 아들들로부터, 즉 "약속의 아들"로부터, 육체적으로 아브라함의 친자임에 대한 권리를 주장할 수 있었던 이스마엘의 아들들의 공동체가 된다. (이것은 갈라디아서 4장에 나오는 사라Sara와 하가르Hagar의 이야기에 대한 의외로 낯설게 여겨지는 주석의 신학적 근거이다.)

그리스도교 신앙에 특유한 자기-위기는, 그 안에서 율법과 예언자가 "그들의 충만에 도달하게 되는" 바로서의 "시간"에 대한 고지로부터, 이 역사로부터의 추정적인 하차가 생기게 되는 데에 존립한다. 그렇게 되면 이 역사는 이제 예수의 언명과는 반대로 "충만에로 운반되는" 것이 아니라 "폐지되는" 것이다. 그렇게 되면 "종말론적인 시간고지"가 "영원한 진리들"

의 고지로 변하며, 이 진리들에 대해서 역사는 단지 교환할 수 있는 보기들을 제공하게 될 뿐이다. 그리고 "희망 안에서 굳건히 서있음"으로부터 역사와-소원하게 된 "지혜"(Gnosis)가 귀결되고, "십자가의 신학Theologia Crucis"으로부터 중재되지 않은 "영광의 신학Theologia Gloriae"이 생겨난다: 예수의 십자가는 그렇게 되면 더 이상 아들이 세상을 대신해서 자신에게 받아들인 하느님의 심판으로서가 아니라, "삶이 죽음보다 더 강하다"는 영원한 진리의 상징으로서 여겨지게 된다.

3) 판단의 척도들: 자유와 역사

종교 내지 신앙의 이러한 자기-오해들에 접해서 신과 인간 사이의 상호관계가 우연적이라는 의식이 그때마다의 특수한 방식으로 상실된다. 즉, 그 상호관계는 신적인 혹은 인간적 본질의 필연성을 통해서 강제되지도 않고, 또한 인간에 의해서 자의적으로 야기될 수 있는 것도 아니라는 의식 말이다. 신적인 이름의 계시를 통해서 가능하게 되고, 또 인간이 이름을 부름으로써 그 안으로 들어서게 되는 바로서의 신과 인간의 상호관계는 오히려 자유와 자유의 관계이다. 이때 신적인 자유는, 자유롭게 만드는 자유로서, 저 역사의 근거인데, 그 역사는, 만일 종교적 언사와 행위의 과제가 파악되어야 한다면, 종교들 안에서 신적인 "먼 거리"와 그때마다 새롭게 발생하는 재림의 역사로서 이야기되어야 하는 것이다: 신성에게 이 세상 안에서 그의 자리와 시간을 마련해 주기 위해서. 그 역사는 동시에 저 특별한 역사의 근거인데, 그 역사는 성서적 신앙이 인간을 "선택"하고 "과제를 위임"하는 역사로서 이야기해야 하는 것이다. 이는 저 신적인 "길-표시"(Thorah)의 고유성을 이해시키기 위한 것인데, 이것은 선택된 자를 늘 새롭게 이집트로부터, 거짓 신들의 통치권에서, 이끌어내어서 "신의 통치"가 거주하는 "약속의 땅"으로 이주하게 하는 것이다. 동일한 신적인 자유가 그리스도교 신앙을 위해서 작용 중에 있는 것은 다음과 같은 점에 존립한다. 곧, 종말론적인 "시간"이 도래하여, 그 안에서 신의 계약이 그 충만에 도달하며 그리고 그리스도의 비천함을 지닌 형태공동체 안에서 그가 재림할 때의 영광을 지닌 형태공동체가 되리라는 희망이 근거 지워진다.

4) 다음의 물음에 대한 결론: 신앙, 철학 그리고 신학은 동일한 신에 대해서 말하는가?

그리스도교의 선포가 그 중심에서는 "종말론적인 시간고지"라는 것, 다시 말해서 인간과 함께 하는 신의 역사가, 그렇기에 율법과 예언자 역시, 그것의 충만에 도달하는 "시간"의 고지라는 것을 모르는 자는, 그리스도교의 보도가 선포하는 "충만"이 다른 것이 아닌 "그 반대 아래서sub contrario", 즉 십자가상에서의 그리스도의 "비움" 안에서 나타날 수 있었다는 것을 모르는 자는, 신앙의 자기오해에서 생겨나는 위험들을 모르는 자는, 만일 이런 사람이 역사적이고 그래서 항상 위기에 처한 신적인 자유와 인간적 자유의 관계를 신적이고 인간적인 본성을 통해서 늘 이미 보장된 신 관계로 혼동할 경우에, 그는 이 "종말론적인 시간고지"의 신학적 주석에 제기된 과제를 이미 오인하는 것이다. 그렇게 되면 그는 이 신학적 과제의 해결에 철학적 개념들과 논증절차가 어떤 기여를 할 수 있는지, 그리고 신학에 그와 같은 개념들과 절차들을 마련해줄 수 있기 위해서 철학은 어떤 종류의 것이 되어야 할지에 대해서 판단할 수 있는 척도를 얻지 못하게 된다.

이미 지금 말해질 수 있는 것은 이렇다: 관건이 되어야 하는 것은 하나의 철학인데, 그것은 진리의 무조건적인 요구를 그것에 적합한 응답을 내리는 인간적 능력의 우연성과 함께 생각할 수 있는 철학이다. 그런 연후에 그러한 철학은 인간적인 응답능력의 이 우연성으로부터 (칸트가 구했던) "순수 이성의 역사"에 대한 이해를 얻는 것이다; 그리고 그 철학은 이성의 이 역사를 이성의 위기들의 역사로서 묘사하고 마침내는, 새롭게 구상된 요청이론 안에서, 이 위기들의 극복 안에서 신적인 자유와 인간적 자유 간의 관계가 작용 중에 있음을 보는 것이다. 그러한 철학이 마련되어 있지 않다면 혹은 신학이 그런 철학으로부터 어떤 사용도 얻지 못한다면, 또 다른 종류의 철학적 개념들과 논증 절차의 사용을 통해서 애매성이 생겨날 수 있으며, 이런 애매성은, 과연 그 같은 신학이 신앙이 말하는 신과 동일한 신에 대해서 말하는지의 여부에 대해서, 의심을 일으키게 한다.

5) 네 번째의 그리고 마지막 전망

철학자는, 만일 그가 신적인 자유와 인간적 자유 간의 이 같은 관계의 역사에 대해서 들을 때, 무엇을 듣게 되는가?

그가 듣게 되는 것은 무엇보다도 열린 물음이다: 그 물음이란, 신학이 자신이 당면한 문제들을 해결하고자 철학적 개념을 사용하길 원하고 또 그래야만 할 때, 철학이 그 문제들 안에서 자신의 고유하고도 진정한 과제들을 재인식할 수 있는가의 여부이다.

4. 어떤 종류의 신학과 철학이 이러한 척도들에서 자신을 확증하는 데 적합한가?

테제 4 그리스도교의 보도를 "종말론적인 시간고지"로 주석하려는 신학의 대화상대자로서 전통적인 형이상학은 계속적으로 발전된 선험철학보다 덜 적합한 것처럼 보인다. 이 선험철학은 경험을 "현실과의 대화"로서 기술한다. 그렇게 이해된 선험철학은 경험의 가능성이 그로부터 발원하는 바로서의 조건을 직관과 사유의 형식에서 구하는데, 이 형식은 현실적인 것의 요구를 통해서 자신을 "새로운 사유에로 변형되게 하는" 능력이 있는 것이다. 그렇게 이해된 선험철학은 이 변형들의 연속을 "순수 이성의 역사"로서 기술하는데 적합하며, 이 역사의 위기들을 고려하고 그런 위기들을 거치면서 이성이 복구되는 가운데, 신적인 자유와 인간적 자유의 관계가 작용 중에 있음을 보기에 적합한 것이다.

상론

1) 신학의 과제들

신앙의 가능한 자기-오해들을 해명하고 이를 극복하기 위한 길들을 제시하는 것이 신학의 중요한 과제들에 속한다면, 우선 이 과제들이 더 정확히 규정되어야 하는데, 이것은, 만일 철학적 개념들의 사용이 이 과제의 해결에 기여해야 할 경우 그런 개념들은 어떤 종류의 것이어야 하는지를 물을 수 있기 이전에, 수행되어야 한다.

신학은 첫째로, *저마다의 종교적 언사의 고유성*과 관련해서, 인간이 신성의 이름-부름을 통해서 들어서게 되는 저 상호관계의 고유성을 규정해야 하며, 그리고 동시에 이 상호관계의 올바른 수행에 구원과 비구원이 좌우될 수 있다는 것을 이해시켜야 한다(테제 1, 39쪽). 만일 이러한 신학적 진술들이 온전히 이해되지 않은 채 남아서는 안 된다면, 그것들은 보다 큰 철학적 이론의 테두리 안에 편입되어야 한다. 이 이론은 다른 영역들에서도 인간이 이름의 사용을 통해서 들어서게 되는 저 상호관계가 모든 개념 형성과 모든 진술의 표명을 가능하게 하면서 선행하고 있음을 분명히 해주는 것이다. 재인식하게 해주는 이름의 부름은 파악과 술어적인 규정의 모든 과제들이 그로부터 비로소 생겨나게 되는 근원이며, 동시에 그것에 즉해서 개념들과 진술들이 가늠되어져야 하는 척도인데, 만일 개념들과 진술들이 진실로 사람들이 말하고자 했던 것에 대해서 말하고 있음이 입증되어야 한다면 말이다. 이때 이름은, 온전히 세속적인 맥락에서도, 사람들이 [자신들이] 생각한 것과 그렇지 않은 것을 구별하는 바로서의 추상적인 표지의 제시와는 다른 어떤 것이다. 이름은 명명된 현실과의 상호관계 안으로 들어섬을 가능하게 하는데, 이는 우리가 우리의 개념들과 진술들로 대답하려고 하는 저 요구를 인지하기 위해서이다. 아주 일반적으로 현실에 대한 인간의 상호관계의 구축을 위한 이름의 의미를 묘사하는 철학적 이론만이 "거룩한 이름"의 사용을 의미상실로부터 보호하도록 신학에 기여할 수 있다.

신학은 두 번째로, *신에 대한 성서적 언사의 특별함*과 관련해서, 신과 신의 요구에 대한 인간의 상호관계 안으로의 들어섬을 자유와 자유의 관계로 규정해야만 한다(테제 2의 첫째 부분, 45쪽). 이것이 전제하는 것은, 신적인 이름의 계시를 통해서 가능하게 되고, 또 인간 편에서의 이름의 부름을 통해서 성취되는 신과 인간의 관계는, 위기에 처한 따라서 우연적인 관계로서 파악된다는 것이다. 이런 관계는 그 우연성을 통해서, 강제되지 않은 신적인 자유와 인간적인 자유의 작용을 지시한다. 신적인 자유와 인간적 자유 사이의 이 관계로부터 이제 인간과 함께 하는 신의 역사가 파악될 수 있는 것이다. 다시금 덧붙여야 할 말은 이렇다: 만일 이러한 신학적 진술들이 온전히 이해되지 않은 채 남아서는 안 된다면, 그것들은 보다 큰 철학적 이론의 테두리 안에 편입되어야 한다. 이 이론은 진리와 (다시 말해서, "존재자의 드러남" 그리고 동시에 "우리의 이론적이고 실천적인 판단을 위한 그것의 규준성Maßgeblichkeit과) 자유의 관계를 그 대상으로 갖는다. 그러한 철학적 이론은 두 가지를 제시해야 한다: 저마다의 현실의 규준성주장("사물들의 진리")은 오직 인간이 그것에 자유롭게 대답하면서 인지될 수 있다는 것, 그러나 인간의 이러한 응답능력은 위기에 처해 있다는 것 그리고 그런 위기를 통해서 우연적인 것으로 입증된다는 것이다. 그러나 이 우연성에 칸트가 구했던, 그러나 발견하지 못했던, "순수 이성의 역사"[39]가 의거하는 것이다. 진리와 자유의 이 관계를 적합하게 기술하는 철학만이 신학으로 하여금 특별히 종교적인 맥락에서 신적인 말씀과 인간의 신앙심 깊은 대답 사이의 관계를 자유와 자유의 역사적인 관계로서 이해하도록 도울 수 있다. 이러한 과제에 즉해서 모든 신학 그리고 철학적 개념의 모든 신학적 사용이 비판적으로 가늠될 수 있다.

신학이 세 번째로, 신에 대한 그리스도교적 언사의 고유성과 관련해서 이해시켜야 하는 것은, 신에 대해서 그리고 신에게 말하는 그리스도교의 방식이 시대들과 율법 그리고 예언자 "충만에 다다르는" 바로서의 "종말론적인 시간고지"에 의거한다는 것이며, 그리고 이 충만이 "그 반대 아래서", 십자가상에서의 그리스도의 "비움"(kenosis)이라는 현상형태 안에서, 경험될 수 있게 되었다는 것이다(테제 2의 둘째 부분, 50쪽). 확실히 그리스도교 선포의 이러한 진술은 일반적인 철학적 통찰의 한갓 "특수경우"로서 이해되지는 않는다. 그럼에도 불구하고 그 진술 역시, 만일 그것이 역사에 대한 해석학의 보다 넓은 맥락 안에서 파악되지 않는다면, 한갓 이해되지 않는 역설로 남는다.

---

[39] Vgl. KdrV A 853.

역사에 대한 그 같은 해석학의 탁월한 주제는 시간(Chronos)과 때(Kairos)의 관계규정이다.

우리의 역사경험을 위해서 특징적인 시간은 이미 고대이래로 자연탐구를 규정하고 있는 저 시간직관과 구별된다. 거기서는, 이미 아리스토텔레스가 알아챈 것처럼, "지금"이란 단지 수학적인 극한치로서, 근대적으로 말하자면, "한계값 영Limes Null"에 근접하는 것이다. 그와는 반대로 역사경험을 위해서는 결정의 때Stunde가 관건이 되는데, 개인적인 그리고 공동체적인 삶의 전체가 그것에 달려있는 것이다("지금 아니면 결코 아닌!"). 그와 같은 방식으로 붙잡은 저마다의 결정의 가능성은 그런 한에서 자체적으로 하나의 "충만"인데, 그것은 미래의 시간경과를 통해서 상대화될 수 있는 것이 아니다. 우리는 "때"가 우리에게 개시하는 행위가능성에 나누어지지 않은 마음으로 헌신하면서, 마찬가지로 우리 자신을 분할되지 않은 채 그리고 전체적으로 얻게 된다. 우리가 이런 기회를 거부할 경우, 마찬가지로 우리는 우리 자신을 분할되지 않은 채 통째로 상실한 것이다. 붙잡은 혹은 놓쳐버린 윤리적 결정은 그에 대한 탁월한 보기이다. 놓쳐버린 결정의 때에 대해서 다음의 말로 자위하는 것은 부적절한 일이다: "삶은 계속되는 거야".

하지만 동시에 우리가 얻게 되는 충만 안에는, 만일 우리가 그 귀중한 결정의 때를 활동적으로 붙잡는다면, 회수되지 않은 기대의 계기가 놓여 있다. 우리가 결정의 기회를 붙잡으면서 얻게 되는 것은, 우리가 이론과 실천의 구체적인 가능성에 자신을 헌신할 때 얻게 되는 희망보다도 "항상 더 적은" 것이다. 그러나 이 희망은 먼 그리고 불확실한 미래에로 손을 뻗치는 것만은 아니다; 현실적인 것의 "그때마다의 더 큰" 요구는, 결정 안에서 우리가 그에 대답하는 것인데, 이 대답의 잠정적인 형태 한 가운데서 선취적으로 현존한다. 붙잡은 결정의 때는 그와 함께 불확실한 희망의 동기가 될 뿐만 아니라, 동시에 이 희망이 확증하는 약속이 된다 - 그것은 예측한 것을 단지 말로 선취하면서 표시하는 예보(豫報)일 뿐만 아니라, 우리가 이론과 실천 안에서 붙잡을 수 있는 모든 것보다 동시에 "더 큰" 것의 경험할 수 있는 현존형태인 것이다. 그런 한에서 우리에게서 성공하는, 모든 윤리적으로 선한 행위는 우리의 모든 공적들보다도 "항상 더 큰", 다가오는 구원의 실재적-약속Real-Verheißung인 것이다.

우리는 이렇게 물어도 좋을 것이다: 이것은 신과 인간의 역사에 대해서도 적용되지 않는가? 신적인 선택과 그에 대한 인간적 대답("보십시오, 제가 여기 있습니다")의 저마다의 때가 곧 "충만"의 때이며 동시에 모든 인간적 성취를 능가하는 다가오는 실현의 경험할 수 있는 약속이라는 것이 이런 방식으로 이해되는가? 그리고 이런 방식으로 신학적으로 저 "때"에 대해서, 그 안에서 지금까지의 모든 충만의 때들이 비로소 그 충만한 양에 도달하게 되는 그런 때에 대해서, 말하도록 허용하는 철학적 개념을 얻게 되는가? 그리고 그런 방식으로 이 결정적인 충만의 때 역시 아직도 약속으로 가득 차 있다는 것에 대해서도 신학적으로 말하게 되는가 - 그리고 영속하는 약속과 실현의 차이 때문에 그 충만의 때는 "비어 있음"의 현상형태를 자체에 지닐 수밖에 없다는 것에 대해서도?

2) 제안된 단초: 자유와 역사에 대한 선험적 해석학

어쨌든 시도해 볼 가치가 있는 것은, 여기서 제안된 상호관계, 자유 그리고 역사에 대한 해석학이 일반적으로 신에 대한 종교적인 언사, 특수하게는 신에 대한 성서적이고 혼동될 수 없는 그리스도교적 언사를 이해하는데 주석의 도움을 제공할 수 있는가 하는 것이다. 발전적으로 전개된 선험철학이 전통적인 형이상학보다도 성서적 보도에 특징적인 역사연관을 더 용이하게 발견하고 있다는 추정에는 몇 가지 이유들이 있다.

전통적 형이상학이 출발하는 전제는, 오직 "감각세계"만이 시간적이고 변화에 종속되어 있으며, 그러나 이성은 "가지적인 대상들"의 세계에로 상승하여 그와 함께 스스로 역사를 통한 제약성을 뒤에다 남겨 두게 되는 과제를 가진다는 것이다. 이러한 형이상학에 정향되어 있는 신학은 그 우연적인 변화들을 가진 역사에 인간과 세계의 "구원"을 위한 의미를 부여해야 하는 항상 커다란 어려움들을 가진다. 바로 "역사의 신학"을 위해 진력했던 신학자들에게서 그들이 싸워야 했던 어려움들이 특별히 두드러지게 나타난다. 이로부터 생겨나는 물음은, "시간"과 "때"의 관계에 대한 철학적 이해의 통로에 이르고 그로부터 역사의 우연성 안에서 신적인 자유와 인간적 자유의 관계의 흔적을 발견해내기 위해서, 보다 덜한 어려움을 진 또 다른 길들은 없는가 하는 것이다.

우리가 그렇게 물을 경우에, 오해를 피하기 위해서 첨가해야 할 것이 있다: 이하에서 전통적인 형이상학 대신에 발전적으로 전개된 선험철학이 추천된다면, 우선 철학사적인 실상이 상기되어야 한다: "오래된 선험철학"(다시 말해서, 모든 존재자에 대해 진술될 수 있는 "선험적" 술어들에 대한 가르침)을 새로운 선험철학으로 대치하려 했던 칸트는 이런 방식으로 동시에 "미래의 형이상학을 위한 서설"을 쓴다고 확신했다. 그렇기 때문에 여전히 검토되어야 하는 것은, 여기서 제안된 발전된 선험철학 역시 형이상학에 새로운 형태를 부여하는 가능성을 개시하는가의 여부인데, 이 형태는 전통적인 형이상학보다 더 용이하게 역사에로의 통로를 얻는 그런 것이다. 그렇게 되면 철학적 개념들을 신학적으로 사용하는 가능성 역시 새로운 빛 속에서 나타나게 될 것이다.

어떤 경우에도 이미 현존하는 철학을 변경 없이 그리스도교 보도의 내용에 "적용하는" 것이 관건이 될 수는 없다. 전통적 형이상학은 계속적인 발전을 필요로 하는데, 만일 그것이 플라톤과 아리스토텔레스에게로 소급되는, 모든 가변적인 것 그리고 그와 함께 역사적인 것에 대한 경시를 극복할 수 있으려면 말이다. 칸트적인 선험철학은 계속 발전되어야 하는데, 만일 그것이 이성의 변증법을 직관형식들, 개념들, 그리고 이념들의 역사적인 변천의 근원지로서 파악할 수 있으려면 말이다. 그와 같은 방식으로 발전된 형이상학 내지 선험철학이 성서적인 보도의 비판적 주석에 기여해야 한다면, 이러한 시도들의 각각은 앞서 표명되었던 척도들(테제 3, 56쪽)에서 가늠되어야 한다. 왜냐하면 오직 그럴 때에만 계속적으로 발전된 형이상학 내지 선험철학은 진실로 신앙이 말하는 신과 동일한 신에 대해서 말하고 있음을 보증할 수 있기 때문이다.

역사는 경험의 가장 탁월한 장(場)이기 때문에 여기서 제기된 과제의 이행을 위해서는 경험의 가능조건을 묻는 철학, 곧 선험철학이 더 적합한 것처럼 보인다. 구해진 철학은 물론 칸트를 넘어서서 발전된 선험철학인데, 이것은 경험의 가능조건을 직관과 사유의 불변적인 형식들 안에서 발견했다고 믿는 것이 아니라, 선험적 반성을 역사적 반성과 결합시키는 철학이다.[40] 이 철학은 경험의 가능성이 의거하는 바로서의 직관과 사유의 형식들을 바로 그것의 역사적인 변천 안에서 구하는 것이다.

그에 대한 하나의 보기는 과학사의 경과 안에서 사실적으로 발생한 공간직관과 시간직관, 인과범주와 실체범주의 변화이다: 이 직관형식들과 개념들은 경험을 가능하게 만들었지만, 그렇게 가능하게 된 경험의 영향 아래서 그것들의 형태를 변화시켰다.

그럼에도 불구하고 범주들과 이념들의 지금까지의 역사를 극복해야 할 오류들의 연속으로서 기술하는 것이 관건이 될 수는 없다. 그렇게 여러 신칸트주의자들은, 가령 에른스트 카시러Ernst Cassirer는, 범주들과 이념들의 변화가 기인하는 바를 추적하여 설명하기를, 철학자들은 지금까지 "실체개념으로부터 기능개념에로" 결의에 찬 전회를 아직도 일관성 있게 수행하지 못하였고[41], 그렇기 때문에 아직도 사람들이 직관하거나 사유할 때 그들이 무엇을 행하는지를 분명히 이해하는 데까지 이르지 못했다는 것이다.

---

40 Vgl. R. Schaeffler, Zum Verhältnis von transzendentaler und historischer Reflexion, in: H. Kohlenberger, Festschrift für Karl Ulmer, Wien 1976, 42–76.
41 E. Cassirer, Substanzbegriff und Funktionsbegriff, Berlin 1910.

계속적으로 발전된 선험철학은 그 대신에 이 역사를 그것의 가능근거들로부터 파악하는 과제를 갖는다: 역사를 경과로서 파악하는 과제. 그 경과 안에서 직관형식들과 사유형식들이 경험을 가능하게 하며, 그러나 경험의 내용 역시 변화하면서 이 형식들에 역으로 작용한다.

이에 대한 보기들을 과학적 인식의 역사뿐만 아니라, 윤리적인, 미적인, 그리고 종교적인 경험의 역사도 제공한다. 그러한 방식으로 계속 발전된 선험철학은 경험을 "현실과의 대화"로서 이해하게 될 것이다. 이때 그것은 특별히 철학적인 방식으로 성서적 훈계를 자신의 것으로 삼을 수 있다:

"여러분은 현세에 동화되지 말고 정신을 새롭게 하여 여러분 자신이 변화되게 하십시오. 그리하며 무엇이 [...] 완전한 것인지 분별할 수 있게 하십시오."[42]

그러한 방식으로 발견된 역사성 그리고 직관과 사유의 형식들의 가변성은 이때 진리의 절대성주장을 역사적으로 상대화시키는 근거로 이해되지는 않는다. 여기서 제안된 의미로 계속 발전된 선험철학은 반대로, 현실적인 것이 우리를 그 아래에 세우는 무조건적인 요구를, 진척시키는 힘으로서, 즉 우리의 직관과 사유가 변화되도록 재촉하고, 그와 함께 이성의 역사를 진척시키는 저 "항상 더 큰 진리Veritas semper maior"로서, 이해한다. 이 진척시키는 힘으로서의 "저 더 큰 진리"는 역사의 모든 발전단계에서 현존한다.

역사적인 경험의 증언들은, 그 가운데는 종교적인 증언도 있는데, 그처럼 계속 발전된 선험철학의 시금석이 된다. 이 선험철학은 증언된 경험과 그 안에서 함께 증언된 경험방식들의 역사를 그 가능근거를 찾아 주석하는 데서 자신을 확증해야 한다. 이 선험철학이 이러한 시험을 통과하는 정도만큼, 그것은 자기편에서도 그러한 경험을 하고 또 증언하는 사람들에게 비판적인, 그러나 결코 회의적이지 않은 자기이해에 이르도록 도울 수 있다.

---

42 Röm 12,2.

이것은 종교적 경험의 증인들과 그들의 해석자들에게도 적용된다. 그러한 방식으로 계속 발전된 선험철학은, 만일 선험신학이 종종 탄핵받은 것처럼 "역사와 동떨어져 있음"을 극복하려고 한다면, 선험신학의 계속적 발전에도 기여할 수 있다.

3) 철학적 신 개념과 그것의 신학적 사용을 위한 귀결

모든 신학 그리고 신학적으로 "사용된" 철학은 신앙인들로 하여금 "이름의 계시"와 "이름의 부름"의 교체작용 안에서 저 신적인 (그리고 이차적으로 인간적인) 자유의 활동이 작용 중에 있음을 보도록 안내해야 한다. 이 자유가 역사를 가능하게 만드는 것이다. 왜냐하면 관건이 될 수 있는 것은, 신앙의 증언을 지나치고 신에 대한 철학적인 - 혹은 신학적인 - 지식을 발전시키는 것이 아니라, 오직 신앙 자체의 해석학적-비판적 힘을 의식시키고 작용케 하는 것이다. 그렇지 않다면 신학과 철학은 더 이상 신앙이 말하는 신과 동일한 신에 대해서 말하지 않게 된다.

계속 발전된 선험철학이 우연성을 지닌 그리고 그로부터 귀결되는 위기를 지닌 직관형식과 사유형식의 역사를 "현실과의 대화"의 표현으로서 파악하면서, 그것은 신에 대해서 그리고 그의 자유와 인격성에 대해서 철학적으로 말할 수 있는 통로도 얻을 수 있다: 역사의 위기에 처한 인간에게 인격적 자유 안에서 관심을 기울이는 신의 실존은, 만일 이 역사를 경험하는 자가 그 역사에 자신을 내어맡길 수 있으려면, 전제되어야만 하는 것이다; 왜냐하면 그러기 위해서 그는 희망에 찬 확신을 필요로 하는데, 그것은 그가 이 역사의 위기 안에서도 자신을 잃지 않고, 늘 새롭게 "견고한 지점을 얻게" 되리라는 것이다. 비록 이 희망의 근거가 알려질 수는 없고, 요청되면서 전제될 수밖에 없다고 할지라도 말이다. 이것이 철학에 성공적이 되는 만큼, 역사의 우연성을 그렇게 파악하는 철학은 자기편에서 신학과 신앙에

게 우연성과 위기를 지닌 역사 안에서 신의 자유가 작용 중에 있음을 보게 하는 가능성을 제공할 수 있다. 그런 방식으로 여기서 제안된 발전된 선험 철학은 동시에 신학에 도움을 제공하면서, 신앙은 "우리가 바라는 것들의 보증이며" 동시에 "보이지 않는 실체들의 확증"[43]이라는 말이 무엇을 의미하는지 이해할 수 있게 해준다. 오직 신앙에 이러한 해석학적-비판적 봉사를 제공하는 것이 철학에 성공하는 정도만큼, 철학은 자신과, 그리고 자신의 개념 및 논증방식을 사용하는 신학이, 진실로 신앙이 말하는 신과 동일한 신에 대해서 말하고 있음을 확신할 수 있는 것이다.

---

[43] Hebr 11,1.

5. 철학을 위해서 어떤 것이, 철학이 자신이 말하는 바의 것을 "신"이라 명명할 수 있는지의 여부에 좌우되는가?

(이것이 모든 사람들이 신이라고 부르는 바의 것이다)

테제 5 "신"이라는 말은 철학 안에서는 차용어로서, 이는 본래 종교의 언어 안에 그 본향을 두고 있다. 이 차용어를 사용함으로써 철학은 종교적 경험과 관련을 맺게 된다. 이 경험연관이 철학적 개념들을 다음의 의혹에서 보호해 주는데, 그 개념들의 보편성 때문에 내용이 결핍되어 있다거나, 혹은 실험적으로나마 그 개념들에 내용이 채워질 경우에도 그것들은 현실과 거리가 먼 구성물이라는 의혹이 그것이다. 철학이 종교적 경험과 그런 연관을 획득했는지의 여부는, 그것이 자신의 개념들을 통해서 종교적 경험을 비판적으로 주석할 수 있음을 입증하는 데서 제시되어야 한다. 전통적인 형이상학보다 계속 발전된 선험철학에서 이것이 보다 용이하게 성공한다.

상론

1) 신에 대해서 말하는 두 방식들

전통적인 형이상학뿐만 아니라, 계속 발전된 선험철학도 신에 대해서 말한다("선험신학은 선험철학의 최상의 관점이다"[44]). 철학적으로 신에 대해서 말하는 두 방식들에게 공통적인 것은 그들의 해석학적인 의도이다. 전통

---

44 Kant, Opus posthumum, 7. Konvolut, 5. Blatt.

적인 형이상학은 논증의 중요한 결과물들, 가령 "최초의 부동의 동자"의 실존을 오직 종교적 행위에 "본래적으로 주어진" 저 현실과 일치시키면서 이 의도를 실현시키려 한다. 선험철학은 그것을 넘어서서 우리 경험의, 무엇보다도 윤리적인 경험의 내용이 이성 자신의 변증법을 통해서 폐기되는 것으로부터 보호될 수 있음을 입증하려 하는데, 그것은 오직 경험된 현실의 요구가, 가령 윤리적인 의무의 요구가, 말 건넴의 현상형태로서 이해되는 경우이며, 이때 그 말 건넴의 주체는 신앙 역시 그에 대해서 말하는 신과 동일한 신인 것이다.

전통적인 형이상학은 논증의 결과물들에 다음과 같은 해석학적인 첨가물을 부여하면서 신에 대해 말한다: "이것이 모든 사람들이 신이라고 부르는 바의 것이다". 이 첨가물은 형이상학적인 논증의 부분이 아니라, 종교적인 언어 사용에 대한 지시이다. 그렇기 때문에 이 첨가물은 다음과 같이 해명될 수 있다: "여기서 철학적 개념들로 기술되고 있는 것은 종교적 행위를 수행하는 '모든 이들에게' 본래적으로 주어진 것과 그리고 그들에 의해서 '신'이라고 명명되는 것과 실재적으로 동일하다".

선험철학은 그와는 반대로, 만일 이성이 자신의 과제의 이행가능성에 대해 절망해서는 안 된다면(다시 말해서, 이성의 변증법을 해소하는 것이 가능해야만 한다면), 그때 꼭 필요한 희망의 근거를 명명하면서 신에 대해서 말한다. 그것을 위해서 필수적인 이성요청들은 그렇기 때문에 한갓 첨가물이 아니라, 선험적 논증에 없어서는 안 될 구성부분인 것이다.

"신"이라는 말의 철학적 사용 안에서 종교적 경험을 비판적으로 주석한다는 주장이 양자의 경우들 안에서 표명되고 있다. 이 주장이 의미하기를, 신에 대한 종교적 진술들은 철학이 자신의 고유한 개념들로써 말하는 저 현실에 대한 진술들로서 이해되도록 해야만 (예를 들면, 유일한, 초월적 존재에 대한, 그것은 동시에 우리 경험의 모든 내용을 가능하게 한다), "제대로 이해된" 것이다. 이러한 철학적 술어들이 귀속될 수 없는, 그런 신에 대한 종교적 진술들은 (예를 들면, 다신교의 신들에 대한 진술들은) 형이상학자들에 의해서나 선험철학자들에 의해서나 종교의 자기-오해의 표현이라고 판결 받는다.

2) 철학의 시금석으로서의 그것의 비판적-해석학적 주장

종교의 진술들에 대한 철학의 비판적-해석학적 관계맺음은 *가능하다*. 그 이유는 종교적 경험이나 철학이나 모두가 그들의 방식대로 "존재자로서의 그리고 전체에 있어서의 존재자"에 대해 말하기 때문이다: *일반적으로 종교적 경험의 증언들*은, 그 형식들의 모든 다양성 안에서, 이 경험이 그 때마다의 새로운 그리고 갱신하는 근원(혹은 근원들)의 도래를 무엇보다도 그들의 내용으로 가지는 한에서, 모든 존재자의 이 전체에 대해서 말한다. *그리스도교 신앙*은, 전체의 역사의 "충만"이 선취적인 방식으로 현존한다고 고지하면서, 이 전체에 대해서 특별한 방식으로 말한다. 전통적 형이상학은, 존재자의 전체를 그것의 "최상의 원리들"에로 소급하길 원하면서, 전체에 있어서의 존재자에 대해서 말하며, 선험철학은, 직관형식들과 개념들의 분석을 통해서 저마다의 경험을 가능하게 하는 조건들을 명명하고, 그런 연후에 이성의 이념들이 자기폐기 앞에서 보호될 수 있는 조건을 자신의 요청들 안에서 제시하면서, 전체에 있어서의 존재자에 대해 말한다. 오직 그렇게 해서만 지성은, 그 안에서 모든 것이 객관적으로 타당한 것으로 승인되어야 하고 자신의 자리를 발견해야만 하는 바로서의 맥락을 구축할 수 있게 된다. "존재자로서의 그리고 전체에 있어서의 존재자"라는 이 공통의 주제를 통해서 철학에게 가능하게 되는 것은, 주석하면서 종교의 증언들 그리고 특별히 그리스도교 신앙의 증언들과 관계 맺는 것이다.

종교에 대한 철학의 이와 같은 관계맺음은 꼭 *필요하다*. 왜냐하면 전통적 형이상학의 "최상의 원리들"은 물론이고 선험철학의 요청들도, 그것들

이 해석학적으로 확증되는 그런 경험들에 적용될 수 없는 한에서, 경험과 거리가 먼 이성의 구성물이라는 의혹에 처하기 때문이다. 철학적 개념들의 그와 같은 확증을 위해서는, 자기편에서도 존재자로서의 그리고 전체에 있어서의 존재자와 관계하는 그런 경험들만이 고려가 되는데, 우선적으로는 종교적 경험들이 그것이다. 철학이 종교적 경험의 증언들을 주석할 수 있다는 것을 입증하려는 철학적 관심은 그 점에 의거한다. 물론 이런 관심이 비로소 생겨나는 것은, 철학이 경험연관을 상실할 경우 실재와 거리가 먼 구성물이 될 수 있음을 철학이 알아차렸을 때이다. 철학이 종교와 신앙의 증언들을 비판적으로 주석하려고 할 때, 철학 자체가 처하게 된 위험이 무엇인지를 알아차리기 위해서, 철학은 합리주의의 "독단적인 잠"에서 깨어나야 한다.

두 종류의 철학함이 - 전통적인 형이상학과 선험철학적으로 정초된 요청이론이 - 신에 대해서 말하는 방식들의 차이는, 종교와 신앙에 대한 그들의 해석학-비판적 주장과 관계하는 것이 아니라, 이 주장을 회수하고자 시도하는 길들과 관계한다. 이러한 입증이 성공하지 못할 경우에, 그 같은 철학적 언사는 종교 내지 신앙이 말하는 저 신을 놓치게 되며, 성서적인 판결에 처해진다: "아무도 사람을 속이는 헛된 철학으로 여러분을 사로잡지 못하게 조심하십시오"[45]. 이 성서적인 판결에 덧붙여지는 철학적 판결이 있다: 그것이 형이상학이든 선험철학이든, 성서적인 텍스트 안에서 증언된 대로의 종교적 경험을 철학이 비판적으로 주석할 수 있음을 성공적으로 입증하지 못할 경우에, 형이상학적인 교의들이나 혹은 선험철학적인 요청들은 실재연관을 결한, 경험과 거리가 먼 구성물이라는 의혹이 존속하게 된다. 종교적 경험의 특별한 고유성은 이 경험을, 존재자 내지 우리 경험의 대상들의 "전체"에 대해서 말하는 모든 철학적 시도들의 시금석이 되게 한다.

---

[45] Kol 2,8.

3) 선험철학적인 단초의 우위성

철학적 개념들이 신앙의 보도를 비판적으로 주석하는 데 적합하다는 입증은, 이미 제시된 대로, 전통적인 형이상학보다도 계속 발전된 선험철학에서 더 용이하게 성공한다(테제 4, 63쪽). 그 이유는, 선험철학이 요청적으로 신에 대해서 말할 때, 그것은 처음부터 희망의 근거와 관계하고, 이를 통해서 역사와 낯설게 되는 대신에 역사 안으로 주의가 환기되기 때문이다. 신에 대한 요청적인 언사와 신앙의 선포가 일치하게 되는 것은, 그들이 청자들로 하여금 비록 이 희망의 근거가 "보이지 않는 것"이라 하더라도 "바라는 것들의 보증을 얻도록" 안내하는 데에 있다. 그 점에서 그들이 동일한 신에 대해서 말하고 있음이 드러난다. 종교와 신앙의 보도를 듣는 철학자가 동시에 자기 자신에 대하여 무엇인가를 듣게 되는 가능성은 이것에 의거한다: 그가 듣게 되는 것은, 그가 경험의 (윤리적인 경험뿐만 아니라) 의무지우는 힘을 자기폐기로부터 보호하기 위해서 전제해야만 하는 신의 저 증여는 특별히 우연적인 경험 안에서 실제로 발생했으며, 그리고 신의 해방시키는 자유의 작용으로서 이해되어도 좋다는 것이다. 그러나 그와 함께 한편으로는 요청이 자신의 경험연관을 입증하며, 다른 한편으로는 종교적 경험이 자신의 보편적인, 경험현실과의 저마다의 만남과 관계되는 의미를 입증한다. 그런 방식으로 선험철학적으로 정초된 요청이론은 전통적인 형이상학보다도 더 용이하고 더 직접적으로 신앙의 선포에 대한 해석학적인 연관을 획득하며, 이제 자기편에서 신앙보도의 증인들과 해석자들에게 비판적인 자기이해에 이르도록 도움을 제공할 수 있다. 그 점에 그것이 신앙이 말하는 신과 동일한 신에 대해서 말하고 있다는 입증이 놓여 있다.

여기서 행해진 숙고의 의도는, 어떻게 철학적 이성이 종교와 신앙의 자기진술들을 경청하면서 "배움의 능력이 있는 선생"이 될 수 있는지, 그리고 그로부터 신학과 신앙에 비판적-해석학적인 봉사를 베푸는 가능성을 얻는지, 시험하는 것이었다.

계속되는 물음: 이성은 역사를 가지는가?

신앙이 말하는 신과의 관계는 신적인 자유와 인간적 자유의 관계로서 입증된다: 신적인 "선택"과 그리고 신과 우상 사이에서의 인간적 선택의 관계 ("너희는 어떤 신들을 섬기고 싶은지 선택해야만 한다"[46]). 이 관계는 위기로 이끄는, 그리고 오직 신적인 자유의 갱신된 행위를 통해서만 극복될 수 있는 역사 안에서 전개된다. 신심 있게 신에 대해서 말하는 것은 그렇기에 이런 뜻이다: 희망의 근거에 대해서 말하는 것, 이 희망은 인간에게 환상이나 절망도 없이 신의 구원하는 힘을 신뢰하면서 이 역사에 자신을 내어맡기도록 허용하는 것이다 - 그리고 이 힘이 오직 "그 반대 아래서", 즉 그 힘과 대조적인 십자가의 무력함의 형태 안에서, 경험될 수 있는 곳에서도.

종교철학자가 이러한 신에 대해서 말할 수 있는 것은, 그가 어떻게 이러한 신 관계로부터 신앙인의 자기이해와 세계이해가 구축되는지를 보여주면서이다. 그에게 도대체 경험의 내용이 될 수 있는 것은 이렇게 구축된 맥락 안에서 모든 것이 자신의 자리를 발견하면서이다. 그러나 종교철학의 특수한 범위를 넘어서서 그리고 일반적인 철학의 보다 큰 맥락 안에서 이 신에 대해서 말해질 수 있는 것은, 오직 다음이 제시되는 경우이다: 이 역사는 그 위기들과 함께, 그러나 또한 인간을 이 위기들로부터 해방시킬 수 있는 신에 대한 희망과 함께, 인간적 삶의 특별한 영역, 곧 "종교"라 칭해지는 영역에만 관계하고, 반면에 다른 "영역들", 예를 들면 학문, 예술, 혹은 윤리

---

[46] Jos 24,15.

는 이 역사와 무관한 것으로 남는 것은 아니다. 보통 철학적으로 희망의 근거로서 신에 대하여 말하는 것은 다음과 같은 입증을 전제로 한다. 곧, 인간은 그가 자기 자신을 그리고 세계를 경험하는 모든 방식들 안에서, 그런 특성을 지닌 하나의 역사에 의해서 포괄되고 또 규정되고 있다는 것이다.

이러한 입증이 성공할 수 있는지는 인간적 이성 그리고 특별히 그것의 철학적 사용이 어떻게 이해되어야 하는지에 달려 있다. 철학은 그 위에서 이성이 배우는 하나의 길인데, 이성은 이때 개개의 "영원한 진리들"을, 가령, 논리학, 수학, 혹은 형이상학의 진리들을 인식하는 것을 배울 뿐만 아니라, 그와 함께 동시에 시간적인 것과 역사적인 것의 총체적 세계를 자기 뒤에 남겨두는 그래서 이런 의미로 자신을 "영원한" 것으로 경험하는 데서 자신의 고유한 본질을 발견하는가? (이런 의미에서 스피노자는 이렇게 말했다: "우리는 우리가 영원히 존재함을 알고 경험한다Scimus et experimur nos aeternos esse"). 혹은 철학은 반대로 이성이 그 위에서 배우는 하나의 길로서, 이성은 이때 자기 자신을 본질적으로 역사적인 것으로 파악하며 그리고 이 역사에 자신을 내어맡기는 능력을 철학적으로 정당화되는 희망에서 근거 짓는 것을 배우는가? 짧게 말해서: 철학은 인간적 이성의 "영원성"에 대한 통찰로 이끄는가, 혹은 그 반대로 하나의 역사를 갖는 것이 이성에게 본질적이라는 통찰에로 이끄는가?

플라톤적인 그리고 아리스토텔레스적인 철학이 이 선택들 중에서 첫째 것에로 기우는 것은 분명하다: 이성은 시간과 역사를 자기 뒤에 남겨두는 힘이다. 그러나 선험철학 역시 이러한 확신을 확증해주는 것처럼 보인다: 시간과 역사는 경험의 모든 *대상*들을 규정한다; 그러나 이 경험을 가능하게 만드는 *조건*들은 "모든 시간규정의 밖에" 놓여 있다 (칸트의 표현을 사용하자면). 왜냐하면 이 조건들은 우리 직관과 사유의 불변의 형식들 안에 놓여 있고, 그것들을 통해서 우리는 우리의 경험세계와 그것의 모든 대상들을 구축하기 때문이다. 형이상학자들과 선험철학자들의 이 공통의 확신을 넘어서 가는 길이 있을까?

우리가 이런 물음을 제기한다면, 칸트가 "순수 이성의 역사"에 대한 물음을 명시적으로 열어두려고 했던 것은 놀라우면서도 동시에 시사적인 것이다. "순수이성비판"의 마지막 장은 "순수 이성의 역사"라는 표제어를 달고 있다 - 물론 제한하는 지시와 함께: "이 제목이 이 자리에 있는 것은 오로지, 체계 안에 남아 있어서, 장차 가득 채워져야만 할 항목을 표시하기 위해서이다"[47]. 이로부터 우선은 칸트-해석의 범위 안에서 이중의 질문이 생겨난다: 어째서 칸트는 이 "체계 내의 자리"를 열어두고 또한 나중의 "채움"을 필수적으로 간주했는가? 어째서 그 자신에게 이 "채움"은 성공하지 못했는가?

이 외견상 단지 철학사적인 물음은 여기서 해명된 맥락 안에서는 두드러지게 체계적인 의미를 갖는다: 만일 칸트가, 직관형식과 사유형식의 불변성과 영원성에 대한 확신에도 불구하고, 순수이성의 역사에 대한 물음을 열어 둔 근거를 보았다면, 이 근거는 선험철학의 과제에 대한 자신의 이해 안에 놓여 있어야 한다. 만일 자신의 철학의 틀 안에서 이 물음에 대한 대답을 발견하는 것이 칸트에게 가능하지 않았다면, 이것이 보여주는 바는, 선험철학은 칸트가 도달했던 그 형태를 넘어서서 계속 발전되어야 한다는 것인데, 그것은 선험철학이 자신의 과제를 이행해야만 할 경우에 그렇다. 선험철학의 그와 같은 계속적 발전은 동시에 이성의 역사 안에서 신적인 자유와 인간적 자유의 저 관계를 다시금 발견하는 것을 가능하게 해줄 것이다. 이 관계야말로 신앙의 신 이해에 있어서 특징적인 것이다. 그렇게 되면 종교철학의 특수한 범위 안에서뿐만 아니라, 일반적인 철학의 포괄적인 맥락에서도 신앙이 말하는 저 신에 대해서 말하는 것이 가능하게 될 것이다.

따라서 신앙이 선포하는 신에 대해서 철학적인 방식으로도 말해질 수 있는가의 물음에 대해서 결정적인 것은, "칸트적인 체계 안에서 그 빈틈이 메

---

[47] KdrV A 852.

워질 수" 있는가의 여부이다. 왜냐하면 오직 이성을 역사적으로 이해하는 철학만이 신앙이 말하는 신과 동일한 신에 대해서 말할 수 있기 때문이다.

2장

종교의 변증법과 순수이성의 역사
혹은: 칸트적인 체계 내의 빈틈은 채워질 수 있는가?

주제에 대한 사전적 관찰

이하의 숙고는, 마치 하나의 타원이 두 개의 중심점을 돌고 있는 것처럼, 두 개의 개념들 주위를 선회할 것이다: "종교"와 "이성"이라는 개념들. 두 개념들에 접해서 제기되는 물음은 이렇다: 하나의 역사를 갖는다는 것은 종교에 그리고 이성에 속하는 것인가?

이성은 역사를 가지는가? 이 물음은 사람들이 "이성사용의 방식들"이라 부르는 것에만 관계되는 것이 아니다. 역사 안에서 그것들의 변천은 명백하다. 물어지고 있는 것은 오히려 이런 것이다: 이성 자신이 역사를 가지는가? 이성의 규제적 이념들은 역사적 변천에 내맡겨져 있는가? 이러한 변천은 이 이념들에서 귀결되는 절차규칙들에도 관계되는가? 그 변천은 혹시 심지어 이 규칙들을 따르는 이성의 능력에도 관계되는가? 이성이 아무런 역사도 갖지 않는다면, 어떻게 이성은 "항상 오직 자기 자신의 주위만을 돌려는" 강박에서, 그리고 "사안에 도달하는" 대신에 언제나 오직 "자기 자신에게로만 도래하게 되는" 강박에서 자유롭게 될 수 있는가? 이성이 그 대신에 방금 암시된 의미에서 역사를 갖는다면, 어떻게 이성은 다음과 같이 확증된 근본명제에 적합하게도 사람들이 "영원한" 것으로서 이해해야 하는 "진리"를 발견할 수 있는가: "한 번 참인 것은 언제나 참이다"(Semel verum semper verum)?

이 문제가 독일 관념론에 대해서 제기되었다는 것은 잘 알려진 일이다. 그러나 그것은 칸트에 대해서도 그의 숙고의 주제가 되었는가? "순수이성비판" 안에서 칸트가 이 문제를 인지했음을 보여주는 한 구절이 발견되는데, 그것은 물론 "체계 내에서의 빈틈"의 형식 안에서이다. "순수이성비판"의 마지막 장들의 하나는 "순수 이성의 역사"라는 표제어를 지니고 있다. 그러나 저자는 이 표제어 아래서 이런 관찰을 하고 있다: "이 제목이 이 자리에 있는 것은 오로지 체계 안에 남아 있어서, 장차 가득 채워져야만 할 항목을 표시하기 위해서이다"[48]. 이때 주의 깊은 독자는 알아챌 것이다: 이 표제어에 뒤따르는 본문은 이 빈틈을 채우기에 적합한 어떤 결과에도 이르지 못하고 있다. 여기에 칸트가 자신의 추종자들에게 남겨준 과제가 놓여 있다.

이하의 숙고들을 통해서 해명되어져야 하는 테제는 세 개의 부분들을 갖고 있다:

1) 전통적인 관점에서는 역사의 문제는 이성의 이론에 대해서나 종교의 철학에 대해서도 제기되고 있지 않다. 이러한 관점 안에서는 지금까지 "순수 이성의 역사"가 쓰여 질 수 없었다는 사실은 "체계 내의 빈틈"에 대한 표지로서 여겨지는 것이 아니다.

2) 비로소 종교가 - 그리고 종교가 "요청들"의 앙상블로서 파악되는 경우에, 비로소 그때의 종교 또한 - 체계 안의 이 빈틈을 열어 두는 것이 칸트에게 있어서 필수적인 것이 되도록 만들고 있다.

3) 칸트를 넘어서서 계속 발전되고 있는 종교이해가 비로소 이 빈틈을 채우는 것을 허용한다. 이것이 성공하는 것은, 다음이 제시될 수 있을 때이다: 이성뿐만 아니라, 종교 역시 그것의 변증법을 갖는다. 그러나 이러한 변증법은 종교뿐만이 아니라 이성 또한 역사적으로 이해하는 것을 필수적으로 동시에 가능하게 만든다.

---

[48] KdrV A 852.

A. 전통적인 관점:
역사에 대한 영원한 진리들의 승리로서의 이성과 시간에 대한 영혼의 승리로서의 종교

1. 이성 – 사실진리들에 대한 영원한 진리들의 승리와 그것들의 역사에 대한 나중의 발견

철학은 그 시초이래로 시간의 모든 변화로부터 벗어난 진리들에 대한 추구로서 이해되어왔으며, 아마도 이 모든 "영원한 진리들"이 발원하는 하나의 유일한 진리에 대한 추구로서도 이해되어왔다. 그러한 종류의 진리들의 인식은 인식하는 주체에게 확신의 지속성을 부여하는데, 이는 그가 지닌 교체하는 의견들의 변화무쌍을 극복하는 것이다. 이로부터 다시금 주체는 그의 일상적 삶을 위해서도 견고한 발판을 얻는데, 이는 변덕스런 격정들 저편에 있는 것이다. 고전적인 철학의 전통 안에서는 그렇기 때문에 영원한 진리들의 인식은 격정들이 그로부터 발원하는 바로서의 사멸성에 대한 치료제로서als das "Phármakon athanasías" 간주되고 있다.

시간적인 세계로부터 영원한 진리들의 세계로의 상승은 그렇기 때문에 고대 철학의 프로그램 안에서 첫 번째 계기이다. 이 프로그램의 두 번째 계기는, 우리가 감관으로 지각하는 시간 내의 사건들을 영원한 법칙들에로 되돌리는 데에 존립한다. 이 법칙들을 우리는 이성으로써 인식한다. 가지적인

것, 예를 들면, 하나의 수학적인 함수는 가령 하늘이나 땅에서의 물체들의 움직임처럼 감각적으로 파악할 수 있는 것을 규정하는 법칙으로서 입증된다. 감관에 우연적인 사실로서 제시되는 것은 이성에 대해서는 영원한 조건들의 결과로서 입증된다. 18세기의 언어로 말하자면: "사실진리들"은 "이성진리들" 안에 근거 지어져 있다.

이러한 진리들을 인식하는 이성은 역사를 갖는가? 그 말의 엄격한 의미에서는 분명히 그렇지 않다. 사람들이 역사라고 이야기할 수 있는 것은 오직 탐구자와 식자들의 주관적인 견해들뿐인데, 이들이 아직도 객관적으로 타당한 인식에 도달하지 못한 한에서 말이다. 사람들이 "철학의 역사"라고 부르는 것은 이러한 전제 아래서는 "독소그라피Doxographie", 곧 견해들의 기술이외의 그 어떤 것도 아닌데, 이는 아직 "이성의 수준에로 고양된" 것이 아니다. 사람들이 이야기할 수 있는 것은 상이한 시대에 사람들의 사유를 지배했던 선입견들의 역사이다. 그러나 이 선입견들은 "이성의 빛의 아침노을" 앞에서 사라지도록 규정된 것이다.

그렇게 이해했을 때, 철학 안에서는 "이성의 역사"를 위한 그 어떤 공간도 없다. 그것은 "나중에 채워질 필요가 있는 빈틈"이 아니라, 역사의 조건에 종속되지 않고 그것을 넘어서는 이성에 대한 이해의 귀결이다. 철학의 역사 안에서는 비로소 아주 뒤늦게야 이성의 역사성이 발견되었다. 칸트가 위에서 인용한 표제어 "순수 이성의 역사"를 표명할 때, 이러한 발견이 전제된 것이다. 따라서 첫 번째 물음은 이렇다: 철학자들이 그때까지, 진실로 하나의 "빈틈"으로서, 그와 같은 역사를 기술할 수 없었던 사실은 어떤 전제들 아래서 나타나는가?

2. 종교 – 영원한 것의 경험 그리고 역사가 종교에 본질적이라는 뒤늦은 발견

방금 이성에 대해서 말해진 것은 종교에 대해서도 타당하다. 수백 년간 종교의 역사는 종교의 본질과의 관계 안에서 우연적인 것으로 간주되었다.

종교는, 개인의 삶의 형식으로서 이해되었을 때, 가령 인도와 같은 동양의 지혜안에서는, 유럽의 철학에서와 마찬가지로 "영원한 것을 향한 영혼의 길"로 간주되었다. 종교가 "길"인 한에서, 그것은 시간 안에서 모종의 변화를 두루 거치게 된다; "영원한 것을 향한 길"로서 종교는 모든 변화들을 극복하고 "어떤 시간도 더 이상 존재하지 않게 될tempus ultra non erit" 상태로 이끄는 목적을 가진다. 이 "영원한 것을 향한 길"에서 영혼이 자기 여행의 목적을 "선취하고", 미래의 지복에 대한 "미리 맛보기"를 얻게 되는 순간들이 있다. 종교적 경험은 두 개의 계기들을 하나의 유일한 현재 안으로 모은다: 플라톤이 티마이오스에서 "근원들에 대한 언사", 곧 "시원론"이라 명명한 바로서의 신화들이 말하는 "모든 시간 이전의 시간"에 대한 상기[49], 그리고 종말론들이 그에 대해서 말하는 "모든 시간 이후의 시간"에 대한 희망[50]. 이 현재는 덧없이 흘러가는 순간이기는 하다; 그러나 그것은 그럼에도 불구하고 현실적이며 모든 "과거fuit"와 "미래erit"를 "지금nunc"안에서 극복하고, 그것은 신적인 생명의 "영원한 지금nunc stans"에 참여한다.

종교는, 그렇게 이해되었을 때, 역사를 가지는가? 종교는 자신의 뜻에 반해서 역사를 감내해야만 하는데, 종교가 "낯선 곳에서" 살며 아직도 "고향에" 있지 못한 동안에 그렇다. 영혼이 이러한 종류의 경험을 준비하고자 할 때 자신의 고유한 진력이 필요하다는 사실은, 영혼이 "한 처음에" "시간 안

---

[49] Vgl. R. Schaeffler, Aussagen über das, was "im Anfang" geschah, in: Internationale Katholische Zeitschrift Communio, 20 [1991], 340-351.

[50] R. Schaeffler, "Darum sind wir eingedenk" – Die Verknüpfung von Erinnerung und Erwartung in der Gegenwart der gottesdienstlichen Feier. Religionsphilosophische Überlegungen zur religiös gedeuteten Zeit, in: Ausdrucksgestaltungen des Glaubens, Hohenheimer Protokolle, Stuttgart 1986, 65-90.

으로의 추락"을 당했다는 것을 인식하게 해준다. 영혼이 종교적 경험의 행복한 순간들 이후에 불가피하게 일상적 삶으로 돌아가야만 한다면, 이것은 종교적 인간에게 천상으로부터 "가시와 엉겅퀴로 덮인" 땅에로의 새로운 추방처럼 여겨진다.

사람들이 종교의 개념을 복수로 사용할 경우에, "종교들"이 처한 사정은 어떠한가? 종교들은 의심할 바 없이 인간들이 탐구하고 이야기할 수 있는 역사를 가진다. 그러나 어디에 이와 같은 "종교들의 역사성"이 존립하는가? 무엇이 그들의 특별히 "종교적인" 성격을 결정짓는가? 수많은 종교역사가들과 종교철학자들은 종교들을 실천의 방식들로 이해하는데, 그 방식들이란 어떤 공동체들 안에서 제도화된 것이고 개인들로 하여금 종교적 경험을 하도록 준비시켜야 하는 것이다. 종교들은 (복수로) 전 생애를 동반하는 입교식들Initiationen과도 같다. 이 입교식들은 아주 상이할지도 모른다; 그러나 그것들은 모든 이를 동일한 목적에로 이끈다: 종교적 경험에로. "종교들"을 묘사하는 종교역사가들은 이 종교들의 "종교적인 것"이 입교식의 입회자들이 따라야 하는 가르침이나 훈련에 존립하는 것이 아니라, 그들이 하려고 준비하는 경험들의 고유성에 존립한다는 것을 지속적으로 의식해야만 한다. 사람들이 "종교들의 역사"라 부르는 것은 "종교적인 것"을, 이미 그것에 도달함이 없이, 오직 그것이 준비되는 곳에서만 구하도록 오도할 수 있다.

대부분의 종교철학자들에게는 그로부터 다음의 결론이 생겨난다: 수많은 종교철학의 개론서들 안에서 역사가 단지 가장자리에만 나타날 경우, 그때 이것은 "나중의 채움을 필요로 하는 빈틈"을 알리는 것이 아니다. 오히려, 이 관점에서, 역사의 과소평가는 이러한 철학이 다루는 대상에 적합한 것이다: 모든 종교의 목적인 "영원 안에서의 삶"을 위해서 역사적 변천을 극복하는 것에.

물론 두 개의 주목할 만한 예외들이 있다: 헤겔의 종교철학과 미르치아

엘리아데의 현상학. 양자는 저마다 그들의 방식으로 변증법을 그들의 중심적인 관심사가 되게 했는데, 헤겔은 정신의 변증법을, 엘리아데는 성현의 변증법을. 여기서부터 양자는 역사가 종교의 본질에 속한다는 것을 발견했다. 두 사람의 보기들은 하나의 규칙을 인식하게 해준다: 일단 사람들이 종교가 그 자신의 변증법을 가지며, 그것이 하나의 역사에로 전개된다는 것을 알아차렸다면, 그때 사람들은 동시에 다음을 알게 된다: 이성 또한 역사적으로 파악하지 못하는 저마다의 철학 역시, 채움을 필요로 하는 빈틈을 제시한다. 종교의 그 같은 변증법은 - 그리고 그 조건으로서의 이성의 변증법은 - 고대에서만 알려지지 않은 채 남았던 것이 아니라, 근대의 첫 세기에서도 그러했다. 그러나 종교에 대한 이 새로운 이해는 비로소 헤겔에게로 소급되는 것이 아니다. 오히려 이미 칸트에게서, 적어도 암시적으로나마, 그 같은 관점의 교체가 인식된다.

B. 새로운 관점:
종교의 변증법과 이성의 역사의 발견

1. 칸트에 있어서 "순수 이성의 변증법"과 새로운 종교이해

칸트가 말하는 변증법은, 종교가 아니라, 이성과 관련되는 것이다. "지성이 모종의 목표에로 향하도록 하는 데"[51] 필수적인 이성의 이념들은 필연적으로 모순들에 연루됨이 드러난다. 이 모순들은, 만일 지성이 객관적으로 타당한 인식에 도달해야 한다면, 해소되어야 하는 것이다. 오직 종교만이 이 모순들을 해소할 능력이 있다.

이론적인 이성사용에 대해서 그러한 모순은 사람들이 세계, 영혼 혹은 신에 대한 명제들을 표명하려고 할 때 생겨난다(가령, 다음과 같은 명제들: "세계는 시간 안에서 시작을 갖는다" 혹은: "세계는 시간 안에서 시작이 없다"). 이러한 모순을 해소하기 위해서는 하나의 구별로 충분하다: 이념들은 "규제적인", 즉 "구성적이" 아닌 사용을 갖는다. 그것은 정신적인 활동의 목표를 지칭하지, 가능한 대상을 지칭하는 것이 아니다. 실천적인 이성 사용에 있어서 생겨나는 모순은 그와는 반대로 이념들의 규제적인 기능과도 관련이 된다. 이 변증법의 범례적인 경우는 이중의 과제인데, 이성이 우리에게 그것을 지정한다: 우리의 도덕적인 동기에 있어서 "심정의 순수성"에

---

51 KdrV A 644.

도달하는 것, 그리고 동시에 우리 행위의 효력이 그것에 달려있는 바로서의 조건들에 주의하는 것. 왜냐하면 우리는 순수한 심정으로부터 선을 *원할* 뿐만 아니라, 그것을 동시에 효력 있게 *행하도록* 의무 지어져 있다. 그것이 우리에게 요구하는 것은, 우리가 "이 세상"의 조건아래서 효력 있는 방식으로 활동하게 되는 것이다. 그러나 이제 우리 행위의 효율성의 조건들은 우리 심정의 순수성의 조건들과는 다른 것이다. 그리고 이 상이성이 너무 자주 대구의 성격을 취한다: 현재 있는 그대로의 세계는, - 칸트가 사용하지 않은 표현으로 사람들이 말할 수 있듯이 -, 바로 심정의 불순함에 "성공에 대한 보수"를 설정하는 듯이 보인다. 양심적인 사람은, 만일 양심이 없는 사람과의 갈등 안에서 자신의 선한 의향을 관철하려고 할 경우에, 막다른 상태에 이른다. 그렇게 되면 그는 절망적인 선택에 직면하게 되는데, 자신의 행위의 효력을 포기하거나 혹은 자기 심정의 순수성과 관련해서 타협을 하는 것인데, 이런 타협을 통해서 그는 마침내 도덕적인 심정을 타락시킨다. 양자의 경우들 안에서 그는 자신의 윤리적 의무와 충돌하게 된다.

이 모순을 해소하기 위해서는 논리적인 구별로 충분치 않다. 그것에 필요한 것은 희망을 표현하는 "요청들"이다. 인간은 희망의 힘 안에서만 도덕적인 요구를 따를 수 있다. 그것은 인간에게 이러한 요구에 대한 순종이 결코 헛되지 않을 것이라는 확신을 갖게 해주는 그런 희망이다. 그가 이제 심정의 순수성이 행위의 효력과는 전혀 다른 조건에 종속된다는 점에 대해서 전말서를 내놓는다면, 이 희망은 오직 두 가지 법칙들의 한 입법자로서 이해되어도 좋은 하나의 신에 정초될 때에만 정당화된다: 심정의 순수성을 위한 조건들을 정의하는 윤리법칙의 입법자로서, 그리고 동시에 이 세상 안에서 우리 행위의 효력들이 달려 있는 인과법칙의 입법자로서. 그렇게 이해된 신은 자연 안의 사물들의 경과를 주도하기를, 그것을 통해서 동시에 윤리법칙에 부합하는 저마다의 행위가 윤리적 동의를 받을 만한 결과에로 이르게 되는 것을 확실히 하는 방식으로 한다. 선한 행위와 선한 결과의 이 맥락은 매우 중재된 것일 수 있다; 우리가 이 맥락을 그것의 개별적인 지체들 안에서 묘사할 수 있다는 것은 또한 필요하지도 않다. 필요한 것은, 그러한 맥락이 존립한다는 것을 우리가 전제해도 좋다는 것이다. 그리고 그 맥락을 보증하는 것이 입법자의 정체성이다.

2. 희망의 철학으로서의 칸트적 요청이론

이 지점에서 "요청적 희망"에 대한 몇 가지 소견들을 표명하고자 한다. 칸트에 따르면 종교는 "우리는 무엇을 희망해도 좋은가?"라는 물음에 대답하는 것이다.[52] "실천이성비판"에서 이 희망의 내용은 행복을 누릴 만한 자들의 행복이다. 이로부터 칸트의 반대자들이나, 수많은 그의 친구들에게도, 하나의 의구심이 생겨났다: 이러한 종류의 희망은 도덕적인 삶의 변화에 대해서 물리적 보상을 기대하는 이기심의 표현처럼 보인다. 그와는 반대로 진실로 순수한 심정으로 채워진 자는 도덕적인 선을 행했다는 경험에서 생겨나는 "만족감" 이외에 그 어떤 다른 보수도 구하지 않는다. 실제로 칸트의 텍스트들 안에서는 이러한 의구심을 일으킬 수 있는 구절들이 있다. 그럼에도 불구하고 그런 의구심은 칸트에게 적합한 것이 아니다. 누구나가 자기가 받을 만큼 행복해지리라는 요구는 - 혹은 부정적으로 표현해서: 어느 누구도 무죄하게 고통당하지 않는다는 요구는 - 자신을 "아직도 자연적인 필요들 너머로 고양시키지 못한" 이기심에서 발원하는 것이 아니라, "무당파적 이성의 판단에서"[53] 발원한다. 그리고 종교적 희망은 이성의 이 요구를 홀로 채울 수 있는 신에게로 향해져 있다.

선한 신의 의지를 통한 사물의 그 같은 조종에 대한 희망이 칸트의 견해에 따르면 종교의 핵심이다. 그리고 이성요청은 윤리와 그처럼 이해된 종

---

52 Vgl. R. Schaeffler, Kant als Philosoph der Hoffnung, in: Theologie und Philosophie 56(1981), 244-250.
53 KdpV B 199.

교 간에 존립하는 연관을 분명히 해준다. 종교는 도덕이 *아니다*; 그러나 종교는 도덕이 자기 자신을 그 안에서 폐기하게 될 모순에서 도덕을 지켜주기 위한 불가결의 조건이다.

변증법의 또 다른 측면은 심정의 순수성에서 행위의 효력에 이행함과 관련되는 것이 아니라, 심정의 순수성 자체와 관련된다. 윤리법칙은 이미 우리가 그것을 법칙으로서 경험함을 통해서 우리의 심정이 불순함을 입증한다. 진실로 순수한 자는 어떤 법칙도 필요로 하지 않을 것이며, 자신의 성벽으로부터 선한 것을 마치 덕의 옛 정의가 의미하듯이 "가볍게 그리고 기쁨으로 행할" 것이다. 그렇게 윤리법칙은 우리가 "심정의 변화 Sinneswandel"를 필요로 함을 보여준다(이 용어로써 칸트는 성서적 단어인 "회심Metanoia"을 번역하고 있다). 만일 우리가 순수한 심정을 이미 가지고 있었더라면, 우리는 그러한 심정의 변화를 필요로 하지 않을 것이다. 그러나 심정의 변화는 우리가 그것을 자유 안에서 원함으로써 말고는 달리 발생할 수 없다; 그리고 이 자유로운 결단은 저 심정의 순수성을 이미 전제하는 것일 텐데, 바로 그것이 우리에게 결여되어 있으며 심정의 변화로부터 비로소 생겨나야만 하는 것이다.

칸트는 여러 차례 이 모순을 해소하는 것을 가능하게 만드는 조건들을 표명하려 했다. 마지막으로, "한갓 이성의 한계 내에서의 종교"라는 그의 저서에서 그는 이를 위한 유일하게도 충분한 조건을 "은총으로부터의 판결" 안에서 발견했는데, 그것에 대해 "우리는 어떤 권리주장도 갖지 못한다". 이 판결은 우리에게서 심정적 변화의 자유로운 행위를 빼앗는 것이 아니라, 그것을 맨 처음으로 가능하게 한다. 칸트 자신이 이 논증을 "죄인의 의화라는 이념의 철학적 연역"이라고 명명했다[54]. 이 "연역"은 물론 더 자세히 들여다보면 이론적인 논증으로서가 아니라, 하나의 요청으로서 입증되는데, 그것의 정당성은 그것이 도덕적으로 제안된 회심을 가능하게 만드

---

54 Rel B 101.

는 조건을 명명하고 있다는 점 이외에 다른 어떤 것에도 의거하지 않는다. 이런 관점에서 이 새로운 요청은 이미 알려진 것과 마찬가지로 필수적인 것으로 입증된다: 자연법칙과 윤리법칙을 동시에 부여한 선한 신에 대한 신앙.

이제 죄인의 그와 같은 의화에 대한 희망이 그리스도교 보도의 핵심이다. 비로소 이 [죄인의 처지에서] 받을 자격이 없는 의화가 죄인으로 하여금 그가 원하도록 의무 지어진 것을 원할 수 있게 해준다: 자신의 회심. 그리고 이성요청은 그리스도교 신앙의 이 특징적인 내용과 도덕 사이에 존립하는 관계를 인식하게 해준다: 신앙의 보도는 엄격한 도덕을 함축하는데, 이것은 모든 철학적 윤리학의 요구들에 상응하는 것이다. 그러나 신앙의 보도는 그러한 도덕 안에서 소진되지 않는다. 그것은 도덕을 저마다의 절망에서 보호하는 신뢰의 원천이다. 만일 그런 원천이 없다면 세상과 주체 자신의 실제적인 상태에 대한 일별로부터 그런 절망이 생겨날 수밖에 없다.

관점의 교체는 명백한 것이 되었다. 칸트적으로 이해된 종교나 새로운 "요청적 형이상학" 그 어느 것도 "영원한 진리들에 대한 앎"을 구성하지 않는다. 그러나 양자는 희망의 확실성을 내포하는데, 그것은 이론적인 앎에서 연역될 수 있는 것이 아니다. 그리고 그렇게 양자는 성서의 구절과 일치한다: "믿음은 우리가 바라는 것들의 보증이며, 보이지 않는 실체들의 확증입니다"[55].

3. 신에 대한 요청적인 언사의 고유성에 대하여

이 자리에서 소견을 하나 덧붙이고자 한다. 그것은 전통적인 철학적 신론과 신에 대한 요청적인 언사의 관계에 대한 것이다. 신의 실존을 증명하려는 시도들과 관련해서 신학자들 편에서 종종 다음의 물음이 제기되었:

---

[55] Hebr 11,1.

그런 시도들과 함께 자신의 이성이 죄스러움에서 면제되지 않은 죄인들에게 신 인식에 이르는 길이 지시되고 있는가? 많은 신학자들이 이에 대해 대답하였다: 신 증명들은 논리적인 관점에서는 증명력이 있기는 하다; 그러나 심리적인 관점에서는 이 증명력을 통찰하기에는 죄스런 인간들에게 커다란 장애들이 가로막고 있다. 칸트의 요청이론과 여기서 제안된 그것의 계속적인 전개는 문제의 국면을 변화시켰다. 칸트는 신에 대해서 철학적으로 말하는 가능성을 제시하고 있는데, 인간이 죄스런 세상 안에서 죄인임에도 불구하고서가 아니라, 인간이 자신을 죄스런 세상에서 죄인으로 경험하기 때문이다.

요청들은 필수적이다. 왜냐하면 있는 그대로의 세상은 심정의 불순함에다 "성공에 대한 보수"를 설정하기 때문이며, 또한 있는 그대로의 인간은 자신의 도덕성 안에서도 언제든 재차 불순한 심정의 흔적들을 발견하기 때문이다. 이 경험들은 있는 그대로의 세상 안에서 있는 그대로의 인간에게 심정의 순수성과 행위의 효력을 요구하는 윤리법칙을 모순적으로 나타나게 한다. 오직 우리의 의무를 "신적인 계명으로서"[56] 이해하는 것만이 신적인 위임자에 대한 신뢰를 가능하게 만드는데, 그 신뢰로부터 발원하는 확실성은, 그의 명령에 순종하는 것이 이 세상에서 인간에게 가능하지 않은 그런 상태는 없다는 것이다. 이때 내가 "계명Gebot"이란 말을 이해하는 것은, 사람들이 "명령Mandatum"이란 라틴말을 독일어로 "계명"이란 말을 통해서 재현될 수 있도록 알아들을 수 있다는 것이다. 그 같은 명령은 한갓 지시 Befehl 그 이상의 것이다. 그것은 동시에 위임자가 수임자에게 신뢰하고 맡기는(commendat) 위탁Auftrag이다. 그리스도교 신자들의 주목도 받을 만한 랍비적인 해석에 따르면, 만일 신이 자신이 원하는 것을 스스로 직접 이행하지 않고 자기 의지의 집행을 연약한 인간에게 신뢰하며 맡긴다면, 그것은 "신의 겸손"의 행위이다. 그리고 이 위탁을 기피하지 않는 인간은 이 신적

---

[56] Rel B 229.

인 신뢰에 대해서 인간적인 신뢰로 대답하는데, 그것은 모든 외관과는 충분히 다르게도, 신이 인간에게 "믿고 맡기는" 일은 불가능하지 않다는 신뢰이다. 우리가 "계명"(Mandatum)을 신적인 "위탁"으로 이해할 때, 신과 인간 간의 상호적인 신뢰관계가 분명히 표현된다.

요청들은 *가능하다*. 왜냐하면 이 확실성은 다음의 경험을 통해서 확증되는데, 죄스런 세상 안에서 죄인 역시 그러한 의무들을 발견하는 것을 멈추지 않으며, 더욱이 그가 이런 경험을 그 어떤 회의적인 "궤변"[57]을 통해서도 가로막을 수 없는 명증성 안에서 한다는 것이다. 요청이론은 이러한 경험을 가능하게 만드는 근거를 제시한다. 의무의 경험이 그런 종류의 추론에 비하여 정당성을 확보하는 것은, 우리가 경험된 의무를 신적인 신뢰의 표현으로 이해할 때이다. 이 신뢰는 인간의 희망에 찬 신뢰를 통해서 대답되기를 원한다.

4. "종교의 변증법"이 있는가? 혹은: "칸트와 함께 칸트를 넘어서" 가야하는 세 이유들

종교가 희망을 근거 짓는 요청들의 결합으로서 이해될 경우, 그것은 변증법을 함축하는가? 처음 일별할 때는 다음과 같이 말해야만 할 것이다: 분명히 아니다. 요청이론의 관점에서는 일반적으로 종교나 아니면 특별히 그리스도교 신앙이나 이 모두가 변증법에 예속되어 있지 않다; 오히려 그들은 변증법을 해소하기 위한 유일하게 가능한 길을 열어준다. 그럼에도 불구하고 더 자세히 들여다보면 이런 점이 드러난다: 요청들을 통해서 지양되는 저 변증법은 곧 항상 새로운 형태로 다시금 나타난다. 그리고 이 새로운 변증법의 형식들이 바로 종교와 관련이 된다.

이 새로운 변증법은 이미, 비록 감추어진 방식에서이긴 하나, 칸트의 종

---
[57] KdpV A 258f.

교정의 안에 내포되어 있다: "종교는 우리의 의무들을 신적인 계명들로서 인식하는 것이다"[58]. 왜냐하면 우리에게 윤리적인 의무들을 지정하는 것은 항상 실천적인 사용 중에 있는 우리 자신의 이성이기 때문이다. 그러나 동시에 그것들은, 칸트의 해석에 따르면, 신적인 계명들로서 (혹은 아마도 더 분명히 말하자면: 신적인 위탁들로서) 이해되어도 좋은 것이다. 처음에 보자면 우리의 윤리적 의무들의 이 두 측면들은 서로 모순에 처한 것처럼 보인다. 의무들은 오직 이성의 자기입법에서나 아니면 신적인 입법에서 발원할 수 있을 뿐인 것으로 여겨진다. 그러나 이 모순은 이성과 그것의 자율성에 대한 새로운 해석을 통해서만 해소될 수 있다. 그리고 그 점에 *"칸트와 함께 칸트를 넘어서"* 가야하는 첫 번째 정당성의 이유가 놓여 있다. 우리의 도덕적 의무의 유일한 원천인 이성의 자율성은, 이 해석에 따르면, 그 안에서 우리를 위한 신적인 입법이 홀로 인식될 수 있는 바로서의 형식으로서 이해되어도 좋은 것이다. 우리가 우리의 의무를 신적인 계명들로서 이해할 수 있는 것은 오직, 우리에게 이 의무들을 지정하는 이성의 자기입법을 우리가 신적인 입법의 현상형태로서 파악할 때뿐이다. 자유의 이념을 그것의 임박한 자기폐기로부터 보호하는 저 희망은 바로 그 점에 의거하는 것이다.

이성-자율성에 대한 이 해석 역시 요청의 성격을 가진다. 우리는 자신을 신적인 입법자에게 신뢰하며 맡기고, 오직 그것을 통해서 확신하게 되는 것은, 신적인 의지의 현상형태로서의 우리의 이성이 우리에게 지정하는 것은 우리가 또한 효력 있게 이행할 수 있는 것 이외에 그 어떤 것도 우리에게 요구하지 않는다는 것이다. 우리의 도덕적인 자율성을 신적인 입법의 현상형태로서 해석하는 것은 그렇게 해서 도덕적인 정언명법에 순종하는 데 필요한 희망의 원천이 된다. 왜냐하면 이러한 해석만이 우리로 하여금 희망하면서 다음을 확신하게 만드는데, 우리의 심정의 정화를 위한 진력이나 심정의 순수성으로부터 효력 있는 행위에로 건너가려는 우리의 시도나 이 모두가

---

[58] Rel B 229.

헛된 것이 아니라는 것이다. 신이 자신의 명령들을 통해서 우리에게 입증하는 신뢰는 이제 우리 편에서 그를 신뢰하는 것을 가능하게 하며, 그리고 그가 우리에게 명령할 때마다 그것을 이행할 수 있는 능력도 우리에게 준다는 것을 우리가 확신하게 만들어준다. 이 희망에 찬 신뢰는 종종 인용된 다음의 정식에서 표명되고 있다: "너는 할 수 있다. 왜냐하면 너는 해야만 하기 때문이다Du kannst, denn du sollst".

이 짧은 정식은 보통 문법적으로 다소 복잡한 칸트의 한 언명을 재현하는데 사용된다: "그는 [인간은] 무엇을 해야 한다고 의식하기 때문에 자기는 무엇을 할 수 있다고 판단한다"[59]. 그러나 이 정식들의 하나를 인용하는 사람들 모두가 요청적인 희망과의 연관을 의식하는 것은 아니다. 이 희망은, 우리가 의무의 경험을 회의주의의 그 어떤 "궤변"을 통해서도 가려지게 해서는 안 된다는 확실성을 표현한다. 왜냐하면 우리가 발견하는 윤리적인 과제들 안에서 우리는 신이 우리에게 신뢰하며 맡기는 명령을 인식해도 좋기 때문이며, 그렇기 때문에 이 명령을 우리 편에서 신뢰에 찬 마음으로 받아들일 수 있기 때문이다.

물론 이러한 해석을 통해서 해소되어야만 하는 자율과 타율의 변증법은 우리가 다음과 같이 묻자마자 새로운 형태로 회귀한다: 이 희망이 향하는 목적은 무엇인가? 저마다의 희망은 미래를 향해 거슬러 올라간다. 그런데 종교는 어떤 미래를 향해 있는가?

종교적 희망이 향해 있는 이 미래의 첫 번째 표지는 그 누구도 스스로 잘못을 저질러 초래하지 않은 고난을 겪지 않는 세상의 상태이다. 누구나가 그가 받을 만한 정도로 행복을 누리게 된다. 이러한 세상의 상태는 선한 신이 세계경과를 이끄는 방식의 목표이다. 그리고 순수한 도덕적 심정에서 발원하는 모든 인간적 행위는 이 신적인 "최종목적"의 도달에 효과적으로 기여하는 것으로 이해되어도 좋은데, 더욱이 우리가 실제의 세계경과를 바라

---

[59] KdpV A 54.

볼 때 악의 힘과 비교해서 선의 약함에 대한 의식이 우리를 결코 떠나지 않는다 할지라도 말이다. 신이 세계경과를 다스린다는 신뢰만이 우리 자신의 삶의 경과 역시 신이 우리에게 신뢰하며 맡긴 명령들의 연속으로서 이해할 수 있도록 만들어준다. 그렇게 이해되었을 때 우리의 희망이 거슬러 올라가는 미래는 우선은 모든 시간과 역사 저편에 있는 영원한 생명이 아니라, 세상과 우리 자신의 상태인데, 그것은 사건들의 연쇄를 통해서 초래되는 것이며, 그 가운데서 무엇보다도 우리의 행위들을 통해서 야기되는 것이다.

그러나 이 희망은 결코 신성모독적인 것은 아니더라도, 망상적으로 보인다. 우리가 우리의 물리적이고 도덕적인 약함 안에서 일으킬 수 있는 그 어떤 것도 "신적인 최종목적을 촉진하는데" 적합한 것처럼 보이지 않는다. "정의가 거하는" 도래하는 세상을 일으키기 위해 무죄한 이가 수난당하는 "이 세상"을 바로잡는 신적인 세계주재의 도구로서 활동하려는 월권은 자코뱅당의 테러 시대에 프랑스 혁명의 모든 폭행을 정당화하는 근거를 형성했다. 바로 도덕성에 대한 호소와 악의 힘에 맞서 결의에 찬 투쟁을 수행한다는 주장은 자코뱅당원의 눈에는 모든 종류의 폭력을 정당화한 것이다. "지고의 존재자"가 역사의 경과를 향하게 한 그 최종목적의 도달에 기여하기 위해서는 자신의 행위들이 필수적인 수단이라는 확신은, 자코뱅당원의 언사들에서 알아차릴 수 있듯이, 테러를 도덕적으로 이해된 정치적 실천에 불가결한 그래서 적법한 수단으로서 여겨지게 한 것이다(특히, 프랑스혁명 기간에 방토즈Vantôse법령에 대한 앙투안 드 생쥐스트Antoin de Saint-Just의 언사 참조). 그러나 도덕성으로부터 테러에로의 비교할 만한 전복은 이미 150년 전 영국의 퓨리턴 혁명에서도 관찰이 된다.

그리하여 사정이 이러하다: 신적인 역사의 최종목적에 기여하려는 희망은 동시에 새로운 변증법의 원천이다. 이 희망이 없이는 윤리성은 불가능하다; 이 희망으로 짊어진 도덕성은 테러로 전복된다. 자코뱅당의 테러에 직면해서 이러한 변증법을 보게 된 칸트는 그의 후기 저서의 한 대목에서 이런 종류의 변증법을 위해서도 해결책을 제안했다: "학과들의 논쟁"이란 저서에서 그는 우리의 도덕적 행위들을 목적달성에 적합한 수단으로서가 아니라, 이 목적을 가리키는 "회상적인, 실증적인 그리고 선취적인 표징signa rememorativa, demonstrativa et prognostica"으로서 이해하려 한다[60]. 도덕적 세계질서라는 이 목적은 칸트에 따르면 "하느님 나라"와 동일한 것이다. 이러한 언어사용은 명백히도 성사들Sakramente에 대한 그리스도교의 가르침을 암시하고 있다. 성사들은 오직 신에게만 홀로 유보되어 있는 구원 작용을 위한 효력 있는 표징들이다.

그러나 칸트는 "효력 있는 표징들Zeichen"이란 개념이 이론적이고 실천적인 사용에 있어서 이성에 대한 새로운 이해를 요구하는 것은 아닌지의 물음을 제기하지는 않는다. 여기서 *"칸트와 함께 칸트를 넘어서"* 가야하는 두 번째 정당성의 이유가 놓여 있다. 경험의 내용들 안에서 신적인 "명령"을 이행하는 가능성들을 발견해내는 이성은 "회고적으로" 이미 발생한 것으로서 그리고 동시에 "선취적으로" 미래를 위해 약속된 것으로서 기술되고 있는 신적인 작용에 표징적인 현재를 부여하는 안내자로서 이해되어야 한다. 오직 그것을 통해서만 우리의 항상 제약된 행위의 가능성들은 무제약적인 윤리적 의미를 얻게 된다. 현재 안으로의 이 시간의 모아짐은 그럼에도 불구하고 시간직관 그리고 "작용"과 "효력"에 대한 개념을 전제로 하는데, 이것은 칸트가 배타적으로 정향되었던 바로서의 경험과학의 시간직관과 인과성이해와는 특징적으로 구분된다.

두 번째 관점에서 보자면, "희망은 어떤 미래를 향해 있는가?"라는 물음은 또 다른 대답을 요구한다. 이 두 번째 관점은, 도덕적인 감성의 변화라는 개념과 죄인의 의화라는 요청 사이에 모순이 존립하는 듯이 보이는데서 생겨난다. 앞에서 제시된 것은 이렇다: 인간은 죄인인 한에서 감성의 변화를 필요로 한다; 그러나 그가 자신의 자유를 통해서 이러한 감성의 변화를 원

---
60 Streit der Fakultäten, Akademie-Ausgabe VIII, 85.

할 수 있는 것은 오직, 그가 이미 의롭게 되었을 경우이다. 요청적인 희망이 향해 있는 "은총으로부터의 판결"은 하느님의 저 "의롭게 만드는 정의"의 표현인데, 이 정의는 우리에게서 회심을 감소시키는 것이 아니라, 그것에로의 능력을 부여하는 것이다. 이를 통해서 회심의 개념 안에 있는 변증법이 해소된다. 그러나 이 해결로부터 변증법은 새로운 형태로 재차 나타난다. 한편으로는 인간적 자유와 관련 맺는 모든 것은, 칸트의 확신에 따르면, "모든 시간규정의 밖에서" 발생한다. 왜냐하면 시간 안에서 발생하는 모든 것은 인과성의 법칙에 종속되어 있기 때문이다. 다른 한편으로, 우리가 회심 안에서 실행하는 "심정 안에서의 혁명"과 이 "혁명"을 하도록 우리에게 능력을 부여하는 "은총으로부터의 판결"은 영혼의 상태 안에서의 변화이며, 결과적으로 시간 안에서의 사건들이다. 그리고 우리는 덧붙여야만 한다: 이 모순에서 벗어나려는 칸트의 노력들은 아무런 만족할 만한 결과에 이르지 못했다. 그는 은총으로부터의 판결은 물론 회심("심정 안에서의 혁명") 또한 시간 밖에서의 사건들로 사유하려고 한다. 그리고 이 "혁명"으로부터 "도덕적인 진보"가 귀결된다면, 이 진보는 그의 확신에 따르면 "현상 안에서의 도덕성"과만 관계될 뿐, 인간의 "지성적인 성격"은 건드리지 않은 채 남겨둔다는 것이다. 사람들은 이러한 해결이 도덕적인 현상들에 적합한 것인지 의심할 수밖에 없다.

왜냐하면 사람들은 다음의 확인을 피할 수 없기 때문이다: 인간적 삶의 경과 안에서는 의화나 도덕적인 감성의 변화나 그 모두가 "단 한 번만" 발생하는 사건들은 아니다. 도덕적인 "진보"는 항상 재차 퇴행들과 이 퇴행들을 극복하려는 새로운 진력들을 포함한다. 그렇게 이 "진보"는 늘 자기-파괴로 임박한, 그리고 늘 새롭게 하느님의 "해방시키는 자유"와 그분의 의화시키는 은총을 필요로 하는 자유의 역사로서 입증된다. 칸트는 실제로 존재하는 대로의 인간의 도덕적 자유가 "마음의 혁명"과 "도덕적 진보"를 필요로 한다는 것을 매우 잘 보고 있었다. 그러나 그는 "혁명"과 "진보"라는 이 개념들이 실천적인 사용에 있어서 이성에 대한 또 다른 이해를 필요로 하는 것은 아닌지를 묻지 않았다. 그 점에 "칸트와 함께 칸트를 넘어서" 가야하는 세 번째 정당성의 이유가 놓여 있다.

실천적인 사용에 있어서의 이성, 곧 모든 자기규정과 자유의 이 원천은 동시에 (도덕적 사태를 표현하기 위해서 성서적인 정식을 끌어다대는 것이 허락된다면) "정신을 새롭게 하여 변화되도록 하는" 능력으로서 이해되어야 한다. 이것이 전제하는 바는, 자연과 역사의 인과계열 안으로 연결되어 있기는 하나, 그 안에서 이성을 동시에 새로운 자기규정의 방식들로 불러내는 현실의 저 요구들이 경험되는, 그런 시간 내의 사건들이 있다는 것이다. 이 사건들 안에서 이성은 신의 "해방시키는 자유"의 현상형태들을 해독해도 좋은 것이며, 그 자유에 이성은 "해방된 자유"로서 응답할 수 있는 것이다. 이성의 역사는 신적인 "해방시키는 자유"와 인간의 "해방된 자유" 간의 대화의 현상형태로서 이해되어도 좋은 것이다. 오직 그렇게 자유의 이념은 동시에 저 희망을 정초할 수 있는데, 그것이 이성을 모순 안에서 폐기되지 않게 보호해준다.

이 같은 "칸트를 넘어서서"가 추구될 수 있는 방향은 칸트 자신에 의해서 암시되었다: 그의 체계 안에 결핍되어 있는 것은 이성에 대한 역사적 이해이다. 그는 이 "빈틈"을 알아차렸지만, 그것을 채우는 아무런 가능성도 발견하지 못했다. 그리고 우리는 이렇게 덧붙여도 좋을 것이다: 그가 구하지 않은 것, 곧 종교의 역사에 대한 이론은 동시에 그가 구한 것을 발견하는 길을 열어준다: *이성의 역사에 대한 이론*. 이 길은 그러나 그가 발견한 것과 함께 시작된다: 요청들 위에서 정초되는 희망의 표현으로서 종교를 이해하는 것과 함께.

왜냐하면 다음이 제시되기 때문이다: 희망의 개념은 종교와 신앙에 대한 철학적인 이해뿐만 아니라 이성에 대한 새로운 견해의 공통적인 원리이다. 희망은, 종교 일반과 특별히 그리스도교 신앙의 핵심인데, 동시에 그것을 통해서 이성이 그렇지 않을 경우 영락할 위기에 처한 저 변증법으로부터 해방되는 바의 원리이다. 그런데 이 원리가 일단 표명되면, 다음이 제시된다: 그것은 전통적인 이성이해와 마찬가지로 전통적인 종교이해를 근본적으로 변화시키는데 적합한 계기들을 내포한다. 희망의 개념은 지금까지 이행되지 않은 과제, 곧 이성은 물론 종교를 역사적으로 이해하는 과제를 발견해내는 길을 열어준다. 칸트로 하여금 "장차 채워져야 하는" 저 "체계 내의 빈틈"을 발견하도록 이끌었던 것이 바로 이 희망의 개념이었던 것처럼 보인다.

C. 칸트의 체계 내의 "빈틈"은 채워질 수 있는가?

1. 종교의 역사

"체계 내의 빈틈"은, 우선은 놀랍게 들릴지도 모르겠지만, 먼저 종교의 역사와 관련된다. 계몽시대의 철학의 입장에서 보자면 이 역사는 단지 "아직도 이성종교의 수준에로까지 고양되지 못한" "경험적 종교들"의 항상 새로운 선입견들로 구성된 것이었다. 이성요청들의 빛 안에서 볼 때, 이 역사는 반대로 종교적 희망의 형태들의 연속으로서 이해되는데, 이것들은 각각 그들의 방식으로 윤리적 실천을 가능하게 한다. 여기서는 단지 그에 대한 몇 가지의 보기들이 주어질 수 있다. 비록 칸트 자신은 그러한 보기들을 자신의 요청이론의 빛 안에서 해석하려는 시도를 하지 않았음에도 불구하고 말이다.

죽음의 불가피성에 직면해서 인간이 행하는 모든 것은 마지막에는 헛된 것으로서 비쳐질 수 있다. 그렇게 되면 윤리적 경험에 속하는 무제약적인 것의 요구는 환영적인 것으로 여겨진다. 그와는 대조적으로 수많은 문화 안에서 수많은 종교들은 행위자에게 희망을 중재하는데, 그것은 윤리적인 것의 표지인 저 자기헌신적인 행위 안에서 생명을 선사하는 한 신성의 죽음과 공동체를 이루게 된다는 희망이다. 종교적인 "시원론들Archaiologien", 곧 "한 처음에 발생한 것에 대한 언사들" 중에서는 다음과 같은 내용이 상이한 종교전승들 안에서 발견된다: "한 처음에" 한 신이 세상의 생명을 위해서 죽었다: 그의 날숨은 우리를 둘러싸고 있는 공기를 생명의 원천이 되게 한다; 그가 흘린 피는 붉은 경작지를 비옥하게 만들어서, 생명을 선사하는 양식을 산출할 수 있게 한다. 생명을 선사하는 신성의 죽음과 공동체를 이룸으로써 인간의 죽음 역시 모든 행위의 무상성의 표지가 되는 것을 멈추게 된다. 인간은 신성의 죽음으로부터 수여받은 자신의 생명을 죽어가면서 그 생명을 선사한 신성에게 되돌려준다. "우리는 그들의 죽음으로 살고, 그들의 삶을 위해 죽는다"고 헤라클레이토스는 인간과 신들의 관계를 묘사하고 있다[61]. 그리고 윤리적 행위의 자기헌신 안에서 신성에게로의 이러한 생명의 반환이 삶의 한복판에서 선취되고 있다.

막 형성되는 유럽에서의 종교의 역사는 이제 종교적 희망의 이러한 형식에 대한 실망을 통해서 규정되었다. 사람들이 하게 된 경험은, 이러한 방식으로 생명뿐만 아니라 기만과 폭력 또한 후대의 세대들에게 전승되고 있다는 것이었다. 바로 죽어가는 신의 의례들은 이러한 폭력을 종교적으로 정당화했다. 예를 들면, 맏배의 희생봉헌과 같은 죽임의 의례들은 그에 대한 분명한 표현이었다. 이러한 경험으로부터 실천을 이끄는 종교적 희망의 새로운 형태가 생겨났다: 윤리적 행위 안에서 인간은 한 신과의 공동체를 이루게 되는데, 그 신은 첫 번째로 사자심판관들을 견디어낼 수 있었고, 이제 스스로 인간들에 대한 사자심판관으로 즉위하게 된 것이다. 신과의 이 공동체 안에서 인간 역시 신과 같이 살게 되는 능력을 얻게 되는데, 이제 그 또한 사자심판관을 견디어낼 수 있고, 그래서 죽음 이후에는 더 이상 불의가 존재하지 않는 세상에서의 삶에 참여하게 된다. 다산의례로부터 사자심판 때에 정당화되는 능력에로의 축성으로 이행하는 오시리스의례의 의미변화는 종교사 안에서 이 같은 변천에 대한 특별히 분명한 보기이다. 또 다른 보기

---

61 Heraklit B 62.

는 다산의례로부터 죽음 이후의 삶에로의 축성인 엘레우시스 밀교들의 변천이다. 이 축성은 저승으로 납치된, 대지의 여신의 딸인 코레Kore와의 공동체를 통해서 이루어진다. 여기서는 물론 강조점이 그다지 윤리적인 행위에 놓여있었던 것이 아니라, 오히려 불멸성을 선사하는 "관조"에 놓여 있었다.

이런 종류의 실천을 이끄는 종교적 희망 역시 실망시킬 수 있는 것이었다. 사자심판관의 의례는 신-왕들의 무제한적인 지배를 합법화할 수 있었다. 그들은 자신들의 명령과 법률을 통해서 사자심판 때에 인간들의 운명이 좌우되는 조건들을 정의하겠노라는 권리주장을 했던 것이다. 이집트의 파라오는 "다시 태어난 오시리스"로서 (혹은 그의 다시 태어난 아들 호루스Horus로서) 이러한 권리주장을 했다. 그렇게 이집트는 수많은 거주민들의 눈에는 "노예의 집"이 된 것이다. 하지만 그들 중 몇몇에게는 이 노예의 집으로부터의 해방은 새로운 희망의 커다란 표징이 되었다. 그들은 그들에게 갈대로 무성한 바다에서 마른 땅을 열어주었고, 하지만 파라오의 군사들은 같은 바다 속으로 잠기게 한 저 "거센 샛바람"[62]을 한 신의 힘이 입증되는 것으로서 경험했다. 그 신은 "이집트의 모든 신들을 능가하여", 다산의 신들보다 적지 않게 신왕에게 심판을 고지했고, 거짓 신들을 숭배하는 자들의 세상 한복판에서 자신의 백성들을 "선택"했는데 - 이는 그들 스스로 자유를 얻기 위해서였을 뿐만 아니라, 그들이 "세상의 모든 종족들을 위한 축복이 되게"[63] 하려는 것이었다. 그리고 시간이 지날수록 보다 분명하게도 이 "선택"은 "비밀스런 신적 결의"에 봉사하라는 부름으로 이해되었다. 그 결의를 통해서 해방시키는 신은 자신이 선택한 특별한 집단을 보편적인 구원의지의 기관으로 만든 것이다. 이 신의 "율법"과 그의 모든 "계명들"은, "선택된 민족"이 보편적인 신적 구원의지에 봉사할 능력을 갖도록 하는데

---

[62] Ex 14,21.
[63] Gen 12,3.

기여했다. 이러한 소명의 의식에 이제 새롭게 실천을 이끄는 희망이 의거하며, 그것이 이 민족으로 하여금 자신의 역사 안에서 겪는 모든 곤경을 견딜 수 있게 해준 것이다.

이러한 종교적 희망의 상이한 형식들은 종교의 "유형들"로서 나란히 존립할 뿐만 아니라, 자주 종교사적인 연속Nacheinander을 형성한다: 일찍이 종교적 희망의 한 새로운 형식은 그 이전 것으로부터 - 그것에 대한 실망으로부터 - 생겨났다[64]. 그렇게 종교사의 경과 안에서 늘 더 분명하게 된 것은 이 점이다: 실천적인 이성사용의 변증법을 해소하는데 적합한 저 희망은 개인적이고 공동체적인 역사의 위기들을 피하는 능력에 존립하는 것이 아니라, 그것들을 견디어내게 하는 힘을 부여한다. 희망이 이러한 시금석을 통과하면, 그것은 그러한 위기들로부터 그때마다 새로운 형태로 생겨난다. 그리스도교 공동체는 자신을 이러한 역사의 유산이자 동시에 완성으로서 이해한다.

그렇기 때문에 사람들은 "부끄럽게 하지 않는 희망"에 대한 성서의 말씀을 그것의 맥락 없이 인용해서는 안 되는 것이다: "우리가 알고 있듯이, 환난은 인내(Hypomoné)를 자아내고, 인내는 수양(Dokimé)을, 수양은 희망을 자아냅니다. 그리고 이 희망은 우리를 부끄럽게 하지 않습니다"[65]. 종교가 "우리는 무엇을 희망해도 좋은가?"라는 물음에 대답한다면, 이 희망은 - 이미 종교사의 이전 단계들에서, 그러나 특히 그리스도교 안에서 분명하게 - "모든 것이 다시 한 번 잘 될 것"이라고 확신하는 순진한 "낙천주의"가 아니라, 곤경 안에서 확증된 요청적인 희망이다. 이런 희망이 사람들로 하여금 위기로 가득한 역사에 자신을 내어맡길 수 있게 해준다. 그리고 이 희망은 역사의 위기들 안에서 그리고 그것들을 통과해 가는 중에 항상 새로운

---

64 Vgl. R. Schaeffler, Religions-immanente Gründe für religionshistorische Krise, in: H. Zinser [Hrsg.] Der Untergang von Religionen, Berlin 1986, 243-261, sowie: ders.: Innovation und Selbstkritik der Religion als innere Momente ihrer Überlieferung, in: W. Kluxen, Tradition und Innovation, Hamburg 1988, 471-487.

65 Röm 5,4.

윤리적 실천의 방식들을 발견해내는 능력 안에서 확증된다. 왜냐하면 그 모든 형식들 안에서 이 희망은 삶의 교체적인 상황들 안에서 신적인 의향의 실행에 인간적으로 기여하는, 항상 새롭고 또 놀라운 가능성들을 발견하기 때문이다. 우리가 "칸트와 함께 칸트를 넘어서" 간다면, 이렇게 말할 수 있다: 종교의 역사는, 개인들의 종교는 물론이고 공동체들의 종교 역시, 선한 신이 인간의 봉사에 신뢰하면서 맡기는 예측할 수 없는 과제들의 연속이다.

확실히 이렇다: 칸트는 아직 그러한 역사를 이야기할 어떤 동기도 보지 못했다. 왜냐하면 그에게는 우리의 의무들은, 그 내용에 따라서 보자면, 항상 동일한 도덕적 규칙의 적용-사례들 이외의 어떤 것도 아니기 때문이다. 그럼에도 불구하고 그는 우리 의무들의 구체적인 내용을 다르게도 이해할 수 있는 가능성을 열어놓았다. 왜냐하면 우리가 우리의 의무들을 신적인 계명들로서 이해하고, 이것을 신이 우리에게 믿고 맡기는 명령들로서 파악한다면, 그리고 우리가 희망을 이 명령들에 대한 순종을 가능하게 만드는 근거로서 인식한다면, 그때에는 도덕의 역사뿐만 아니라 종교의 역사 또한 자신의 "충실한 종들"에 대한 신의 신뢰입증의 연속이며, 또한 인간적인 죄의 역사이자 신이 참회하는 인간에게 열어주는 회심의 새로운 길들의 역사이기도 하다. 이에 대한 탁월한 보기들을, 성서에서 증언된 이스라엘과 그것의 교체하는 방식들의 역사, 바로 자신의 백성을 이끈 길들의 새로움 안에서 하느님의 신뢰를 발견해내는 방식들의 역사가 제공한다.

2. 이성의 자율성, 신적인 법칙 그리고 의무의 다양

종교의 역사를 이해하는 이러한 방식은 이성에 대한 새로운 이해의 가능성도 열어주는가? 이 경우에도 칸트의 체계 안의 빈틈을 채우기 위한 결정적인 단서는 칸트 자신에게서 유래한다. 이 단서는 그 의미내용이 신적인 입법에서 발견되어도 좋은 현상형태로서의 이성-자율과 관련된다.

우리의 이성이 우리에게 지정해주는 의무들이 동시에 신적인 명령들이라면, 의무들(복수)과 윤리법칙(단수) 간의 관계, 신의 계명들과 그의 율법 간의 관계를 올바로 규정하는 것에 모든 것이 달려 있다. 그리고 그로부터 모든 도덕적 의무들이 발원하는 바로서의 이성의 자율이 그 안에서 신의 통치권이 발현하는 바로서의 현상형태라면, 우리는 그 물음을 다음과 같이도 표현할 수 있다: 이성의 이러한 자율에서 단지 신의 형식적이고 추상적인 입법만이 드러나는가, 혹은 신이 사물들의 경과를 규정하면서 - 무엇보다도 "나쁜 명령수임자"의 행위들로부터 생겨나게 된 가능한 오류들을 교정함을 통해서 - 세상을 통치하는 방식도 드러나는가?

우리가 이 가능성들 중의 두 번째 것에 찬성한다면, 그것에 다음의 숙고를 연결시킬 수 있는데, 그것은 물론 칸트를 넘어서가는 것이다: 도덕적인 이성법칙 안에서 인식될 수 있는 신적인 율법은 보편적이고 불변적인 것이다. 그러나 신적인 *세계경과의 주도*는, 그것은 신이 그 현상형태가 우리의 구체적인 의무들인 바로서의 명령들을 자신의 신하들에게 믿고 위탁하면서 실행하는 것인데, 항상 새롭게 도덕적인 경험 안에서 발견되어야만 한다. 방금 제기된 물음은 이때 다음의 형식을 취하게 된다: 윤리적 경험의 내용들은 단지 추상적인 규칙 아래에 있는 "경우들"일 뿐인가? 그것들은 우리가 이 추상적인 법칙이 어떻게 적용되는지를 알 수 있는, 그저 동일한 의미를 지닌 그래서 교환할 수 있는 "보기들"일 뿐인가? 이것은 칸트 자신의 확신이었다. 그러나 "정언명법"을 구체적인 "경우들"에 적용하는 보기들을 제시하는 그의 시도들은 설득력이 적어서 탈락되었고, 오래 전부터 칸트-비판에 잘 알려진 어려움들을 생겨나게 했다[66]. 혹은, 이제 대안이 말하는 대로, 우리의 윤리적 경험의 내용들은 "충실한 종"이 사전에 계산할 수 없는, 신적인 세계통치자의 구체적인 명령들의 현상형태들인가? 칸트가 자신의 시도에서 연루된 어려움들은 동시에 이렇게 자신의 견해에서 벗어나

---

[66] Vgl. Grundlegung zur Metaphysik der Sitten A 52ff.

는 선택을 위한 간접적인 논거들이다.

그렇게 보자면 실천적 사용에 있어서의 이성은 삶의 구체적인 상황들 안에서 신의 구체적인 명령들을 발견해내는 능력이다. 그때 이성은, 자신의 이론적 사용에 있어서와 마찬가지로, 경험에서 그것의 고유한 의미를 빼앗거나 선천적인 앎을 통해 경험을 불필요한 것으로 만드는 것이 아니라, 이 경험을 가능하게 만들고 우리로 하여금 그것의 고유의미를 파악할 수 있게 해준다.

우리가 칸트의 계속되는 암시를 따른다면, 제기된 문제는 다음의 형식을 취하게 된다: 우리의 윤리적 행위들이 하느님 나라의 "회상적, 실증적, 그리고 선취적 표징"이라면, 그때 이 표징들은 오직 그것들의 현상형태를 통해서만 서로 구분되는가? 혹은 차이는 그것들이 의미하는 것과도 관계되는가? 이 표징들은 단지 늘 같은 것만을 의미하는가? 마치 상이한, 그러나 동의어의 단어들이 같은 것을 말하기에, 의미내용이 변화됨이 없이 그 단어들이 교환될 수 있는 것처럼 말이다. 혹은 그것들은 동시에 사물들의 경과에 새로운 전환을 가져다줄 수 있는 신적인 세계-주재자의 작용에 대한 현재형태들Gegenwartsgestalten인가? 이 경우에 신적인 명령은 동시에 명령수여자의 이름으로 활동하게 되는, 명령수임자에게 위탁된 전권일 것이다. 이성의 자율은 이 전권을 행사하는 방식일 것이다.

이성은, 그렇게 이해되었을 때, 이중의 과제를 갖는다: 그것은 신적인 입법의 대변자이며 동시에 신적인 세계-주재의 전권자이다. 우리가 이성을 그렇게 이해한다면, 다음의 물음이 제기된다: 이성은 역사적 변화들의 지배를 받는가? 이 물음에 대답하기 위해서는 이 두 과제들의 상호적인 관계가 다시 한 번 더 정확히 규정되어야 한다.

우리가 우리의 의무들을 신적인 계명들로서 이해하고, 이것들을 신적인 세계주재의 현상형태들로서 파악해도 좋다는 것을 전제한다면: 신적인 입법의 의미와 그리고 결과적으로 그 순수한 형식성과 무제약적인 보편성에 있어서의 도덕법칙의 의미는 어디에 존립하는가? 사람들이 명령수임자에게서 요구하는 것은 그의 신의이다. 부정적으로 보자면, 이것은 그가 자신이 받은 명령을 이기적인, 그의 개인적인 목적 달성을 위해서 남용하지 않으려고 세심하게 주의하는 데에 존립한다. 그러나 긍정적으로 보자면, 이 신의는 명령수임자가 그의 모든 행위들을 통해서 명령수여자의 의도에 부합하는 데에 존립한다. 법칙은 그 형식성과 보편성 안에서 이 신의의 조건들을 명명한다.

이제 그 명령수여자가 선한 신이라면, 그의 왕권이 자신의 모든 신하들, 그것도 바로 혼동될 수 없는 개별성 안에서 그들의 안녕을 염려하는 그런 신이라면, 이 군주의 그 어떤 신하를 "그 자체로 목적"으로서 인정하는 대신에 한갓 수단으로서 이용하는 것은 명령위임자에게 금지되어 있다. 그리고 명령수여자가 저마다의 인간에게 그의 명령들을 믿고 맡긴다면, 각기의 명령수임자에게 의무 지어져 있는 것은, 그가 저마다의 타자의 대변자가 되는 그런 방식으로 자신이 받은 명령을 이행하는 것이다. 이것이 포함하는 것은, 모든 그의 행위들이 하나의 "준칙"을 따른다는 것인데, 그것은 동일한 방식으로 동일한 군주의 각기 다른, 이성적 능력을 가진 신하들의 행위들을 이끌 수 있는 그런 준칙이다. 그때 우리는 칸트와 함께 말할 수 있다: "자신의 행위의 준칙들이 보편적인 입법의 원리들이 될 수 있어야만 한다." 잘 알려진 "정언명법"의 두 개의 정식화들은 - 저마다의 타자를 "목적 그 자체"로서 인정하는 것 그리고 저마다의 준칙을 보편화할 수 있음의 조건 아래 예속시키는 것은 - 그렇게 신적인 명령수여자에게 마땅히 드려야 할 신의에 부합하는 것이다. 그리고 이러한 정언명령을 우리에게 지정하는 이성은 신적인 입법의 적합한 현상형태로서 입증된다. 그러나 이 입법은 세계경과의 신적인 주재를 대체하지 않으며, 신이 우리에게 설정하는 구체적인 과제들은 이 입법을 통해서 불필요하게 되는 것이 아니라, 그 반대로 가능하게 된다.

우리가 칸트적인 도덕에 대한 그와 같은 재-해석을 통해서 얻게 되는 것은 무엇인가? 방금 말해졌다: 군주의 입법은 그가 자신의 신하에게 믿고 맡기는 명령들을 대체하는 것이 아니라, 명령수여자에 대한 그 신하의 신의의 조건들과 그리고 다른 명령수임자들에 대한 그 신하의 존중심의 조건들을 명명한다. 이에 상응하게도 우리의 이성이 우리에게 지정하는 도덕법칙은 우리의 구체적인 의무들로부터 그 고유의미를 빼앗는 것이 아니라, 도덕적인 성품Haltung의 조건들을 제시하는데, 그 성품은 명령수임자가 자신의 다양한 경험들 안에서 구체적인 가능성들을 발견할 수 있게 해주고, 명령수여자의 의도에 부응할 수 있게 해주는 것이다. "자기 주인의 선량한 종이 되는", 항상 새로운 가능성들의 발견은 명령수임자의 도덕적인 역사를 구성하고, 그가 자기 주인이 다음과 같이 하는 말을 듣게 되리라는 것을 희망하게 해준다: "잘하였다. 착하고 성실한 종아! 네가 작은 일에 성실하였으니 이제 내가 너에게 많은 일을 맡기겠다"[67].

3. 이성 – 배울 능력이 있는 선생

이성의 개념에 대한 이러한 숙고들로부터 결론을 이끌어내 보자: 이성이 우리에게 경험에로의 능력을 중재한다면 (이것은 내 저서인 "현실과의 대화로서의 경험"의 중심주제였다), 이성은 우리에게, 그 실천적 사용에 있어서, 윤리적 경험을 할 수 있도록 해주어야 한다. 그리고 방금 말해진 것처럼, 만일 윤리적 경험이란 것이 인간이 "자기 주인의 선량한 종"으로서 확증되는 가능성들의 발견에 존립한다면, 이성은 우리에게 그런 발견을 할 수 있게 해주어야 한다. 하지만 추상적인 규칙들은 그런 발견들을 가능하게 만들기에는 충분치 않다. 엄격한 형식적 법칙을 통해서 제시되는 조건들은 윤리적 경험을 위해 필요하기는 하나 충분한 조건은 아닌 것이다. 우리에게

---
[67] Mt 25,21.

이 충분한 조건들을 마련해주기 위해서 이성은 순수하게 형식적인 법칙의 입법자보다 그 이상이어야만 한다; 이성은 우리를 위해서 사물들을 투명하게 보는 선생이 되어야 한다. 그 결과로 사물들은, 신이 우리에게 믿고 맡기는 명령들의 현상형태들이 된다. 그로부터 다음의 물음이 생겨난다: 이성이 우리에게 주어야 하는 그 같은 지도의 프로그램은 어떤 종류의 것인가?

이 프로그램은, 초등학교에서처럼, 처음부터 확정된 프로그램으로서, 그로부터 가르침의 모든 걸음들이 연역될 수 있는 그런 것인가? 혹은 이 프로그램은, 상급반 사람들의 강좌에서처럼, 무엇보다도 대학에서처럼, 선생과 학생 간의 대화의 프로그램인가? 이성이 선생으로서 제자인 개인들에게 경험에로의 능력을 중재해주어야 한다면, 그리고 이때 이 경험은 제자들 스스로 해야 하는 것이라면, 이 제자들은 자신들의 경험들을 증언하면서 자신들 편에서 그들의 선생인 이성을 가르칠 수 있는가?

그런 학생이 무엇보다도 배워야 하는 것은, 자신의 삶의 상황들 안에서 행위의 가능성들을 발견하는 것이며, 그런 연후에는 두 가지 종류의 가능성들을 구분하는 것이다: 그 실현이 자신의 자의에 달려 있는 그런 가능성들과, 그리고 그에게 도덕적으로 의무 지우는 그런 가능성들인데, 그것들 안에서 신의 명령들이 경험될 수 있기 때문이다. 이성이 우리에게 가르쳐야 하는 것은, 무엇보다도 구체적인 삶의 상활들에서 생겨나는 행위-동인들에 대한 비판적인 해석이다. 왜냐하면 신의 명령들은 단지 주체와 그의 경험현실과의 저 만남 안에서만, 즉 "경험"이라 불리어지는 것 안에서만, 발견될 수 있기 때문이다. 그런데 이런 행위-동인들 중의 많은 것은 유혹의 원천이 되기도 하며, 반면에 다른 것들은 아주 반대로 도덕적 의무 지움의 원천이 되기도 한다. 우리에게 윤리적인 경험에로의 자질을 부여해야 하는 "선생인 이성"은 무엇보다도 "해석학적인 이성"이어야 한다. (이 맥락에서 장 그레슈Jean Greisch가 자신의 책에서 "불타는 떨기나무와 이성의 광채들"을

"이성의 해석학적인 범례"로 진술한 것은 대단한 의미를 지닌다.[68] 그러나 그와 같은 비판적 해석의 선생이기 위해서, 해석학적인 이성은 그가 주석하는 것을 가르쳐야 하는 "텍스트"가 어떤 것인지를 지속적으로 의식하고 있어야 한다: 우리의 경험에 주어진 현상들. 현상들에 대한 모든 비판은, 유혹하는 것과 의무 지우는 것을 구별하기를 원하는데, 해석자의 자기비판을 포함한다. 해석자는 "현상들의 자기-현시Präsentation"를 일별하면서 그의 주석방법을 자신의 "텍스트"에 부합하도록 그렇게 수정할 수 있어야 한다. 그렇기 때문에 이성은, 만일 자신이 현상들에 대한 비판적 해석의 선생이기를 원한다면, 자기편에서도 "배울 능력이 있는 선생"이어야 한다.

이성은 사실 늘, 자신이 그 같은 방식으로 존재해야만 하는 바대로, 존재해 왔다: 공간과 시간의 직관형식들뿐만 아니라, 범주들도, 예를 들어 실체와 인과성의 범주들, 중세 말 이래로 새로운 경험들의 영향 아래 변화되었다. 이성은 선생으로서 자신의 학생들이, 이 경우에는 무엇보다도 자연탐구자들이, 새로운 경험을 할 수 있도록 만들어 주었다. 그러나 이성은, 해석학적인 이성으로서, 자기 학생들의 경험증언들로부터 배웠고, 직관형식들과 오성의 범주들 그리고 심지어는 "세계"라는 자신의 고유한 이념에 새로운 형태를 부여했다. "텍스트와의 대화" 안에서 해석학적인 이성은 그 자체로 특수한 종류의 역사를 경험했다. 그리고 우리가 보여줄 수 있는 것은, 칸트가 기술한 이성의 특별한 형태는, 그 자신이 알았던 것 이상으로, 이 역사의 산물이었다는 것이며, 이 역사를 통해서 그의 선구자들이 그들의 직관과 사유의 형태를 발견했었다는 것이다.

---

68 Jean Greisch, Le Buisson Ardent et les Lumières de la Raison, drei Bände, Paris 2002-2004, insbesondere Band III: Vers un Paradigme Hermeneutique.

4. 칸트와 함께 칸트를 넘어서: 이성은 경험을 가능하게 하며, 경험은 이성을 자기규정의 새로운 형식들에로 불러낸다

"배울 능력이 있는 선생"으로서의 이성의 개념은 앞서 언급했던, "칸트와 함께 칸트를 넘어서" 가야하는 세 이유들에서 생겨났다.

이성의 자율은, 이미 제시된 것처럼, 신의 통치권과 일치하지 않지만, 그것의 경험할 수 있는 현상형태이다. 그렇기 때문에 이 현상형태가 교정이 필요한 것으로서 입증될 수 있음은 놀랄 일이 아니다. 이성의 자기입법은, 이 관점에서 보았을 때, 자기교정을 할 수 있는 능력으로서 실행된다. 이런 의미에서 배울 능력이 있는 선생으로서의 이성은 자신의 형태를 "진보" 안에서 획득하는데, 그 진보는 오직 이성의 고유한 활동성을 통해서 진척될 수 있으며, 그러나 고독한 자족 안에서가 아니라 "현실과의 대화"[69] 안에서이다.

이성은 그것의 실천적 사용에 있어서, 계속해서 제시된 것처럼, 신의 구원 작용의 "효력 있는 표징"을 설정하는 과제를 갖는다. 이 실천적 과제는 이론적 과제를 포함한다. 명령을 실행하는 일 이외의 그 어떤 다른 것도 하지 않기 위해서는 이 명령을 구체적인 우리 삶의 상황들 안에서 발견하는 것이 먼저 필요하다. 우리가 설정해야만 하는 표징들은 우리에게 주어지는 표징들을 전제로 한다. 오래전부터 전통적이 된 은유가 표현하고 있듯이, 우리는 충실한 명령수임자의 역할을 수행하기 위해서 "세상의 책에서 읽어야" 한다. 이 독서의 성공은, 주석의 방법이 늘 새로운 자기교정에 예속되어 있다는 점에 달려 있다. 그렇기 때문에 이 방법이 "텍스트"를 일별하면서 늘 새로운 자기-변경을 필요로 한다는 것은 놀라운 일이 아니다. "현실과의 대화"는 과정으로서 전개되며, 그 과정은 경험의 내용과 관련될 뿐만

---

[69] Vgl. R. Schaeffler, Erfahrung als Dialog mit der Wirklichkeit, Freiburg und München 1995.

아니라, 사유의 형식들과도 관련된다. 그리고 이 형식들의 변천은 이성의 역사로서 발생한다.

그러나 이성이 자신의 역사 안에서 거쳐 가는 이 형식들의 변천은 칸트가 말한 바 있는 감성의 변화와 그것을 가능하게 하는 은총으로부터의 판결 또한 새로운 빛 속에서 나타나게 한다. 이성의 역사는 자유로운 자기규정의 새로운 형식들에로 이성을 불러내는 사건들에 의거한다. 사물들과 사람들과의 만남은 이성을 외적인 원인들의 강제에 예속시키지 않고, 현실적인 것의 저 도전적인 요구를 경험하게 만드는데, 그 안에서 이성은 신의 해방시키는 말 건넴의 현상형태를 인식하고, 그것을 통해서 이성은 자유로운 응답의 새로운 형식들을 취하는 능력을 얻게 된다. 회심이 필요한 이유는, 이 자유로운 응답의 오류형식들이 있기 때문인데, 이를 통해서 이성은 부자유의 새로운 형식들에로 연루된다. 회심이 가능한 이유는, 죄스럽게 된 이성 역시 사물들과 사람들의 의무 지우는 요구의 새로운 방식들을 경험하기 때문인데, 그것들 안에서 이성은 신의 해방시키는 자유의 새로운 형태들을 해독할 수 있고, 그래서 해방된 자유의 새로운 형식들에로 능력을 부여받았음을 알게 된다.

이 모든 숙고들을 요약하자면, 이렇게 말할 수 있다: 이성의 역사를 자신의 체계 안의 채워지지 않은 빈틈으로서 발견한 임마누엘 칸트는 동시에 우리에게 단서들을 제공했는데, 그것은 우리로 하여금 "그와 함께 그를 넘어서서" 가도록 하며, 그리하여 그 빈틈을 채울 수 있게 해주는 것이다.

도달된 문제 상황에 대하여

"순수 이성의 역사"를 기술하는 *과제*는 전통적인 형이상학의 이성-이해에서 생겨나는 것도 아니요, 칸트의 선험철학에 대한 이해로부터 생겨나는 것도 아니다. 그러나 그것은 요청들의 결합으로서의 종교에 대한 칸트의 이해와 그에 의해서 기술된, 그러한 요청들을 필요로 하는 이성의 변증법에서 생겨난다.

그러나 이 과제의 *해결*은 선험철학을 경험에 대한 이론으로 계속 발전시킬 것을 요구하는데, 이 이론은 경험을 현실과의 대화로서 기술한다. 선험철학의 그 같은 계속적 발전의 필요성은 칸트적인 요청이론이 열어 둔 몇 개의 물음들에서 생겨난다.

이 물음들은, 위에서 제시된 것처럼, 무엇보다도 칸트에게서 충분치 않게 해명된 "법칙"과 "계명" 간의 관계와 관련된다: 선험철학의 계속적 발전에서 생겨나는 해결은 다음의 테제에 의거해 있다: 이성의 자기입법은, 우리가 그것을 신적인 입법의 현상형태로서 이해해도 좋은 것인데, 구체적인 의무들의 경험을 가능하게 하며, 그 안에서 우리는 신의 계명들을 인식해도 좋은 것이다; 그러나 이성의 자기입법은 이 경험을 불필요하게 만들지 않는다. 이성은 그것의 자기입법을 통해서 우리에게 맥락을 지시하는데, 그 안에서 현실적인 것은 자신의 요구를 타당하게 만들 수 있도록 우리와 만날 수 있다. 그러나 우리는 이러한 경험 자체를 현실과의 대화 안에서 하며, 그 경과는 선천적으로 미리 알려질 수 없는 것이다. 그것은 언제나 구체적인 의무들에 대한 우연적인 경험이며, 그 안에서 우리는 신이 죄스런 세상에서 죄인에게도 믿고 맡기는 명령들(mandata)을 인식해도 좋은 것이다. 이 대화 안에서 우리는 언제든 새로이 "정신을 새롭게 하여 변형되도록" 불림 받고 있다. 이러한 변형에 이성의 역사가 의거하고 있다. 이 역사를 위해서 칸트는 "체계 안의 한 장소를 열어두길" 원했던 것이다. 그러나 오직 경험을 현실과의 대화로서 파악하는 이론만이 이 빈틈을 채울 수 있다.

그러나 이성이 그렇게 이해된다면, 그것은 경험의 선생으로서 입증된다 - 그러나 자신의 편에서 배울 능력이 있는 선생으로서. 이성은 자기가 가능하게 만드는 저 경험들을 통해서 자신의 직관형식과 사유형식들이 변형되도록 자극받는다. 이를 통해서 역사와의 연관은 이성에게 있어서 본질적인 것으로 입증된다. 그럼에도 불구하고 이성은 그것을 통해서 자연과 역사의 인과연쇄를 통한 외부규정에 예속된 것이 아니라, 현실적인 것의 요구에 대한 그때마다 스스로 규정된 새로운 방식의 응답을 내릴 능력을 갖는다.

그런데 이성에 대한 그러한 이해는 신앙이 말하는 저 신에 대하여 철학적으로 말하기 위해서 필요한 조건으로서 입증되었다: 인간을 향해서 자유와 자유의 상호관계 안으로 들어설 수 있는 신에 대하여.

계속되는 물음:
사유를 본질적으로 역사적으로 파악하는 철학은 어떤 신에 대해서 말하는가?

계속되는 물음은 이렇다: 이로써 신앙이 말하는 신과 동일한 신에 대해서 철학적으로 말하기 위한 단지 필요한 조건만이 주어진 것인가, 아니면 충분한 조건 역시 주어진 것인가? 철학사에 대한 일별이 보여주는 바는: 그렇지가 않다는 것이다. 가장 탁월한 반대범례가 후기 하이데거의 철학이다. 하이데거는 인간적 사유를 단호히 역사로부터 이해하는데, 역사의 경과 안에서 이 사유와 늘 새롭게 만나는 것은 "그에게 생각하도록 명하는" 것이다. 그러나 이 "명령Geheiß"은 역사의 매 시대 안에서 동일한 형태를 갖지는 않는다. 이 명령의 상이한 형태들로부터 "드물면서도 단순한 역사의 결정들"[70]이 생겨난다. 그러나 이 단호히 역사적인 이성이해로부터 후기 하이데거에 있어서는 철학자가 신앙이 말하는 신과 동일한 신에 대해서 말해야 한다는 점이 귀결되지 않는다. 그 반대로, 철학자는 도래하는 신의 "지나가버림Vorbeigang"에 대해서 예고해야 한다는 것인데, 이때의 신은 "모든 존재했었던 신들, 특히 그리스도교의 신에 비해서 전적으로 다른 존재이다"[71].

따라서 물음은 이렇다: 하이데거의 논변으로부터, 인간적 사유를 시종일관 그 사유의 역사로부터 파악하는 철학은 그리스도교의 신과 결정적인 작

---

70 M. Heidegger, Vom Wesen der Wahrheit, 17.
71 M. Heidegger, Beiträge zur Philosophie, 403.

별을 요구한다는 것이 귀결되는가? 혹은 바로 하이데거의 후기철학이 하나의 대안을 열어두는가? 이 대안은 그가 명확히 거절하기는 하지만 단지 선택 때문에 배척하는 것인데, 비판적인 검토를 받을 수 있는 것이다. 우리가 그렇게 물음을 제기한다면, 이제 명백해지는 것은: 외견상 단지 철학사적인 문제는 – 어째서 하이데거는 그리스도교 신과의 작별을 선언하고 있는가의 물음은 – 가장 커다란 체계적인 의미를 가진다. 하이데거의 그리스도교 신과의 작별이 설득력 있는 이유들에서 생겨난다면, 신앙이 말하는 신과 동일한 신에 대해서 철학적으로 말하는 모든 시도는 처음부터 헛된 것이다. 그러한 가능성은 단지 다음과 같은 점이 제시될 때에만 개시된다: 이 "작별"의 근저에는 여전히 한 번 더 비판적으로 검토될 수 있는 선-결정이 놓여 있다. 그러한 검토에서 드러나게 될 것은 이렇다: "전혀 다른 신"에 대한 하이데거의 선택은 그가 "존재론적인 차이", 다시 말해서 "존재"를 모든 "존재자"와 분리시키는 저 차이를 이해하는 특정한 방식에 의거한다. 이 차이를 달리 이해하는 근거들이 있다면, 신앙이 말하는 저 신과 철학의 관계에 대한 물음 역시 새롭게 제기된다.

3장

하이데거의 "기여"

혹은: 이성에 대한 역사적 이해는 "그리스도교의 신"과의 작별로 이어지는가?

주제의 해명을 위해서:
하이데거의 후기철학 – "전혀 다른 신"에 대한 고지인가?

양 종파의 신학자들은 몇 세대에 걸쳐가며 하이데거로부터 배웠다. 그러나 하이데거는 이미 자신을 신학적으로 이해하는 모든 시도들에 대하여 저항했다. "철학에의 기여"에서 하이데거는 이제 모든 신학적 해석에 대한 자신의 반대를 그토록 분명히 표명함으로써, 자신의 주장이 더 이상 흘려들을 수 없도록 했다. "마지막 신"은, 사유가 그 신의 지나가버림을 준비해야만 하는데, "모든 존재했었던 신들, 특히 그리스도교의 신에 비해서 전적으로 다른 존재"[72]이다. 이로써 하이데거는 그리스도교 신과의 작별을 선언했다. 그러나 독자에게는 그로부터 이런 물음이 생겨난다: 그의 철학은, 특히 그의 후기철학은, 독자들 역시 부득이 이러한 작별을 철회할 수 없는 것으로 간주하게끔 만드는가? 그와 함께 하이데거로부터 신학적으로 배우는 가능성은 결정적으로 배제된 것인가?

이 맥락에서 기억해야 할 것이 있다: "기여"는 하이데거의 유작으로부터 1989년에서야 비로소 출간된 것이기는 하다; 그러나 그것은 이미 1936년-1938년 동안에 쓰여 진 것이다. 그렇기 때문에 다음에서 물어져야 할 것은 이렇다: 도래하는 "마지막 신의 지나가버림"에 대한 하이데거의 예고는 이 주제에 대한 마지막 말로 남아 있는가? 만일 성스러움, 신, 혹은 신들에 대한 또 다른 표명들이 나중에 집필된 저술들 안에서 발견된다면: "기

---

[72] Beiträge zur Philosophie, Gesamtausgabe Bd. 65, Frankfurt 1989, 403.

여"에서 말해지고 있는 "마지막 신"이 진실로 "마지막 것"으로 남아 있지 않다면? 하이데거는 말년의 삶에서, 그가 "기여"에서 소위 저마다의 "신"에 대해 피력한 불신을 극복했는가, 말하자면 여전히 "마지막 것"을 넘어서서 선포될 수도 있는 그런 신에 대한 불신을?

A. "마지막 신의 지나가버림", 마틴 하이데거의 사유길, 그리고 그 주도적인 주제로서의 "존재론적인 차이"

하이데거가 다가올 "마지막 신의 지나가버림Vorbeigang"을 예고하고 있는 "철학에의 기여"는 하이데거의 후기철학의 길을 지시하게 될 강령적 저술이다. 관건이 되는 것은 하나의 완결된 작품이 아니라 281개의 짧고도 비교적 독립적인 텍스트들인데, 하이데거는 그것들을 8개의 장으로 배열하고 편성하는데 여러 차례 숙고하고 교정했다. 출간에 부쳐서 하나의 모토가 서두에 언급되었는데, 이것은 하이데거 자신의 펜에서 유래한다. 그에 따르면 이 텍스트들은 "오랜 망설임 속에서" 보류되었지만, "수평기"로서 미래의 기획에 기여하기 위해서 "암시적으로나마 밝혀져야" 했다는 것이다.

이때 "수평기"라는 어휘는 건축공사장에서 사용되었던 기구로서, 수평기에 부착된 연추와 함께 평면의 경사각을 측정하는 데 이용되었다. 중세의 건축에서 "수평기"는 동시에 막 짓고 있는 건축물에서의 모든 측량들을 하나의 동일한 토대-측정의 통합적인 배수로서 구성하고, 그리하여 이 모든 측량들의 조화로운 관계를 보장하도록 하는 척도였다. 우리는 하이데거의 수많은 후기 저술들에서 저 "수평기"의 규범성을 재발견할 수 있는데, 그것을 그는 "기여"에서 암시적으로 거명했고, 이는 그로부터 지속적으로 그것을 밝히기 위한 것이었다. 역으로 이 "수평기"의 의미가 더욱 분명히 드러나게 되는 것은, 우리가 나중의 "기획"으로부터 "기여"를 향해서 되돌아볼 때이다. 이런 관점에서 특별히 시사적인 것은 "기술에 대한 물음"이란 강연, "휴머니즘에 관하여"란 서한, 그리고 "시간과 존재"라는 기념논문집에 실린 글이다.

"기여"라는 제목은 "공적인 제목"으로서 표기되고 있는데, 이것은 오직 철학에 대한 공적인 이해를 고려하며 선택되었다는 것이다. 그런 이해에 따르면, 철학자에게는 그가 철학의 "진보"에 무엇인가 "기여하는" 것이 기대된다. 그와는 반대로 "적합한 표제"는 "생기로부터 Vom Ereignis"가 되어야 한다는 것이다. 이 제목이 암시한다는 것은, 다음의 텍스트들에서 표현되고 있는 사유는 "사유하고-말하면서 존재에 속함"이고, 이 존재에 속함 안으로 "생기로부터 생기한다"는 것, 즉 자신의 가장 고유한 것 안으로 운반되었다는 것이다[73]. 이러한 사유의 과제는 "눈짓의 계속적인 눈짓"이고, 이것이 이 사유에 자신의 명령을 할당한다[74]. 이 명령은 "마지막 신의 지나가버림에 지정된 터전을 마련함"[75]에 존립한다.

하이데거 후기철학의 프로그램을 - 그와 함께 "마지막 신"에 대한 그의 고지 또한 - 이해하기 위해서는, 그리로 이끈 길을 다시 한 번 추적하는 것이 필요하다. 이때 제시되는 것은: 하이데거의 사유길의 모든 단계들을 연결시키는 공통의 단초는 - 형이상학의 새로운 정초를 위한 초기의 시도들로부터 그것의 극복을 위한 맨 나중의 시도에 이르기까지 - "존재론적인 차이 ontologische Differenz"에 대한 가르침이다.

1. "존재론적인 차이" - 하이데거의 사유길의 모든 국면들에서의 지속적인 주제

정신과 대상의 만남을 가능하게 하는 조건은 정신적 인식의 모든 대상들

---

[73] Beiträge 2.
[74] Beiträge 4.
[75] Beiträge 8

과는 구분되어야 한다는 것은 플라톤적 인식론의 근본생각이다. 물리적인 영역에서 빛줄기 자체는 보여 질 수 있는 것이 *아니지만*nicht sichtbar *ist*, 그럼에도 물리적인 봄의 모든 대상들을 보여 질 수 있게 만드는*macht* 것처럼, 모든 정신적 인식의 조건에 대해서도 다음과 같이 말해질 수 있어야 한다: 그것은 인식될 수 있는 것이 *아니라ist* nicht, 모든 것을 인식될 수 있게 만든 *다macht*. 인식조건과 인식대상 간의 차이로서 이러한 플라톤적인 생각은 변형된 형태로 근대의 선험철학 안에서 회귀하고 있다. 그러나 이제 모든 인식의 조건들이 직관과 사유의 형식들 안에서 구해지기 때문에, 인식조건과 인식대상의 구분은 칸트로 하여금 존재론의 종말을 선언하고, 이를 순수 지성의 분석을 통해서 대체하도록 야기했다[76].

선험철학을 새롭게 존재론과 결합시키는 가능성은 이제 중세의 그리스도교적 플라톤주의자들의 생각을 통해서 개시되는 것처럼 여겨졌다: 그들은 모든 인식함의 조건을 "존재" 안에서 구했는데, 그들은 존재를 이제는 물론 모든 "존재자들"과, 즉 모든 가능한 인식의 대상들과 구분해야만 했다. 최상의 인식조건과 모든 인식대상들 간의 차이는 이제 존재와 모든 존재자들 간의 차이로서 기술되었다 - 후에 하이데거에 의해서 "존재론적인" 것으로 지칭된 저 차이로서 말이다.

오랜 동안 이 차이에 대한 고전적으로 타당한 기술은 보나벤투라가 주었는데, 그가 다음과 같이 말했을 때이다: "정신의 눈은 아무 것도 보지 못한다고 생각한다", 말하자면 아무런 인식 가능한 대상도 보지 못한다고, "만일 그 눈이 순수한 존재에로 향해져 있다면, 비록 존재를 통해서만 모든 다른 것이 그 눈과 만나더라도"[77]. 이러한 형식 안에서 존재와 존재자의 구분은 젊은 하이데거에게 알려져 있었다. 왜냐하면 그의 첫 번째 스승인 칼 브라이크Carl Braig가 보나벤투라의 이 문장을 그의 "존재론 개요"에서 모토

---

76 Immanuel Kant, Kritik der reinen Vernunft A 247.
77 Bonaventura, Itinerarium mentis in Deum V, 3.

로서 제시했기 때문이다. 그때부터 "존재론적인 차이"는 그의 철학함의 지속적인 주제로 남았다. 그런데 문제는 이 존재론적인 차이가 어떻게 해석될 수 있는가 하는 것이었다. 이 물음이 하이데거의 사유길을 규정하고 있다.

2. "존재와 시간"에서 "기여"에로의 길

그의 사유길의 처음에, 곧 "존재와 시간"에서, 하이데거는 존재론적인 차이를 이해하기를, 존재가 모든 존재자와의 차이 안에서 무das Nichts로서 경험된다는 것이다. 이런 경험을 우리는 불안 속에서 하는데, 그 안에서 우리의 존재가능은 그 전체가 위태로운 것으로서 그와 함께 "염려"의 대상으로서 입증된다. 이런 불안의 빛 안에서 이제 존재자는 자신의 존재가능에 대한 인간의 염려에 "쓸모 있게" 기여하는 것으로서 나타난다. 그것은, 더 구체적으로 말해서, 물질과 힘들의 앙상블이며, 인간은 자신의 존재가능을 유지하기 위해서 이것들을 이용할 수 있는 것이다. 이 "쓸모 있는 것"이 언제든 다시 인간과 만난다는 것이 "도대체 무엇인가 있고 오히려 무가 아니라는 것"에 대한 인간의 놀람의 근거이다. 그러나 그것은 늘 "불안이라는 무의 환한 밤"이며, 거기서 이 경이가 생겨난다. "형이상학이란 무엇인가?"라는 강연의 첫 번째 해명에서 그는 덧붙이고 있다: 비로소 자신의 "무안으로 나가서 머물러 있음Hinausgehaltensein in das Nichts"을 통하여 "도대체 존재자가 있고 오히려 무가 아니라는 것"에 대한 놀람이 인간에게 가능하게 된다[78]. 그렇기 때문에 무는 존재가, 그것을 통해서 모든 존재자가 우리에게 비로소 그러한 것으로서 경험되는 것인데, 자신을 우리에게 동시에 숨기면서 드러내는 방식, 곧 "존재의 베일Schleier"[79]인 것이다. 그렇게 드러나게 되는 존재는 인간을 자신의 요구Anspruch 아래 세운다: 존재자를 "탈은

---

[78] Was ist Metaphysik?, 8. Aufl. Frankfurt a. M. 1960, 34.
[79] Was ist Metaphysik?, 51.

폐하라는entbergen" 요구. 인간의 사유는 "존재의 요구에 응답한다"[80].

존재론적인 차이는, 이렇게 이해되었을 때, 이 요구가 발원하는 존재와, 인간이 이 요구에 응답하면서 "감추어져있음에서 벗어나게 하는" 그리하여 "탈은폐*a-letheia*"에로 이끄는 존재자 사이의 차이이다[81].

마틴 하이데거의 계속되는 사유길은 이제 다음의 발견을 통해서 규정되는데, 그것은 "무안으로 나가서 머물러 있음", 무에 상응하는 불안의 기분, 그리고 이런 불안에 대답하는 "자신의 존재가능에 대한 염려"가 인간이 "열린 장das Offene"에로 옮겨질 수 있는 유일한 방식을 구성하지는 않는다는 발견이다. 이 "열린 장"을 하이데거는 "환한 밝힘die Lichtung"이라고 명명했다 - 숲 속에서 빛이 비침으로부터 취한 은유, 자유로운 공간으로서의 숲, 그 위에는 "아무 것도" 서 있지 않다, 나무도 아니고 덤불도 아닌. 바로 그 때문에 이 자유로운 공간 안으로 들어서는 동물들이 우리에게 지각될 수 있는 것이다. 그러나 "존재와 시간"에서 기술된 이 자유로운 공간의 특수한 형태는 추가적인 반성 안에서 특별한 시대에 특유한 것으로서 입증된다. 하이데거는 그것을 "기술적인 시대"라 명명하고 있다. 이로부터 하이데거는 하나의 결론을 이끌어내고 있다: 저마다의 시대 안에서 존재의 요구는 인간이 탈은폐의 길로 "보내지는geschickt" 저마다의 특별한 방식으로 감지할 수 있게 된다.[82]

존재론적인 차이는, 이렇게 이해되었을 때, 저마다의 특별한 방식으로 인간에게 자신의 "탈은폐에 대한 몫을 갖다 주는" "보냄들*Schickungen*"과, 인간이 그때마다 열린 장에로 옮겨져 있음의 방식 안에서 탈은폐할 수 있는 존재자 사이의 차이이다.

그러나 기술적인 시대에서 이 운명Geschick은 특별한 형태를 가진다. 하

---

80 Was ist Metaphysik?, 49.
81 Sein und Zeit, 5. Aufl. Tübingen 1941, 222.
82 Die Frage nach der Technik, in: Vorträge und Aufsätze, Pfullingen 1954, 32.

하이데거는 이 형태를 "닦달das Gestell"[83]이라고 부른다. 존재론적인 차이는 이 맥락에서 존재 자체가 인간을 자신의 명령을 통해서 "닦아세우는" 방식과, 그렇게 보내진 인간이 존재자를 탈은폐하는, 말하자면 주문할 수 있는 부품으로서 드러내는 방식 사이의 차이이다. 그러한 부품으로서 존재자는 인간의 욕구를 충족시키기 위해 그의 처분에 맡겨져 있다. 부품은 그것을 위해서 "이 자리에서 저 자리로 가도록 주문 요청되어 있다"[84].

그러나 존재자는 인간에 의해서 부품이 되도록 요구받고 있는 탈은폐의 이 방식에서 늘 자신을 드러낼 수 있을 뿐이기 때문에, 인간이 존재자에 대한 지배력을 행사하고 있다는 것 그리고 존재자의 진리, 곧 인간에 대한 존재자의 드러남은 인간이 "만들어낸 것Gemächte"이라는 외관이 생겨난다. 탈은폐의 이 방식에서 기술적인 실천이 생겨나는데, 이것은 인간과 만나는 모든 것을 포괄하며, 그 결과 인간은 마지막에 있어서 그 자신이 "만든" 것만을 실제로 만나고 있는 그런 세계에서 살아간다. 그렇게 되면 인간은, 그가 이러한 방식의 탈은폐 또한 하도록 능력을 얻게 된 것은, 오로지 존재에 의해서 그렇게 되도록 "보내졌기" 때문이라는 것을 "잊게 된다"[85]. 그는 완전한 "존재망각" 안에서 살아간다. 그렇기 때문에 이러한 시대에 존재론적인 차이는, 인간이 "잊어버린" 존재와, 인간 자신이 접근할 수 있게 만드는, 물론 이제는 주문 가능한 부품들의 형태로 있는 존재자 사이의 차이이다. 이 부품들은 인간이 "만든 것"을 산출하기 위한 천연자원과 에너지원으로서 인간의 처분에 놓여 있는 것이다.

"기여"에서 하이데거는 이로부터 결론을 이끌어내고 있다: 존재망각은 인간이 자신의 진력을 통해서 극복할 수도 있는 실수가 아니라, 존재가 인간을 떠나버린 것 그리고 자신을 스스로 인간에게 "거절하는"[86] 것의 결과

---

83 Die Frage nach der Technik, 27.
84 Die Frage nach der Technik, 24.
85 Die Frage nach der Technik, 35f.
86 Beiträge 405.

이다. 존재론적인 차이는 그렇게 인간에게 "거절된" 존재와, 그에게 그럼에도 여전히 "주어진 채로" 남아 있는 것: "진리의 가장 내적인 비침"을 인간에게 위장하는, 인간 자신의 저 "만들어진 것들"의 연결체 사이의 차이이다.

3. "거절의 최상의 형태"로서의 "마지막 신"

신 혹은 신들에 대한 물음을 위해서는 말해진 것으로부터 다음이 뒤따른다: 열린 장이 환히 밝혀지는 저마다의 방식 안에서 신들 혹은 "신"은 인간과 만날 수 없다. "기술적인 시대"를 규정하는 저 특별한 열린 장의 방식 안에서 신도 신들도 그 이름으로 불려질 수 있도록 출현하지 않는다. 기술적인 시대는, 하이데거가 이를 횔덜린Hölderlin과의 연결 안에서 강조하고 있듯이, "거룩한 이름이 결여되어 있는" 시대이다. 그리고 거룩한 이름의 이 결여가 고지하는 것은, 이 시대에는 신과 신들 자체가 결여되어 있다는 것이다.

그러나 도래하는 "생기" 또한, 하이데거가 "기여"에서 그에 대해 말하고 있는데, 이 거절을 지양하는 것이 아니라, 이를 "진리의 근원적인 본질"로서 드러내준다[87]. 그러나 도래하는 생기 역시 존재의 거절을 지양하지 않고 드러낸다면, "마지막 신"에 대해서도 말해져야만 한다: 그 신은 "거절의 최상의 형태"[88]이다. 그리고 그 점에 그의 본질의 저 고유성이 놓여 있는데, 이를 통해서 이 신은 "존재했었던 신들, 특히 그리스도교의 신과의" 대구 안에서 등장한다. 이전의 신들은, 바로 성서적 신 역시, 의례 안에서 그들의 현상함의 재-현재화를 허용했고 그리하여 예배 안에서 발생하는 의례공동체 혹은 "교회들"의 건립을 가능하게 했다. 그러나 "모든 '의례들'과 '교회들'은 그것들 일체가 존재 한가운데서의 신과 인간의 충돌의 본질적

---

[87] Beiträge 406.
[88] Beiträge 416.

인 준비가 될 수 없다"[89]. 그 반대로: "마지막 신은 우선 이 모든 것을 증오한다"[90]. 마지막 신이 인간에 의해서 경험될 수 있는 방식은 "현전했었던 신들"의 의례들 안에서 거행된 것처럼 "도래"가 아니라, "지나가버림"이다. 그리고 이것 역시 "스스로를 거절하는 자로서의 신의 지나가버림"[91]으로 남는다. 그의 "유일한 가까움"은 바로 "거절 안에서의 마지막 신의 극도로 먼 곳Ferne이며 [...], 그 어떤 '변증법'을 통해서도 모양이 망가지거나 제거되어서는 안 되는 관계이다"[92].

"거절의 최상의 형태"로서의 이 신은 우리에게서 스스로 물러나면서만 우리 "가까이"에 있으며, 우리의 목전에 있지 않고, "지나가버린다". 이때 성서를 연상케 하는 여운은 건성으로 들어 넘길 수 없다: 하느님은 모세의 등 뒤로 지나가기 위해서 그를 바위굴에 세우셨다. "왜냐하면 그 누구도 하느님의 얼굴을 볼 수 없기 때문이다"[93]. 그러나 이 유사점은 그만큼 더 차이를 분명하게 해준다: 모세의 등 뒤로 신의 "지나가버림"은 사막을 거쳐서 약속의 땅으로 가는 백성의 길 위에서 "하느님의 얼굴이 함께 갈 것이라는" 언약과의 연관 속에 존립한다[94]. 이와는 반대로 "마지막 신"에 있어서는 "얼굴의 감춤"이 마지막 말로 남는다. 그리고 그가 "함께 갈" 경우에, 그것은 오직 "거절" 자체가 인간의 모든 길들에서 그의 현재의 유일한 형태인, 그런 방식에서 뿐이다.

4. "기여"를 넘어서는 길?

이 지점에서 다음의 물음이 제기된다: 하이데거의 사유길은 그로 하여

---

89 Beiträge 416.
90 Beiträge 406.
91 Beiträge 412.
92 Ibid.
93 Exodus 33, 20-23.
94 Exodus 33, 12-17.

금 "기여"를 넘어서게 이끌었는가? "예술작품의 근원"이라는 강연은 "진리를 작품에 정립하는"[95] 인간의 과제에 대해서 말하고 있다; 그것이 명백히 전제하는 바는, 인간의 저마다의 작품이 존재자를 처분할 수 있는 "부품으로서 주문하는 것" 안에서 소진되지 않는다는 점이다. "언어에로의 도상에서"란 모음집에서 결합된 강연들은 그 제목을 다른 곳에서 발견되는 중심적인 진술로부터 가진다: "휴머니즘에 관하여"란 서한에서: "존재는, 빛을 환히 밝히면서, 언어에로 온다. 그것은 언제나 언어에로의 도상에 있다"[96]. 여기서 존재는 본질적으로 거절된 것이 아니라, 도래하는 것이며, 사유는 "존재의 도래 안으로, 도래로서의 존재 안으로 매여져 있다"[97]. 운명 Geschick은 그러나 존재가 "자신을 이미 사유에게 보내준" 방식이다[98].

그런데 이 도래의 생기는, 하이데거가 그의 "휠더린의 시작(詩作)에 대한 상론들"에서 상술하고 있듯이, "그 안에서 성스러움이 인사를 하고, 인사하면서 출현하는 바로서의 인사"[99]로서의 축제이다. 그런 인사 안에서도 성스러움은 물론 동시에 자신의 먼 곳을 보전한다: "인사는 인사 받은 자와 인사하는 자 사이의 먼 거리를 펼치는데, 그런 먼 거리 안에서 알랑거림을 필요로 하지 않는 가까움이 정초되기 위해서이다"[100]. 그러나 성스러움의 인사가 인간에게 부여하는 능력은 "시초적인 부름인데, 그것은, 도래하는 자 자신에 의해서 불리어진 것으로, 이것을 그리고 오직 이것만을 성스러움이라고 말한다"[101]: 그 같은 응답하는 인사와 명명 안에서 하이데거는 이제 모든 언사의 근원과 동시에 그것의 완전한 형태를 본다. "말은 성스러움의 생

---

95 Der Ursprung des Kunstwerkes, in: Holzwege, Frankfurt a. M. 1963, 25.
96 Über den Humanismus, Frankfurt a. M. 1947, 45.
97 Humanismus, 46.
98 Ibid.
99 Erläuterungen zu Hölderlins Dichtung, Frankfurt a. M. 1963, 99.
100 Hölderlin 99.
101 Hölderlin 74.

기이다"¹⁰². 성스러움의 이 생기 안에서 비로소 언어 안에 "거주하는" 인간의 능력이 발생한다.

사유는, 그렇게 이해되었을 때, 존재에게 그것의 늘 새롭게 생기하는 도래의 터전을 마련해주는 과제를 갖는다 – 신성의 생기하는 재림을 위한 터전들로서 종교의 사원들에 비견할 만한 것으로서. 사원들은 신의 집들인데, 신성이 "모든 하늘 너머의" 자신의 먼 곳을 지향하게 되리라는 의미에서가 아니라, 신성이 이 집들 안에서, 불려 질 수 있게 현존하기 위해서, 늘 새롭게 도래한다는 의미로 말이다. 이 집들 안에 "신적인 이름이 거주한다". 종교들의 그와 같은 사원들 안에서 신적인 이름이 거주하는 것처럼, 그렇게 "존재의 집"이 언어인 것이다. "언어는 존재의 집이다"¹⁰³. 그러한 "신적인 이름의 집들"은, 종교들의 자기이해에 따르면, 오직 신성 자신만이 건립할 수 있다. 그럼에도 불구하고 인간은 그것들을 "함께 건축하도록" 불림 받았다. 비교할 만한 의미로 "인간은 존재의 집에서 함께 건축한다"¹⁰⁴. 그러나 언어 역시, 종교들의 사원들과 똑같이, 오직 생기하는 도래라는 의미에서 "집"이다. "존재는, 스스로를 환히 밝히면서, 언어에로 온다. 그것은 늘 언어에로의 도상에 있다"¹⁰⁵. 시편의 저자가 "주님의 집에 거주하는"¹⁰⁶ 자들을 복되다고 찬양한 것처럼, 그렇게 하이데거는 다음처럼 말할 수 있다: "언어는 동시에 존재의 집이며 인간존재의 숙소이다"¹⁰⁷. 인간은 말을 하면서 이 집에 거주한다. 그렇기 때문에 "관건이 되는 것은 언어의 말함 안에 거주함을 배우는 것이다"¹⁰⁸.

여기서부터 "신"이나 혹은 "신들"에 대해서도 새로운 방식으로 말해질

---

102 Ibid.
103 Humanismus 5.
104 Humanismus 42.
105 Humanismus 45.
106 Ps 84,5.
107 Humanismus 45.
108 Unterwegs zur Sprache, Pfullingen 1959, 33.

수 있다. "기여"에서는 존재거절이 "마지막 신의 지나가버림" 안에서 그 경험할 수 있는 형태를 획득하고 있다; 이를 통해서 그것은 망각으로부터 벗어나게 되고, "진리의 가장 내적인 비침"으로서 인식가능하게 된다; 이와는 반대로 자신의 후기저술에서 하이데거는 인간이 그 안에서 "거주하는" 신의 "가까움"에 대해서 말한다: "인간은, 그가 인간인 한에서, 신의 가까움 안에 거주한다"[109].

하이데거의 이 모든 언명들은 비록 ["기여"보다] 먼저 출간된 것이기는 하나, "기여"의 글보다도 나중에 작성된 것이다. 그래서 진리의 근원적인 본질로서의 거절에 대한 언사 그리고 "스스로를 거절하는 자"로 남아 있는 신의 "지나가버림"에 대한 언사는 하이데거의 마지막 말로 남은 것이 아니다. 이러한 확인이 다음의 물음들을 열려준다. 후기 하이데거는 "마지막 신"이 모든 의례적인 것을 "미워하는" 그 "증오"를 넘어섰는가? 벌어진 축제에서 생기하는 "도래로서의 존재"에 대한 언사는 "진리의 근원적인 본질"로서의 "거절"에 대한 이전의 언사를 무력하게 했는가? "기여"는 "수평기로서" 모든 도래하는 "실행"에 기여하는 것을 멈추었는가? "마지막 신"은 하이데거의 사유길에서 진정으로 "마지막 것"으로 남았는가?

5. 사유와 역사 – 관계규정의 이중적 측면

우리가 그렇게 물을 경우에, 하이데거의 사유길의 상이한 국면들에 속하는 텍스트들의 비교는 다음을 보여준다: 하이데거가 역사와 맺는 인간적 사유의 관계를 이해하는 방식은 긴장 가득한 이중적 측면을 드러낸다: 한편으로는, 존재자가 우리와 늘 "쓸모 있는 것"의 형태 안에서 만난다는 것, 그래서 우리가 그것을 존재가능의 유지를 위해서 이용한다는 것은 특정한 시대의 표지이다. 다른 한편으로, "무안으로 나가서 머물러 있음"은 인간적

---

[109] Humanismus 39.

현존재의 특징이다; 그렇기 때문에 존재자에 대한 물음은 언제나 이미 우리의 존재가능의 유지를 위해서 쓸모 있는 것으로 입증되는 것에 대한 추구이다. 하나의 관점 아래서 존재자에 대한 물음의 시대-특징적인 맥락으로서 나타나는 것이 다른 관점 하에서는 존재자 일체에 대한 물음의 근거로서 입증된다. 그 물음이 유럽적인 형이상학의 저마다의 시대에서 제기된 것처럼 말이다. 그러나 그렇게 되면 방금 "기술적인 시대"의 특징으로서 나타난, 존재자를 발견하는 저 방식은, 곧 쓸모 있는 재료들과 힘들에 접한 처분 가능한 "부품들"의 발견은, 형이상학만큼이나 오래된 것이며, 그것이 의미하는 바는 이렇다: [존재자를 발견하는 저 방식은] 유럽적 사유 일체의 역사만큼이나 오래된 것이다.

    이러한 이중적 측면이 하이데거가 신 혹은 신들에 대해서 말하는 방식 또한 규정한다. 한편으로는, 인간이 존재자를 오직 자기의 고유한 산출을 위한 원자재와 에너지의 원천으로서만 아는 것은 기술적인 시대의 특징이다; 그러나 이런 세상에서는 신도 신들도 출현하지 않는다. 그렇게 사유하는 인간에게 신은 "거절되어" 있다. 역사의 다른 시대들 안에서 신 혹은 신들은 인간에게 가까이 있었으며, 도래하는 시대에는 신의 결정적인 도래가 생기할 수도 있다. 다른 한편으로는, 존재자에 대한 물음은 언제나 이미 저 "무안으로 나가서 머물러 있음"을 통해서 규정되어 있으며, 이것이 인간으로 하여금 부득이 존재자에 대한 물음을 늘 이미 자신의 존재가능에 대한 염려를 위해서 처분 가능한 것으로 존립하는 것에 대한 물음으로서 제기하도록 만든다. 그렇게 되면 "거절"은 신이나 신들이 인간에게 "주어져" 있는 유일한 형식이다: 인간이 그에게 거절되어 있는 것으로서 경험하는 저 현실로서. 아마도 도래하는 신 역시 늘 단지 "지나가버리는" 저 신일 수 있다. 인간의 길들과 진실로 교차함이 없이 말이다. 그리고 그 점에서 그 신은 진실로 "모든 존재했었던 신들과는 전적으로 다른 신"으로서 입증되었다는 것인데, 이때 모든 존재했었던 신들을 위해서는 생기하는 도래의 다양한 형식들이 (무엇보다도 의례의 축제 안에서) 특징적이었다. 아울러 그 신은 "특히 그리스도교의 신과는 다른" 것으로 입증되었다는 것인데, 이때 그리스도교의 신은 "가까이 도래한 자"로서 고지되고 있다.

이제 다음이 제시되었다: 이 독특하게도 긴장 가득한 이중적 측면은 하이데거가 "존재론적인 차이"를 이해하는 특정한 방식의 결과이다: 존재는, 플라톤의 "빛"처럼, 단지 정신적 인식의 대상들이 "가시적이" 되기 위한 조건만은 아니다; 그것은 (직관과) 사유를 탈은폐의 그때마다 특정한 방식에로 재촉하는 규정적인 힘이다. 존재는 그런 한에서 우리에게 "생각하도록 명하는 명령Geheiß"의 유래이며, 우리를 이러한 탈은폐의 그때마다 특정한 방식에로 "보내는 역운Geschick"의 유래이다. 그러나 "명령"과 "역운歷運"은 결코 존재자로부터 나오는 것이 아니라, 늘 배타적으로 존재로부터 나오는 것이기 때문에, 존재자는 사유의 역사에 그리고 그와 함께 "존재자의 진리"의 역사에 능동적으로 영향을 끼침이 없이 남는다; 그것은 우리의 직관과 사유가 향하는 한갓 대상으로 남는다. 그런 한에서, 시대들의 모든 변천에도 불구하고, 인식된 것에 대한 사유의 "통치권"은 굴절되지 않은 채 남는다. 그리고 "통치적 앎"의 이러한 성격이 "기술적 시대" 안에서 있는 그대로 드러나는 것이다. (유럽적인) 사유의 전체적인 역사는, 그렇게 보았을 때, 이론과 실천의 전사가 되는데, 인간은 그 안에서 단지 자기 자신이 "만든 것"하고만 상관이 있는 것이다.

그러나 그러한 사유에게 존재는 스스로를 감추고 신은 스스로를 거절하기 때문에, 존재의 이러한 은폐와 그것에 상응하는 신의 거절은 하나의 단일한 시대에 국한된 것이 아니라, 우선은 감추어진 방식일지라도, 존재와 신에 대해서 본질적인 것이다. 그리고 일어날 수도 있는 "도래하는 신" 또한 오직 거절의 방식 안에서 "지나가버리는" 자일 수 있다. 짧게 말하자면: 오직 존재만이, 존재자가 아니라, "명령하는" (지시하는) 자로서 그리고 "보내는" 자로서 파악될 수 있다는 것이 존재론적 차이라는 말로 이해되는 내용이라면, 지금까지의 모든 신들과의 작별, "그리고 특히 그리스도교적인 신"과의 작별은 변경될 수 없는 것이다; 그리고 철학은 결코 신앙이 말하는 신과 동일한 신에 대해서 더 이상 말할 수 없다.

이로부터 독자를 위해서 이해의 과제들이 생겨나는데, 만일 그가 단지 하이데거의 진술들만을 반복한다면 이 과제들을 채울 수 없게 된다. 그 대신에 청자는 책임 있는 들음에 진력해야만 할 것이다. 그러한 들음은 동시에 비판적인 물음을 포함하고, 계속되는 주석을 위해 진력한다. 책임질 준비가 된 청자는 그가 하이데거에게 비판적인 물음을 제기하는 곳에서도, 그가 우선은 그와 같은 물음들을 던질 수 있기 위해서 얼마나 하이데거에게 배워야만 했는지를 상기할 것이다. 그러나 바로 그러한 배움 안에서 그는, 그가 하이데거에게 빚지고 있는 통찰들이 바로 두 번째 행보에서 그가 하이데거의 철학에 대해 비판적으로 제기하는 물음들을 생겨나게 했다는 경험에 눈을 감지 않을 것이다.

B. 책임 있는 들음의 시도들과 계속되는 주석의 과제들

후기 하이데거는 진술이라는 언어형식을 불신하고 있다. 왜냐하면 진술은, 그 논리적 형식에 따라서, 주체가 대상에 대해 내리는 "판단"이기 때문이다. 그런 한에서 진술은 주체가 대상들을 자신에게 복속시키려는 지배의지의 표현으로서 나타난다. 하이데거는 이러한 지배의지를 그릇된 것으로 판단하기 때문에, 진술의 형식을 일관되게 멀리하고 "눈짓을 계속해서 눈짓하는 것"에 자신을 국한시키기를 원한다. 그러나 그와 함께 저마다의 반대-진술의 가능성도 처음부터 배제되었다. 그렇기 때문에 근거와 반대근거를 저울질 하는 모든 시도 역시 처음부터 그릇된 것으로 나타난다. 하이데거의 후기철학은 그렇게, 그것의 자기이해에 따라서, 모든 토론에서 벗어나 있다. 물론 그와 함께 제기되는 물음은, 말해진 것에 대한 책임 있는 들음이 그런 방식으로 여전히 가능한가 하는 것이다. 왜냐하면 비판적인 물음이 근본적으로 배제되는 곳에서 그리고 늘 단지 철저한 몰이해의 표지로서만 평가되는 곳에서, 들음Hören은 한갓 예속Hörigkeit으로 변화된다. 들은 것을 통해서 스스로 비판적인 되물음을 던지도록 야기되는 자만이 책임 있는 방식으로 듣는 것이다. 이것은 하이데거가 존재론적인 차이에 관하여 그리고 이 맥락에서 "마지막 신"에 관하여 말하는 것에 대해서도 타당하다. 왜냐하면 오직 "기여"에서 표현되고 있는, 존재론적인 차이에 대한 저 이해만이, "마지막 신"을 "거절의 최상의 형태"로 이해하는 것을 가능하게 그리고 필연적으로 만들기 때문이다.

1. "존재의 호의"와 "존재자의 요구"에 대한 물음

책임질 준비가 되어 있는 청자가 하이데거로부터 상기되도록 해야 할 내용은, 인간이 존재자를 만나야만 한다면, 열린 장 안으로의 옮김이 늘 이미 발생해야만 한다는 것이다. 비로소 그런 다음에야 그는 이 존재자에 대한 인식을 구하기 시작할 수 있다. 열린 장으로의 이 옮김은, 모든 인간의 행위에 앞서서, 이미 늘 인간이 있는 그대로의 자신이 존재하는 방식을 통해서 주어져 있다. 초기 하이데거는 그렇기 때문에 이렇게 말할 수 있었다: 현존재는 자신의 "터Da"를 집에서부터 함께 운반한다. "시간과 존재"를 뒤따르는 저술들에서 그는 이렇게 해석하고 있다: 인간은 열린 장으로의 자신의 옮김을 그가 강요할 수 없었던 "존재의 호의Gunst"에 빚지고 있다.

계속해서 그러한 청자는 이러한 "호의"가 동시에 "요구Anspruch"를 내포하고 있다는 것을 의식하게 될 것이다: 인간이 자신의 "탈은폐에 대한 관여"를 넘겨받으면서, 그가 부응하는 저 요구를. 그러나 그는 물을 것이다: 그로부터 존재론적인 차이에 대한 저 이해가, 그에 따르면 존재자가 아니라 오직 존재만이 인간을 요구아래에 세운다는 것인데, 필연적으로 귀결되는가? 존재자가 우리를 윤리적으로 의무지우고, 미적으로 열광시키고, 혹은 종교적으로 숭배하도록 재촉할 때, 우리는 존재자의 요구를 경험하는 것 아닌가? 우리가 경험하는 존재자의 다양한 요구들은 그 안에서 존재의 요구가 홀로 우리에게 감지되는 불가결의 현상형태들일 수 있지 않을까?

왜냐하면 우리가 보여줄 수 있는 것은, 우리가 존재자의 요구를 경험하는 방식들의 긴장 가득한 다양성은 모순들을 생겨나게 한다는 것이며, 그리고 이러한 요구들의 각각이 자신의 객관적 타당성과 의무지우는 힘을 잃어버리지 않으려면 이 모순들은 해소되어야만 한다는 것이다. 이러한 해소를 위해서는 다음의 해결가능성이 제안된다: 존재자가 우리를 '압류하는in Anspruch nimmt' 모든 방식들은 – 윤리적 의무 지움의, 미적인 열광의, 그리고 종교적 숭배의 요구의 방식 안에서, 그러나 또한 우리의 이론적 판단의 규준성의 방식 안에서 – 한갓 *현상형태*들인 것이다; 그렇기에 그것들은 모순적인 것이다. 그러나 그것들 안에서 그것들의 참된 *의미내용*으로서 나타나는 것은 존재의 요구이다; 그렇기에 그것들은 지속적인 구속력을 가지며, 정직하게 사유하는 자는 회의주의의 그 어떤 "궤변"을 통해서도 이 구속력을 가려지게 하지 않는다.

2. 존재론적 차이에 대한 새로운 해석: 현상형태와 의미내용의 구분

방금 암시한 방식으로만 존재에 대한, 존재의 요구에 대한, 그리고 존재와 모든 존재자의 차이에 대한 언사는 그 정당성의 근거를 얻게 된다. 왜냐하면 존재에 대해서 말하며 그것을 모든 존재자와 구분하는 자는, 그가 존재와, 존재의 "호의"와, 그리고 존재의 요구와 직접적인 관계를 획득했다는 주장을 통해서 자신의 언사를 정당화할 수 없기 때문이다. 이러한 정당화는 오히려 다음의 입증 안에 놓여 있는데, 그것은 존재자의 요구들이 그 안에서 존재의 요구가 우리에게 감지되는 바로서의 현상형태들로 이해되지 않을 경우에, 그것들은 상호 간의 모순들을 통해서 서로를 폐기할 위험에 처하게 된다는 것이다.

이 자리에서 덧붙여 언급해야만 하는 것이 있다: 임마누엘 칸트는 형이상학이 "존재론이라는 의기양양한 명칭을 벗도록"[110] 요구했는데, 본인이 의식함이 없이, 이성-변증법에 대한 자신의 가르침을 통해서, 그럼에도 불구하고 "존재"에 대해서 말하고 이를 모든 존재자와 구분하는 것을 정당화

---

110 Immanuel Kant, Kritik der reinen Vernunft, Ausg. A (1. Auflage Riga 1781), 247.

하는 근거를 제시했다: 칸트가 "그 자체에 있어서 목적"으로서 승인받으려는 동료인간들의 요구에서 범례적으로 제시한 존재자의 요구는 또 다른 요구의 현상형태로서 입증되고 있다; 칸트는 그것을 "신적인 계명"이라 부르고 있다. 신의 이 요구는 존재자의 모든 요구들과 구분되며, 그럼에도 불구하고 우리가 오직 존재자의 요구를 - 언급한 보기에서는 동료인간들의 윤리적인 요구를 - 경험하면서만 감지된다.

확실히: 칸트가 말하는 신적인 계명은 하이데거가 "존재의 요구"라고 명명하는 그것은 아니다. 그럼에도 불구하고 두 경우들에서 회귀하는 관계가 기술될 수 있다. 신적인 계명은 우리가 경험하는 존재자의 저마다의 요구와, 동료인간들의 윤리적 요구와도, 상이하다: 오직 그렇기 때문에 우리는 그 어떤 변증법을 통해서 잘못 인도되는 것을 두려워해야함이 없이, 신적 계명에 우리를 유보 없이 신뢰하며 내맡길 수 있다. 그러나 우리가 존재자의 요구를, 동료인간들의 요구 역시, 이해하게 되는 것은, 오직 우리가 그것을 그 의미내용이 신적인 계명인 바로서의 [신적인 계명의] 현상형태로서 파악하는 경우뿐이다. 마찬가지로 존재의 요구는 존재자들의 모든 요구들과도 상이하다; 그럼에도 불구하고 우리가 존재자의 요구를 이해하게 되는 것은, 오직 우리가 그것을 그 의미내용이 존재의 요구인 바로서의 [존재의] 현상형태로서 파악하는 경우뿐이다.

여기서 제안된 것처럼 존재론적인 차이를 현상형태와 의미내용 간의 차이로 해석하는 것은 분명히 하이데거의 견해와 모순되는 것이기는 하다. 그러나 이어지는 숙고가 보여줄 것은 이렇다: 이러한 해석은 하이데거의 사유가 연루된 몇몇의 난제들Aporien을 극복하는 데 적합하며, 이를 통해서 하이데거 자신이 철학적 사유에 제기한 과제들을 이행하는 데 적합하다. 이 난제들의 첫 번째 것은 이미 분명하게 되었다: 존재론적 차이에 대한 자신의 이해를 통해서 하이데거는 스스로 논증과 반대논증을 저울질하는 모든 가능성에서 벗어나고 있다. 존재자가 우리를 자신의 요구 아래 세운다는 것에 이의를 제기하는 자는, 그와 함께 존재자 자체를 평가 절하한다. 그는 존재자와 그것의 요구를 더 이상 현상형태로서, 즉 그것의 구체적인 기술에 즉해서 의미내용, 곧 존재의 요구에 대한 저마다의 진술이 확증되어야 하는 그런 현상형태로서 파악할 수가 없다. 그런데 그가 동시에 존재와의 직접적인 관계에 도달했다는, 존재의 요구와 호의를 "보고" 있다는 주장을 할 경우에, 그는 자신이 내세우는 이 주장의 정당성을 논증을 통해서 검토할 그 어떤 가능성도 갖지 못한다. 그렇게 되면 독자 역시 각각의 고유한 책임을 포기해야만 한다. 왜냐하면 참된 것을 직접적으로 "보았노라고" 주장하는 자는, 다음과 같은 인상을 일깨우기 때문이다: 그렇게 말해진 단어의 진리를 자신의 편에서도 "보지" 못하며 그래서 근거들을 요구하는 자는, 단지 그가 이 존재의 진리에 대해서 "눈이 멀었다"는 것만을 증명한다.

이미 이 지점에서 비판적인 물음들을 피할 수가 없다: 존재론적인 차이에 대한 저 이해는, 그에 따르면 존재자가 아니라 오직 존재만이 인간을 압류하는데, 존재자를 인간적 "탈은폐"의 한갓 대상으로서 격하시키는 것을 내포하지 않는가? 존재론적 차이에 대한 그러한 이해는 이미 하이데거 자신의 사유길의 계속되는 진행 안에서 점증하는 철저성으로 비판하려 했던 저 과학주의적인 존재자 이해를 포함하고 있는 것이 아닌가? 보다 철저하게 묻는다면: 존재론적인 차이에 대한 이러한 이해 자체가, 후기 하이데거가 정당하게도 "최상의 위기"의 근원으로서 기술한 저 "존재망각"의 고유한 종류의 출처가 아닌가? 말하자면 존재의 요구를 존재자의 요구 저편에서 감지하고 싶어 하는 자가 곧 알아차리게 될 것은, 이 요구는 그런 방식으로는 감지될 수 없다는 것이다; 그리고 그것은 그를 쉽게 오늘날 널리 유포된 의견에 오도할 수 있는데, 그에 따르면, 존재에 대한 언사는 특정한 전통의 존재론의 전혀 입증되지 않은 전제라는 것이다. 그리고 후기 하이데거가 "진리의 가장 내적인 본질"로 간주하고 있는 "존재거절" 그 자체도 다음과 같은 사정의 결과일 수 있다. 곧, 인간이 존재를 "모든 사물들 안에서 그리고 동시에 그것들 너머에서" 구하는 대신에 존재에 대한 직접성을 요구할 경우, 존재는 실제로 인간에게 "거절된 채" 남는다는 것이다: 존재를 현상하는 것으로서 구하는 대신에, 그것의 현상형태들이 우리를 압류하는 존재자들인데 – 전통이 신을 "모든 것 안에서 그리고 모든 것을 넘어서서in omnibus et supra omnia" 구한 것과 비슷하게도.

3. "열린 장"의 교체하는 형태들과 사유의 역사에 대한 물음

여기서 고지된 비판적인 물음들은 동시에 "역운Geschick"과 그것의 "보냄들Schickungen"에 대한 하이데거의 가르침에 새로운 빛을 던진다. 책임질 준비가 되어 있는 청자가 하이데거를 통해서 주목하게 될 내용은, 우리가 그 안으로 옮겨지는 열린 장은 상이한 시대에 저마다 특별한 형태를 취할 수 있다는 것이며, 우리가 존재자를 "기술적 시대"에 탈은폐하는 방식은, 말하자면 우리의 사용을 위해서 준비시켜 두는 "부품들"의 연결체로서, 이 "열린 장"의 역사적으로 특수한 방식을 전제한다는 것이다: "고유한 존재가능에 대한 염려"의 저 지평을, 그 안에서 우리는 존재자를 늘 단지 "쓸모 있는 것"으로서 발견하며, 이러한 우리의 존재가능의 보장을 위해서 그것을 마련하고 준비해두는 것이다. 계속해서 그러한 청자가 의식하게 될 내용은, 우리가 존재자를 탈은폐하는 이러한 방식은 자의적으로 선택한 것이 아니라, 우리 편에서 "존재자를 부품으로서 탈은폐하도록 몰아세워졌다"[111]는 것이다; 이 부품은 자기편에서 "이 장소 저 장소에 있도록 주문된"[112] 것이다. 그러나 동시에 그러한 청자는 물을 것이다: 그로부터 필연적으로 존재론적인 차이에 대한 저 이해가 귀결되는가? 그것에 따르면, 우리가 "열린 장으로 옮겨지는" 방식은 전적으로 존재에 의해서 "보내지는" 것

---

111 M. Heidegger, Die Frage nach der Technik, 28.
112 Die Frage nach der Technik, 24.

이며, 그에 반해서 존재자와 그리고 그들과의 우리의 교제는 이 "역사의 드문 결정들"에 어떤 지분Anteil도 갖고 있지 않다는 것이다. [이런 이해와는 달리] 존재자가 우리를 자신의 요구 아래 세우고, 지금까지 확증된 우리의 경험맥락을 분쇄하고 새로운 맥락들을 구축하도록 우리를 재촉하는 것은 아닐까? 그 안에서 지금까지 알려진 것 역시 새로운 방식으로 우리와 만나며, 우리에게 탈은폐의 새로운 방식에로 나가도록 도전하는 것이 아닐까?

유럽철학의 창시자들로 하여금 오도하는 가상 안에서도 여전히 진리의 현상형태를 드러내도록 재촉한 것은 존재자의 요구가 아니었던가? 이때 그 진리는 물론 현상들에 대한 비판적 주석을 통해서 드러날 수 있었던 것이다. 왜냐하면 오직 비판적 주석을 통해서만, 금언이 된 고대 인식론의 한 규칙이 요구하듯이, "현상들을 구하는 것Phänomene zu retten"이 가능해졌기 때문이다. 현상들을 "**구한다**"는 것이 의미하는 바는: 현상들이 인식하는 인간에게 아무런 규준적인 것도 말할 것을 안 가진듯한 외양에서 현상들을 보호하는 것. 이것은 근대의 학문에 대해서도 타당하지 않은가? 하이데거가 생각하고 있듯이, 진실로 지배의지가 근대 학문의 시초에 놓여 있는가? 오히려 지성적인 "봄"에서처럼 물리적인 봄에서의 모든 "착시"가 유발한 주관의 자기비판과, 이 자기비판을 모든 학문적 절차의 원리로 만든 의지가 시초에 놓여 있는 것이 아닐까? 그리고 이러한 자기비판적인 절차는, 존재자가, 인간의 모든 자기-기만에도 불구하고, 마침내 "그것이 무엇인지를 보여줄 수 있다"는 목적에 기여하지 않는가? 그렇게 심지어 저 도전적인 "세움Stellen"은, 하이데거의 해석에 따르면 그것은 특별히 근대의 실험적인 인식절차의 표지인데, 사물들의 저 진리를 드러내려는 의지에 의해서 주도된 것이다. 그 진리의 힘으로 사물들은 관찰자에게 참된 것과 그릇된 것의 척도들로서 마주서게 된다.

그 점에 이제 하이데거의 사유 안에 있는 난점이 놓여 있는데, 이것은 여기서 제안된 존재론적인 차이에 대한 이해를 통해서 해소될 수 있다: 하이데거에게 결핍되어 있는 경향, 곧 학문을 역사적으로 공정하게 대하려는 경향의 결여는, 가령 존재자의 요구를 이 역사의 진척시키는 계기로서 인식하는 것이 그에게 성공하지 못했다는 것의 결과인가?

다시금 이 지점에서 계속되는 비판적 물음을 피할 수가 없다. 하이데거가 우선은 근대의 특수성으로서, 그런 연후에는 전체적인 유럽 역사의 규정적인 원리로서 동일성을 확인할 수 있다고 믿은, 사물들에 대한 저 관점은, 오히려 이 사유의 특정한, 비록 영향력 있기도 했지만, 오류형태의 결과가 아닐까? 이 사유가 자신의 생성과 역사적 발전을 빚지고 있는 바로서의 존재자의 저 요구를 잊을 때, 비로소 사유에게 존재자 자체는 전체에 있어서 주문할 수 있는, 물질과 힘들의 부품들의 연결체로 변화된다. 이 부품들은 교체하는 필요들의 충족을 위해서 사유의 처분에 맡겨져 있다. 이런 의미에서 우리는 바로 하이데거의 묘사에 맞서서 반대테제를 감행할 수도 있을 것이다: 어떤 경우에도 우선적인 것은, "존재망각"이 아니라, "존재자와 그것의 요구에 대한 망각"이다. 이것이 다음에로 이끄는데, "인간은" - 혹은 아마도 더 겸손하게 표현한다면: 수많은 인간은 작금의 시대에서 - 여전히 오직 그들 스스로 "만든 것들"로만 구성된 세계에서 살아가고 있다.

4. "존재망각" – 불가피한 "운명"인가?

방금 대략적으로 제기한 물음들은 근세의 "존재망각"에 대한 하이데거의 묘사와 그것을 "존재거절"의 결과로서 주석한 그의 관점을 비판적으로 검토하는 것을 가능하게 할 것이다. 책임 있는 청자는 하이데거에 의해서 다음의 내용에 대한 시선을 벼리게 될 것이다. 곧, 근세의 학문과 기술에 대한 만연한, 심지어 지배적인 이해는 존재자를 단지 "주문할 수 있는 부품들"로서만 알고 있으며, 이를 통해서 이러한 이해는, 우리가 마치도 늘 스스로 이론과 실천의 규칙에 따라서 산출한 것하고만 관계하고 있다는 외양에 굴복해 있다.

그러나 다시금 청자는 물을 것이다: 그로부터 필연적으로 존재론적인 차이에 대한 저 이해가 도출되는가? 그에 따르면, 존재는 그것의 "근원적인 본질"에 따라서 "거절된 것"이며, 반면에 오직 존재자만이 인간에게 자신을 제시하고, 더욱이 "주문할 수 있는 부품"의 방식으로서 그러하다는 것이다. 만일에, 말하자면 마지막에 제시된 것처럼, 학문과 기술 또한 존재자의 요구가 감지된 데서부터 발원했고, 인간이 자신의 이론과 실천 안에서 그 요구에 상응하려한 데서 생겨났다면, 이때 계속되는 추론이 불가피하게 된다: 하이데거가 적절히 묘사한 저 "최상의 위기"는 학문과 기술의 "본질"로부터 생겨나는 것이 아니라, 대중화된 그리고 바로 그 때문에 영향력 있는 학문적-기술적 시대의 자기-오해로부터 생겨난다; 그러나 인간은 이 자기-오해에 대해서 스스로 책임을 져야 하는 것이다.

물론 존재자가 더 이상 인간이 자신의 이론과 실천 안에서 상응해야 하는 요구의 근원으로서 이해되지 않는 곳에서, 존재자의 이 요구는 또한 더 이상 인간에게 존재의 요구가 감지될 수 있는 현상형태로서 파악될 수 없게 된다. 그렇게 되면 실제로 존재 역시 인간에게 "거절된" 것이며, 다시 말해서 접근할 수 없게 된 것이다. 그러나 이를 통해서 거절이 "진리의 가장 내적인 본질"임이 분명해지는 것이 아니라, 거절은 스스로 책임이 있는 인간적 월권의 결과를 제시한다는 것이 분명해진다. "존재거절"이 그렇게 이해될 경우에, 그것은 "신의 분노"에 대한 전통적인 가르침의 유비에 따라서 주석되도록 인간을 재촉한다: "자기 자신의 죄과의 증언으로서 그리고 '오 하느님, 당신은 교만한 자들에게 맞서는 분입니다'라는 고백에 대한 증언으로서 testimonium peccati sui et testimonium quia superbis, Deus, resistis"[113].

---

[113] Aurelius Augustinus, Confessionum Libri XIII, Lib. I. cap. I.

5. "신의 지나감" – 한갓 "지나가버림"인가?

주의 깊은 독자가 하이데거를 통해서 주목하게 될 것은, 기술적 시대에는 존재자를 탈은폐하는 하나의 특별한 방식이 경험의 모든 다른 방식들의 척도가 되었다는 것이다: "도전적인 세움Stellen", 그것에 모든 존재자는 단지 "주문할 수 있는 부품들"의 연결체로서 접근가능하게 된다. 존재자를 만나는 다른 모든 방식들, 무엇보다도 존재자가 자신의 미적인, 윤리적인 혹은 종교적인 요구를 인간에게 타당한 것으로 만드는 그런 방식들은 더 이상 객관적으로 타당한 "경험들Erfahrungen"으로서 평가되지 않고, 단지 주관적인 "체험들Erlebnisse"로서 평가된다. 그 같은 청자는, 하이데거를 통해서 가르침을 받고, 신은 그러한 "체험-문화"에 늘 자신을 "거절한다"는 것을 파악하게 될 것이다. 왜냐하면 신은 자신을 종교적인 "체험굶주림"의 충족에 사용되도록 하는 모든 시도들을 비웃기 때문이다.

그러나 그로부터 필연적으로 존재론적인 차이에 대한 저 이해가 귀결되는가? 그에 따르면, 인간에게 모든 미래에 대해서도 자신을 "거절하는" 것은, 존재에게 본질적인 것일 뿐만이 아니라, 신 역시, 만일 그가 도대체 다시금 경험될 수 있어야만 한다면, 단지 "거절의 최상의 형태"로서만 경험될 수 있다는 것이다. 바로 "소수의 사람들"을 증인으로 끌어대는 일은 – 그 가운데에는 누구보다도 하이데거가 일련의 강연들을 헌납한 횔더린이 있는데 – "도래"의 다른 가능성들을 지시하지 않는가? 이 신의 "지나가버림"은, 만일 그가 미래에 생기해야만 한다면, 인간에게 "탈은폐된 얼굴"의 저마다의 형태를 거절해야만 하는가? 이 신은 인간의 길들과 실제로 접촉함이 없이 그저 "지나가" 버리는가? 이미 앞선 자리에서 지적된 것처럼, 하느님의 "지나감Vorübergang"에 대한 성서적 언사는 그 같은 "지나가버림 Vorbeigang"과는 또 다른 가능성에 대해서 말하고 있다.

이 강연의 앞선 절에서 암시된 "존재거절"에 대한 숙고는 "지나가버림"

에 대한 다른 주석을 시사한다. 말하자면 "거절"이 인간적 죄과의 결과라면, "신의 지나가버림" 역시 이 맥락에서 저 보호하는schonende "지나감"으로서 간주되어져야 하는 것이 아닐까? 이를 통해서 신은 자신에게 열려져 있는 사람들을 "이집트의 모든 신들에 대한 심판"에서 제외시킨 것이다[114]. 이런 의미에서 유대교의 과월절은 수백 년의 시간을 거치면서도 신적인 "지나감"의 축제로서 거행되어 왔다: "… 왜냐하면 그것은 파스카Passah, 곧 주님의 지나감이기 때문이다"[115].

6. "존재의 본질"로서의 자유 – 그리고 존재론적인 차이에 대한 새로운 이해?

"지나가버림"에 대한 그러한 이해는 물론 동시에 존재론적 차이에 대한 또 다른, 하이데거와는 상이한 이해를 내포할 것이다. 말하자면 여기서 제안된 것처럼, 존재거절을 인간적 일탈행위의 결과로서, 그리고 이런 의미에서 "심판"으로서 주석되어져야 한다면: 이 심판의 한복판에서 이미 다가오는 속죄가 고지되고 있지 않은가? – 신적인 심판의 한가운데서, "그 반대의 상으로sub contrario", 즉 심판과는 정반대의 현상형태 안에서 속죄하는 은총이 작용하고 있음에 대해서 신학자들이 말하는 것처럼. 그러나 그렇다면 다음과 같은 열린 양자택일이 "진리의 근원적인 본질"에 속하는 것 아닌가? 오직 거절만이 – 그리고 그와 함께 심판이 – 존재의 "유일무이한 근접"에 대한 형태를 제시한다는 것에 머물러야만 할 것인지, 혹은 "존재의 호의"가 – 그리고 그와 함께 은총이 – 다시금 꾸밈없이 등장하게 될 것인지의 열린 양자택일 말이다.

"존재론적인 차이"는 그렇게 되면 다음의 형태를 취하게 된다: 존재자

---

[114] Exodus 12,12.
[115] Ex 12,11. 불가타(Vulgata) 판에 따름.

가 저마다의 시대에서, 비록 교체적인 형태에서이긴 하지만, 인간적인 탈은 폐에 접근할 수 있는 것이 되는 필연성에 종속되는 반면에, 존재의 본질은 저 주권적인 자유인 것이다. 그 자유의 힘으로 존재는 거절과 새로운 증여 *Zuwendung* 사이에서 결정을 내린다.

이 결정에서 위험에 처해 있는 것은 다음의 방식으로 기술된다: 존재가 스스로를 거절한다면, 이것이 귀결시키는 것은, 존재자가 더 이상 요구의 다양한 방식들의 유래로서 만나지는 것이 아니라, 인간이 자신의 필요에 따라서 스스로 산출하는 "대상"으로서 만나진다는 것이다. 그렇게 되면 물론 미적인 그리고 종교적인 경험의 대상들 역시 인간적인 "체험-굶주림"을 만족시키는, 조달할 수 있는 수단들로서 기여하게 된다. 그와는 반대로 새로운 "존재의 증여"는 존재자의 요구를 그 형태의 다양성 안에서 감지하고, 동시에 그것을 존재의 요구에 대한 현상형태로서 파악하는 것을 가능하게 해준다.

이러한 양자택일은, 그때마다의 방식으로, 자유로서의 존재를 통해서뿐만 아니라, 동시에 인간의 자유를 통해서 결정되는 바의 것이다: 인간이 우선 학문과 기술을 오해해서 그것들이 한갓 지배의 앎 내지 한갓 지배의 실천으로 변질될 경우에, 그것은 잘못된, 따라서 더 적지 않게 자유로운 인간의 결정인 것이다; 그리고 인간이 두 번째 행보에서 존재자를 탈은폐시키는 이러한 방식을 경험의 다른 모든 방식들의 척도로 천명할 경우에, 그것은 계속해서 잘못된, 따라서 더 적지 않게 자유로운 결정인 것이다. 그럴 때에 저 "존재거절"이 생겨나는데, 인간은 그로부터 자신을 스스로 해방시킬 수 없다. 왜냐하면 그는 심지어 그러한 해방의 과제를 "잊어" 버렸기 때문이다.

이러한 상태에서, 만일 인간이 존재자를 규준적인 요구들의 근원으로서 경험하는, 상실된 능력을 회복한다면, 그것은 존재의 자유로운 증여의 결과이다. 존재의 자유는 그때에 인간에게 해방시키는 자유로서 작용하게 된다.

3장 하이데거의 "기여" 151

그렇게 되면 인간이, 되돌아보면서, 또한 발견하게 되는 것은, 심지어 선행하는 거절 안에서도 "존재의 역운Seinsgeschick"이 작용하고 있었다는 것이다: 존재는 인간을 하나의 길로 보내는 것을 결코 멈추지 않았다. 하이데거 자신 역시 그 점을 늘 강조했다. 그러나 이제, "해방시키는 자유"의 발생된 효력을 되돌아볼 때, 동시에 분명해지는 것은, 이 "거절"안에서도 "존재의 호의"가 감추어진 채, "그 반대의 상으로", 이미 작용하고 있었다는 것이다; 그러나 동시에 이것을 경험한 자가 의식하게 될 것은, 존재의 새로운 증여 역시 심판의 계기를 자신의 영속적인 배경으로서 자신 안에 포함한다는 것이다. 바로 그것을 통해서 이 자유로운 증여는 존재의 자유롭고 강제되지 않은 결정으로서 이해될 수 있다. 그리고 앞선 자리에서 말해진 것처럼, 존재자가 우리를 압류하는 저마다의 방식이 그 안에서 존재의 요구가 우리에게 감지되는 바로서의 현상형태라면, 존재의 요구가 이제 취하게 되는 저 새로운 형태는 죄스런 인간에게 은혜로운 신적 자유의 표현으로서 자신을 드러낸다.

존재론적 차이에 대한 그러한 이해는 물론 더 이상 하이데거에게 의거할 수 없다 - "거절"의 가능성에 대해 아직 언급되고 있지 않은 초기 하이데거에게도, 그리고 비로소 이러한 거절을 결정적인 것으로 간주하고 있는 "기여"의 하이데거에게도. 그러나 자신의 가장 나중의 저술들에서도 하이데거는 존재론적인 차이에 그 어떤 새로운 해석도 주지 않았다. 그리고 그런 한에서 그는, 비록 그가 신의 "가까움"안에 인간이 "거주함"에 대해서 말했음에도, "기여"의 테제를 넘어서가는 그 어떤 방법론적인 단초도 발견하지 못했다. 그 테제란, 거절이 그 안에서 존재의 진리가 자신을 우리에게 "환히 밝혀주는" 바로서의 근원적이며 동시에 마지막 형태라는 것이다.

그 같은 새로운 방법론적인 단초는 여기서 행한 숙고 안에서 제안되었다. 그것은 존재론적인 차이에 대한 새로운 이해에 존립한다. 이 이해에 따르면, 관건이 되는 것은 현상형태와 의미내용의 차이이다. 더 정확히 말하

자면: 존재자의 상이한 요구들 안에서 자신의 현상형태를 발견하는 이 의미내용은 존재의 해방시키는 자유인데, 이것이 인간으로 하여금 자신의 고유한 자유의 새로운 수행을 가능하게 하고, 인간으로 하여금 존재자의 요구 안에서 존재의 새로운 증여에 대한 현상형태를 인식할 수 있게 해준다. 물음은 다음과 같을 수는 없다: 여기서 제안된 존재론적인 차이에 대한 이해는 하이데거의 *관점*과 양립될 수 있는가? 물음은 다음과 같아야만 한다: 그것은 하이데거가 사유에 제기한 *과제*들에 더 잘 부응하는가? 이 과제들은, 우리에게 "생각하도록 명하는"(Was heißt denken?) "명령"에 상응하는 데에 존립하며, 그리고 사유를 "존재의 도래 안으로, 도래로서의 존재 안으로 묶는"(Humanismus) 데에 존립한다. 여기서 제안된 숙고들은 존재론적인 차이에 대한 자신의 이해를 통해서 하이데거가 이끌려 들어가게 된 난점들을 제시하였고, 동시에 이 난점들로부터 빠져나올 수 있는 대안을 제시하였다.

7. "마지막 신" – 물음이 다시 한 번 새롭게 제기됨

결정의 자유가 "존재의 본질"로서 이해된다면, "마지막 신"에 대한 물음 역시 새로운 방식으로 제기된다. 왜냐하면 거절과 증여 사이에 늘 존재의 자유가 유보된 채 남아 있기에 거절이 필연적으로 존재의 마지막 말이 아니라면, "마지막 신" 역시 필연적으로 "거절의 최상의 형태"가 아니기 때문이다. 그러나 미래적인 "신의 지나감Vorübergang"이 그 안에서 존재의 본질이 자유로서 명백해져야만 하는 바로서의 형태라면, 그때에는 – 여기서 상술될 수는 없는 것인데 – "존재했었던 신들, 특히 그리스도교의 신"에 대한 물음 역시 새로운 방식으로 제기되어야 할 것이다. 말하자면 "호의"가 "거절" 안에서도 이미 작용 중에 있었다면, 그리고 다가오는 증여 역시 심판을 자신의 계기로서 내포하고 있다면 – 그때에는 가령 그리스도교의 "십자가의 신학Theologia Crucis"의 철학적 습득Aneignung이, 철학적 사유 또한 자신의 과제에 부응하게 만들어주는 길을 보여줄 수 있지 않을까? 그러나 그렇게 되면 "그리스도교의 신"은 취소할 수 없게끔 "존재했었던" 저 신들에 속하지 않을 것이다. 오히려 그리스도교의 신은 인간에게 "존재가 수여되고" 그와 함께 존재자가 접근할 수 있는 것이 되는 방식들의 역사 안에서 자신을 여전히 늘 도래하는 자로서 입증하게 될 것이다.

계속되는 물음:
존재자로서의 존재자에 대한 물음을 되찾음

　이성이 역사를 가진다면, 이 역사를 어떻게 해석해야 할지에 대한 물음이 제기된다. 직관의 형식들, 개념들 그리고 이념들은, 사람들이 자의적으로 새로운 직관과 사유의 형식들을 고안해내면서 변하는 것이 아니라, 그보다는 이성이 자신의 과제들을 이행하려는 시도에서 한계에 부딪히고, 그렇게 되면 우선 이 과제들의 이행의 목표상들(이성의 "이념들")을 새롭게 파악하고, 그런 연후에 이성이 이 새롭게 파악된 목표들에 도달하기 위해서 도움을 받는 직관형식들과 개념들에 새로운 형태를 부여하도록 재촉 받기 때문에 변하는 것이다. 그에 대한 고전적인 보기는, 칸트가 기술한 것처럼, 실천이성의 변증법이며, 요청들을 통한 그것의 해소이다. 이때 요청들은 동시에 해석-지침들을 포함하고 있다: 지침들이란, 그것들의 도움으로 이성이 자기 자신을, 그리고 자신의 직관과 사유를 통해서 가능하게 만드는 경험들을 새롭게 이해하도록 배우게 되는 바의 것이다. 그에 대한 고전적인 보기는, 우리의 윤리적 경험의 내용을 형성하는 의무들을 "신적인 계명으로서" 해석하는 칸트의 이해이다.

　이러한 "자신의 한계에 부딪힘"으로부터 그리고 자신의 과제들과 바로 이 한계에서 생겨나는 그 과제들의 이행의 가능성을 새롭게 해석함으로부터 이성의 역사가 구성된다. 이 역사를 해석하는 과제는 하나의 물음에 집중된다: 이 역사를 진척시키는 동인은 경험의 대상들(존재자들)로부터 출발하는가? 혹은 그것은 전적으로 모든 존재자들과는 상이한 조건, 존재자와의 만남을 비로소 가능하게 만드는 것("존재"), 인간에게 그때마다 새로운 방식으로 "생각하도록 명하고" 인간을 그렇게 "탈은폐의 새로운 길들로 보내는" 것인가? 혹은 이 해석들의 대구를 극복하는 대안이 있는가?

    이 대안은, 이미 제시된 것처럼, 이성이 역사를 가진다는 발견이 그리스도교 신앙이 말하는 신에 대한 언사를 가능하게 만드는지, 그리고 어떻게 그러한지에 대한 물음을 위해서 커다란 의미를 갖는다. 이 역사가 전적으로 존재의 "명령"과 그것의 "보냄들"에서 귀결된다면, 그때에는 신에 대한 철학적 언사는 "생기들"의 고지가 되는데, 그 안에서 신은 "지나가버리며", 지금까지의 모든 신들과 "그리고 특히 그리스도교의 신"과는 근본적으로 상이한 것이다. 철학적으로 신에 대해서 말하는 또 다른 가능성이 개시되는 것은 오직, 이성의 역사를 진척시키는 동인이 직접적으로 존재로부터가 아니라, 우선은 존재자로부터 그리고 인간에 대한 존재자의 요구로부터 출발할 경우이다. 이 요구가 내적인 모순 안에서 폐기될 위험으로부터 보호되는 것은 오직, 그것이 신적인 '말 건넴Anrede'의 현상형태로서 이해되는 경우이다. 존재와 존재자의 차이는, 그렇게 이해되었을 때, "우리에게 생각하도록 명하는" 저 요구의 의미내용과 현상형태 사이의 차이이다. "우리에게 생각하도록 야기하는" 것은 존재자들이다; 그러나 그것들이 그렇게 하는 방식은, 우리가 그 안에서 신적인 말 건넴과 그것의 "해방시키는 자유"의 현상형태를 발견할 때에만 적합하게 이해된다.

    그런데 철학적으로 신에 대해서 말해질 수 있는지 그리고 어떻게 그러한지에 대해서 결정적인 것이 이 대안에 달려있다는 사실은, 다음의 견해에로 오도되어서는 안 되는데, 그 견해란, 이성의 역사를 진척시키는 저 힘에 대한 물음은 단지 신에 대한 철학적 언사의 관심 안에서만 제기된다는 것이다. 관건이 되는 것은, 근원에 따라 보자면, 신학적인 문제가 아니라 존재론적인 문제이다. 비록 이 물음에 주어지는 대답이 철학적 신학을 위해서 커다란 의미를 갖는 결론들로 이끌지라도 말이다. 사람들은, 신에 대해서 철학적으로 묻는 것에 관심을 갖지 않더라도, "존재자란 무엇인가?"라는 존재론적인 물음을 피할 수는 없을 것이다. 왜냐하면 이 물음에 대한 대답이 없이 이성에 대한 물음, 이성의 역사에 대한 물음, 그리고 이 역사를 진척시키는 힘에 대한 물음은 적합하게 해명될 수 없기 때문이다.

그러나 그렇게 이해된 존재론적인 물음을 제기하는 것은, 우리가 "존재자로서의 존재자"에 대해 물을 때, 우리가 본래 무엇을 알고 싶어 하는지에 대한 명료성을 얻기 위해서 필요하다. 왜냐하면 이것이 의미 있게 제기된 물음이라는 것이 최근의 철학사 안에서는 늘 재차 논란이 되었기 때문이다. 이 의심은 우선은 존재론적인 물음에 대답하려는 수백 년에 걸친 진력이 합의할 수 있는 대답으로 이끌지 못했다는 것을 통해서 근거 지어진다. 그러나 대답들이 접근될 수 없다는 입증을 통해서 문제가 사라진 것은 아니다. 하나의 물음이 지금까지 해명된 형식 안에서 교정이 필요한 전제들에 의거하고 있다는 것, 그것을 입증하는 것이 비록 성공한다 하더라도, 그와 함께 늘 재차 이 물음을 제기하도록 재촉한 경험들이 세상에서 사라진 것은 아니다. 이 경험들에 대한 보다 명료한 분석은 그 물음에 새로운, 현상들에 보다 잘 상응하는 형태를 부여하고, 가능한 대답들의 평가를 위한 척도들을 새롭게 규정하는 데로 이끌지도 모른다. 그러나 이 물음을 제기하는 방식의 교정이 필요하다는 데서 내려지는 결론은 그 문제를 단순히 탈락시키는 데에 존립할 수는 없다.

그것이 "존재자로서의 존재자"에 대한 물음을 위해서 의미하는 것은 이렇다: 검토되어야 할 것은, 어떤 종류의 경험들이 이러한 종류의 물음을 강요하는지와, 그 다음에는 이 물음에 대한 어떤 이해와 그 대답의 어떤 절차가 이 경험들에 적합한가이다. 비로소 그런 연후에 "존재론적인 물음"에 대한 그와 같은 새로운 파악이 동시에 신에 대한 새로운 철학적 언사에 이르는 길을 개시할 수 있는지의 물음이 결정될 것이다.

4장

존재자에 대한 물음을 되찾음

1. 존재론적인 물음은 경험들을 주석한다

어째서 우리는 "존재자로서의 존재자"에 대해 묻는가? 우리가 전적으로 "모든 것"을 포괄하는 일반적인 개념을 형성하고 싶어서인가? 그러나 개념은 그 적용영역이 넓을수록 그만큼 더 내용이 빈약하다. 그렇기 때문에 전적으로 포괄적인 개념은 동시에 전혀 내용이 없을 것이다. 어째서 우리는 그런 개념을 형성하려고 진력해야만 하는가? 혹은 우리가 그렇게 묻는 것은, 구해지고 있는 가장 보편적인 개념이 우리에게 동시에 "모든 것"에 대한 지배를 약속하기 때문인가 - 우선은 어떤 것도 빠져나갈 수 없는 이론적인 포착 안에서, 그 즉시 또한 실천적인 사용과 형성 안에서? 그러한 지배의 지를 하이데거는 "존재자로서의 그리고 전체에 있어서의 존재자"에 대한 주도적 물음을 가진 형이상학에 전가했고, 그 안에서 기술적인 세계지배의 의지가 이미 앞서 형성되었음을 보았다.

혹은 우리가 존재자로서의 존재자에 대해 묻는 것은, 우리가 이중의 경험을 하기 때문인가? 우리는 우선 우리 자신을 헌신할 때에만 우리 자신을 발견한다는 것을 경험한다: 그것이 이론적인 통찰에서든, 윤리적인 의무에서든, 미적으로 열광시키는 것에서든, 혹은 종교적으로 숭배할 만한 가치가 있는 것에서든. 그리고 이어서 우리는 그러한 자기-헌신이 철저한 자기상실에로도 이어질 수 있음을 경험한다. 그것은 우리가 자기헌신을 요구하는 현실적인 것의 요구를 기만적인 가상의 매혹적인 힘과 혼동할 때 발생한다 - 그것이, 우리가 현상들을 비판적으로 주석하는 것에 성공하지 못할 때, 현실적인 것 자체의 현상으로부터 생겨나는 가상이든, 그것이, 우리의 선입견과 편견이 확증되는 것을 보고 싶어 하기 때문에, 우리 스스로 만들어내는 가상이든, 그것이, 외래의 관점에 우리를 자발적으로 복종시키도록 동기지우려는데 기여하는, 다른 이들에 의해서 악의적으로 만들어진 가상이든.

바로 그러한 위험들을 일별하면서, 우리가 "존재자로서의 존재자"에 대해 물을 경우에, 역 추론 안에서, 우리가 구하는 것이 인식된다: 우리는 척도들을 구하고 있는데, 그것들은 우리를 자유롭지 못하게 만드는 기만적인 가상을 극복하게 해주고, 인간에게 특징적인 저 자유로운 행위("actus specifice humani")에로 능력을 부여하는, 현실적인 것의 저 요구를 드러내게 해준다: 참된 것을 인식함에로, 선한 것을 실행함에로, 아름다운 것에 대해 열광함으로, 성스러움을 숭배함에로. 이러한 행위들의 자유로운 자기규정성에 접해서, 현실적인 것의 요구가 우리로 하여금 그런 행위들을 할 수 있도록 만드는데, 우리는 가상과 구분되는 존재자의 고유성을 인식한다: 존재하는 것은, 자신의 요구를 통해서 우리로 하여금 다양한 형식들의 자유로운 응답을 할 수 있게 해준다. 그리고 우리에게 존재와 가상의 구분을 가능하게 만드는 척도들을 우리가 구하면서, 우리는 동시에 인식하기를 원한다: 어디로부터 자신의 요구를 통해서 우리를 기만과 편견으로부터 해방시키고, 우리의 힘들을 자유롭게 사용할 수 있게 해주는 존재자의 힘이 유래하는가? "존재자로서의 존재자"는, 그것의 요구가 지닌 해방시키는 힘이 자기헌신을 가능하게 만들고, 그것이 자기상실에로가 아니라 자기발견에 이바지하는 것으로 이해되어야 한다면, 어떻게 생각되어져야만 할까?

"... 도대체 존재자가 있다는 것"

"존재자로서의 존재자"에 대한 물음을 그렇게 제기할 경우에, 드러나는 것은 이렇다: 관건이 되는 것은, 순전히 형식적인 척도들에 따라서 (예를 들면, 최상의 보편성의 척도에 따라서) 개념을 자의적으로 구성하는 것이 아니다. 문제가 되는 것은, 충분히 경탄의 동기를 부여하는 경험들을 주

석하는 것이다: 자신의 요구를 통해서 우리에게 자기헌신을 통한 자기발견을 가능하게 만드는 어떤 것과 만난다는 경험. 자기헌신을 통한 자기발견의 그 같은 행위에로의 능력은 존재자와의 만남 안에서 우리에게 증대한다. 그것은 "우리에게 생각하도록 야기한다" - 우리가 그에 대해서 숙고할 수 있는 주제를 우리에게 줄 뿐만 아니라, 특정한 사유의 방식으로 우리를 불러내며, 우리가 적합한 직관과 사유의 방식들을 전혀 발견하지 못했고, 오히려 그것들을, 이 요구에 의해서 주도되어, 비로소 구해야만 한다는 것을 인식하게 해주며, 그런 연후에 그렇게 획득한 "정신의 새로움에로의 변화"가 우리에게 구체적인 주제를 넘어서서 새로운 자기정향과 세계정향의 형식들을 열어줄 수 있음을 경험하게 해준다. 특정한 존재자가 제기하는 사유의 과제에 자신을 맡기는 자는, 여기서부터 새로운 과제들을 발견하게 될 것이며, 그러나 또한 해결의 새로운 가능성들도 알게 될 것이다. "이행된 과제에 대한 보수는 새로운 과제이다"라고 "선조들의 금언들"이 가르친다.

    이때 관건이 되는 것은, 우리가 그러한 경험들을 종종 혹은 드물게 하는가의 여부가 아니다. 존재자가 우리에게 작용할 수 있는 바의 것을 우리가 몇몇 경우들에서 알아차리게 된다는 것으로 충분한데, 더욱이 그 어떤 비범한 특성들을 토대로 해서가 아니라, 단순히 그것이 존재하며 그러한 것으로서 만나진다는 것을 통해서 말이다. 존재자의 "권한을 주는 힘", 곧 우리가 사유하고 활동할 수 있도록 작용하는, 그 힘의 효력에 접해서, 우리는 존재자로서의 그것의 고유성과 그것이 모든 기만적인 가상과 다르다는 것을 인식한다. 가상은 우리에게 능력을 부여하는 것이 아니라, 우리를 자유롭지 못하게 만드는 것이다. 자기헌신을 통해서 우리 자신을 발견하려는 우리의 의지가, 허공을 잡는 것이 되지 않고, 존재자의 권한을 주는 힘과 만난다는 것에 대하여 놀라기 위해서는, 이것을 몇 가지의 경우들에서 경험한 것으로 충분하다. 혹은 짧게 말해서: "도대체 존재자가 있다는 것".

"... 그리고 오히려 아무 것도 없지 않다는 것"

우리가 존재자에 대해서 물을 때, 그것의 해방시키는 요구를 감지하고 이해하기를 원하면서 묻는다면, 드러나는 것은 이렇다: 존재자가 우리를 그런 방식으로 만나는지의 여부에 대해서 우리는 마음대로 처리할 수가 없다. 우리가 존재자로 하여금 우리가 그 이전에 이미 선택한 고려 하에 자신을 보이도록 그렇게 존재자를 강제하는, 영리하게 고안된 실험-규정마저도, 그 결과가 우리가 그 이전에 이미 알고 있었던 것만을 확증할 수 있도록 계획되었다면, 자신의 목적을 그르치게 된다. 실험이 새로운 인식에 이바지하는 것은 오로지, 그것이 존재자에게 우리를 놀라게 하는 기회를 줄 경우이다. 그것은 실험과, 그런 실험을 통해서 가능하게 되는, 저 특정한 종류의 학문적인 경험지식에 대해서만 타당한 것이 아니라, 경험의 저마다의 종류에 대해서도 타당하다. 한 규칙이 말하기를: "많이 배울 수 있는 것은 예견할 수 없었던 것이다."

그러나 예기치 않았던 것이 등장한다는 것, 그리고 그것이 우리를 결정적으로 혼란케 하지 않고 새로운 이해의 방식을 우리에게 개시한다는 것은 늘 우연적인 사건이다. 우리를 자신의 요구아래에 세우는 현실적인 것을 만나려는 우리의 진력이 "허공을 잡는" 일이 생긴다. 우리가 이론적으로 타당한 것, 윤리적으로 의무지우는 것, 종교적으로 숭배할만한 것을 발견하려는 우리의 모든 시도들과 함께 언제든 새롭게 우리 자신의 구성물들 안으로 연루되고, 이 구성물들을 확증하는 것만을 "발견하는" 일이 생긴다. 우리를 이 자기연루로부터 해방시킬 수 있는 것과 우리가 만날 경우에, 이 사건의 우연성은 바로 예전에 경험한 탈락현상들과의 대조 속에서 우리에게 분명해진다. 그렇게 이해된 우연성-경험은 다음의 정식으로 표현될 수 있다: "이제야 마침내 존재자가 나와 만났으며, 오히려 아무 것도 없지 않다." 이런 일이 발생한다는 것에 대한 놀라움은 - 아마도 결코 아주 빈번하지는 않지만, 그럴수록 더 영향력 있는 방식으로 - "도대체 존재자가 있다"는 존재론적인 근본경험을 대조경험의 배경 앞에서 주석하는데, 그 대조경험이란, 존재자가 우리로부터 벗어날 수도 있다는 경험이다. 그때 우리는 "도대체 무엇인가가 있으며 오히려 아무 것도 없지 않다"는 것에 대해서 놀라워한다.

"오히려 아무 것도 없지 않다"는 이 첨가어는 한갓 사유-실험의 표현이 아니다: 우리는 우리와 존재자로서 만나는 모든 것이 또한 존재하지 않을 수도 있다고 모순 없이 생각할 수 있다(이때 여전히 검토되어야 할 것은, 우리가 이것을 그러한 보편성 안에서 실제로 생각할 수 있는가의 여부이다: "모든 것의 있지 않음"에 대한 생각은 적어도 생각하는 주체를 실존하는 것으로서 전제하지 않는가?). 존재론적인 경이에서 관건이 되는 것은 그렇게 고안된 가능성이 아니라, 현실의 고통스러운 경험이다: 현실적인 것을 발견하려는 우리의 모든 시도들의 저 "허공을 잡는" 경험. 그러한 허사의 경험은 존재자와의 성공적인 만남의 경험을 우연적인 사건의 경험으로서 부각시키는 "어두운 배경"을 형성한다.

2. 우연성의 경험과 자유의 문제

존재자로서의 존재자에 대한 물음이 그렇게 제기된다면, "존재론적인 문제"는 다음의 형태를 얻게 된다: 존재자와 그것의 해방시키는 요구와의 만남이 우연적인 사건으로서 이해되어야만 한다면, 존재자는 어떻게 생각되어져야 하는가? 이에 대해서 이미 지금, 적어도 앞서 지시하는 문제-고지의 의미에서, 다음과 같이 대답될 수 있다: 오직 우연적으로만 보일 뿐, 참으로 우연적이지 않은 것은, 이러한 우연성의 외양을 제거하는 근거들을 제시함을 통해서 이해할 수 있는 것이 된다. 학문적 해명들의 상당한 부분이 이런 종류의 것이다. 그것들이 제시하는 것은, 우리에게 경험 안에서 드러나는 것은, 식자들이 발견한 근거들로부터, "그것이 존재해야 하고 또 발생해야 했던 것처럼 그렇게 존재하고 또 발생했다"는 것이다. 그와는 반대로 우연적으로 여겨질 뿐만 아니라, 참으로 우연적인 것은, 오직 자유의 작용으로서만 적합하게 이해될 수 있다. 자유와 우연성은 오직 그들의 상호적인 관계를 통해서만 정의할 수 있다. 존재할 수도 그리고 발생할 수도 없었던 것을 산출하는 것은 자유의 표지이다. 오직 자유를 통해서만 실현될 수 있는 것은 참으로, 그저 외관상으로뿐만 아니라, 우연적인 것의 표지이다.

이로부터 다음이 귀결된다: 존재자의 "우리에-대한 것이-됨Für-uns-Werden"이 진실로 우연적인 사건이라면, 그 안에서 자유가 작용하고 있다. 이때 누구의 자유가 여기서 드러나는가는, 당장은 열린 물음이다: 자신의 자유로부터 "우리에 대한 것이 되는" 것은 존재자 자신인가? 혹은 우리에 대해서 "도대체 무엇인가가 있거나 혹은 오히려 아무 것도 없다"의 여부를 결정하는 것은, 모든 존재자와는 상이한 자유인가? 우리 자신의 자유는 이 과정에서 어떤 몫을 가지는가? 이런 종류의 물음들을 해명하기 위해서 필요한 것은, 우리의 한갓 주관적인 관점들과 의도들의 배경 위에서 존재자가 자신의 해방시키는 요구와 함께 우리 앞에서 자신을 드러내는 과정을 더 정확히 기술하는 것이다. 이러한 과정은 전통적으로 "대상구성"이라는 제목 아래서 기술되고 있으며, 그러나 드물지 않게 일면적으로 해석되고 있다: 말하자면, 마치 우리가 단독으로 우리의 직관과 사유의 행위를 통해서 대상의 이러한 "우리에-대한 것이-됨"을 산출하기라도 한 것처럼, 혹은 마치 우리가 이 과정에서 전혀 그 어떤 능동적인 관여를 하지 않고, "자신을 드러내는 것을 묘사하는 것"에 국한할 수 있는 것처럼, [이때] "자신을-드러냄"이 어떻게 생겨나는지를 물음이 없이. 방금 기술된 대로의 존재론적인 물음은, 대상구성에 대한 이론을 비판적으로 계속 발전시킴이 없이는 대답되지 않는다.

3. 어떤 방식으로 대상은 자신을 우리에게 드러내는가

a) 어떤 사물도 자기 자신을 통하지 않고서는 인식되지 않는다
Nulla res cognoscitur nisi per se ipsum

여기서 저마다의 존재자에 대해서 주장되고 있는 것은 전통 안에서는 신에 대해서 말해진 것이다: 신은 "오직 자기 자신을 통해서만 인식된다". 이것이 의미하는 것은 우선 부정적이다: 신은 인간의 그 어떤 인식-노력들과 인식-방법들을 통해서 신이 자신을 보이도록 강제하려는 모든 시도들을 비웃는다. 신은 그가 원하는 자에게 그리고 그가 원할 때 자신을 드러낸다. 긍정적으로 보자면 저 진술이 의미하는 것은 이렇다: 신의 저마다의 자기-현시는 강제되지 않은 자유의 행위이다. 이 진술은 확실히 단호한 변경이 없이는 "존재자로서의 존재자"에게 전이될 수는 없을 것이다. 그러나 또 다른 관점에서 "신은 자기 자신을 통하지 않고서는 인식되지 않는다Deus non cognoscitur nisi per se ipsum"는 문장은 동시에 일반적인 존재론적 의미를 가진다: 이 문장은, 우선 신 인식의 특별한 경우를 위해서, 다음을 지시한다. 곧, 신적인 자기현시가 그 수취인들에게 도달해야만 한다면, 이때 꼭 필요한 직관과 사유의 저 행위들은 오직 신 자신을 통해서만 가능하게 될 수 있다는 것이다. 신 자신이, 만일 그가 자신을 드러낸다면, 그를 지각하도록 우리의 눈에 시력을 주는 "빛"이다. 이 안에 하나의 지침이 있는데, 그것은 이 특별한 경우에만 타당할 뿐 아니라, 존재자에 대한 저마다의 인식에 대해서도 타당하다.

우리가 존재자와 그것의 요구와의 만남에 의해서 외적인 기만과 내적인 편견으로부터 해방되기를 희망한다면, 그때 우리는 존재자가 우리에게 "생각하도록 야기하는" 것을, 스스로 만든 이론들을 통해서 선취할 수는 없다. 만일 우리가, 예전에 우리가 이미 알았던 것을 사안이 단지 확증할 수 있도록, 그렇게 우리의 인식-절차를 기획한다면, 우리는 우리 자신의 인식-의도를 파괴시키게 될 것이다. 존재자가 우리를 "정신의 새로움에로 변형되도록" 하는데 자신을 유용한 것으로 입증하게 될 것을 우리가 기대한다면, 그 때 우리가 받아들여야 하는 것은, 그러한 변형에로의 주도권은 전적으로 존재자 편에 놓여있다는 것이다. 우리가 사안을 인식하는 능력이 사안 자체에 의해서 우리에게 선사되도록 준비되어 있을 경우에만, 우리는 우리가 구하는 것에 도달한다. 그런 한에서 신에 대해서만이 아니라 우리가 인식하는 저마다의 사안에 대해서도 타당한 것은: 사안 자체가 우리로 하여금 그것을 인식하게 해주는 "빛"의 근원이다. 그런 한에서 다음이 타당하다: 그 어떤 사안도 "자기 자신을 통하지" 않고서는, 곧 사안이 우리에게 행사하는, 권한을 주는 힘을 통하지 않고서는, 달리 인식되지 않는다. 사안이 우리를 눈멀게 하지 않고, 볼 수 있게 만든다는 것, 말 못하게 하지 않고, 우리의 고유한 "정신의 말verbum mentis"을 통해서 자신의 요구에 대답하게 한다는 것, 바로 그 점에서 우리는 모든 자유롭지 못하게 만드는 가상과 구분하여 사안의 진리를 인식하는 것이다.

b) 어떤 사물도 이해함과 직관함이 없이는 인식되지 않는다
Nulla res cognoscitur nisi intelligendo et intuendo

말해진 것과 함께 성공적인 인식을 위한 계속되는 조건이 이미 함께 거명되었다: 우리의 직관과 사유의 대체할 수 없는 고유-활동성. 사안과 인식하는 주체 간의 관계의 성립에서 주도권이 늘 사안에게 있다는 사실은, 주체가 순전한 수동성 안에 머물며, 사안의 영향 아래서 발생하게 될 것을 그저 기다릴 수 있을 뿐이라는 그릇된 추론에로 오도되어서는 안 된다.

그에 맞서서 상기해야 할 것은 이렇다: 직관과 사유의 고유한 활동성 없이는 주체는 존재자의 요구를 감지할 수 없다; 드물지 않게 주체는 자신의 직관과 사유를 "도야하기" 위해서 명시적인 진력을 필요로 한다. 다시 말해서, 주체는 사안으로부터 비롯되는 요구의 고유성을 적합하게 파악하고, 물리적이고 정신적인 "봄"의 기만으로부터 자기 자신을 보호할 수 있도록, 직관과 사유에 적합한 형태를 부여하는 노력을 필요로 한다. 방금 존재자로부터 비롯되는 "주도권"에 대해서 말해졌다면, 그와 함께 존재자가 우리를 직관과 사유의 행위에로 불러내는 방식이 의미된 것이다. 주체가 활동하지 않고 머물 경우에, 존재자의 이 주도권 역시 작용을 일으킴이 없이 남게 된다. "우리에게 생각하도록 야기하는" 존재자의 "힘"은 "권한을 주는 힘"인데, 이것은 주체의 고유활동성을 불필요하게 만드는 것이 아니라, 불러일으키고 동시에 규정한다. 그렇기 때문에 "어떤 존재자도 자기 자신을 통하지 않고서는 다른 방식으로 인식되지 않는다"는 문장은, 말하자면 존재자가 우리를 직관과 사유에로 불러내는 그 힘을 통해서 인식된다는 뜻인데, 다음의 두 번째 문장을 배제하는 것이 아니라, 포함한다: "직관하고 사유하는 주체의 고유-활동성 없이는 그 어떤 존재자의 인식도 생겨나지 않는다".

이것은 그 어떤 명시적인 강조가 필요치 않은 자명함처럼 보인다. 그럼에도 이러한 자명함이 드물지 않게 잊혀지고, 인식의 몇몇 오류형식들이 생겨난다는 것이 드러난다. 우리에게 외견상 단순한 "소여"처럼 마주서 있는 것은, 그것이 감각적으로 직관되는 것이든, 정신적으로 파악할 수 있는 형태이든, 대상구성의 여러 단계를 거친 경과의 결과물인 것이다; 우리는 이 경과의 매 단계마다 활동적으로 참여한 것이다. 우리가 이것을 잊는다면, 우리는 또한 우리의 능동적인 관여를 비판적으로 검토하고, 가능한 오류형식들을 인식하고, 대상이 우리에게 맞서 등장하는 방식과 결과에 책임 있게 응답하는 가능성을 잃게 된다. "나는 오직 스스로를 자기 자신으로부터 드러내는 것만을 기술한다"는 외견상 겸손해 보이는 정식은, 스스로에게서 이 같은 자기비판을 면제하고, 책임으로부터 벗어나는 핑계가 될 수 있다.

c) "대상구성", 대화적인 과정, 그 안에서 존재자는 처음이자 마지막 말을 갖지만, 유일한 것은 아니다

사안이 우리에게 자신을 내보이는 방식은 우선은 우리에게 주는 "인상"(Impression)이다. 이 인상은 우리가 존재자에게 태도를 취하는 방식에 선행한다; 그러나 그것은 계몽시대의 심리학이 의미한 것처럼, 기초적인 감각적 자극("Affektionen")에 국한되지는 않는다. "인상형태들"(species impressae)에 대해서 말한 스콜라적인 인식이론이 현상에 더 가깝게 움직이고 있다. 우리는 각기의 우리의 지향적인 (가능한 대상들과 연관된) 행위들 안에서 늘 이미 형태화된 크기들과 관계하고 있다. 그러나 그 같은 인상형태들은 우선은 우리 의식의 변형들일 뿐이다. 이때 관건이 되는 것은 감각적인 표상의 형식들일 수도 있고 혹은 정신적인 "눈-앞에-가짐"의 형식들일 수도 있다. 대중적으로 말하자면: 인상들은 "오직 영혼 안에 출현하는" 그 무엇이다. 우리의 첫 번째 과제는 이제 그러한 인상형태들을 표현형태들(species expressae)로, 곧 감각적인 소여존재의 형태들이나 혹은 정신적인 소여존재의 형태들로 변화시키는 것이다. 그 형태들 안에서 무엇인가가 사안으로부터 그것의 표현을 만들어낸다. 이때 우리에게 이러한 과제를 제기하는 것은 인상 자체이다. 사안은 우리의 의식에 하나의 방식으로 자신을 등록하는데, 그 방식은, 사안에 의해서 단지 주관적으로 "움직여진" 자신을 보여주는 것을 부적합한 일로 인식하게 해준다. 인상 자체가, 무엇이 그 안에서 자신을 표현하는지, 다시 말해서, 우리에 대해서 감지할 수 있는 것이 되는지의 물음을 생겨나게 한다.

이 자리에서 하나의 짧은 주석이 허용될 수 있다: 스콜라학자들은 "인상형태들"과 "표현형태들"이란 개념들을 대개 감각적-직관적 표상들에만 관련시켰다; 이 개념들은 그럼에도 불구하고 정신적 인식의 단계들을 기술하는 데에도 도움이 된다. 여기서도 처음에 존립하는 것은 "인상"이며, 더욱이 형태가 없는 압도당함으로서가 아니라, 사안이 우리의 의식에 자신을 "등록하는", 형태적인 방식으로서 이다; 그리고 여기서도, 정신적 인식의 맥락에서, 첫 번째 과제는 인상형태를 표현형태로 변형시키는 것에 존립하는데, 그 힘으로 사안은 우리의 의식을 "움직일" 뿐만 아니라, 자기 자신을 표명한다. 무엇보다도 사안은, 의식이 바로 파악하고 적합하게 대답하기에 타당한 요구를 "알리면서", 자신을 표명한다.

인상형태이든 표현형태이든 우리의 관여 없이는 생겨나지 않는데, 이러한 우리의 형상화-활동이 종종 우리에게 의식되지 않음에도 불구하고 그러하다. 비로소 몇몇의 탈락현상들이 우리에게 그것에 대해 명시적으로 주의하게 만든다. 우리가 동일한 사안으로부터 받아들이는 인상들이 통일적인 형태에로 형상화되지 않는 일이 생긴다. 우리는 또한 형태가 없는 "질료"와 관계하는 것이 아니라, 서로 연결되지 않는 형태-단편들과 관계하는 것이다. 그에 대한 보기들을 우리는 때때로 깨어남에서 체험한다: 우리가 깨어나면서 발견하는 공간도, 이 공간 안에 있는 대상들도, 재인식을 허용하는 저 형태를 획득하지 않는다. "나는 어디에 있는가?"라는 물음은 아직 "형상species", 곧 형태가 되지 않은 인상들에 대한 우리의 반응이다. 그렇게 획득된 인상은 혼란을 주며, 때때로 불안하게 만들기도 한다. 되돌아보면서 우리가 알아차리게 되는 것은 이렇다: 그렇게 된 이유는, 형상화하는 봄의 모종의 실행들이 아직 성공하지 못했다는 데에 있었다.

인상형태들을 표현형태들로 변화시키는 것이 우리의 과제인 곳에서, 비슷한 탈락현상들이 등장할 수 있다. 우리가 받아들이는 인상은, 그것에 정지해 있는 것을 우리에게 불가능하게 만드는 그런 종류의 것이다. 우리가 우선, 우리가 받아들이는 인상에 의해서 관련되고, 움직이게 되는 것은, 인식과정의 모든 계속되는 단계들을 위해서 확실히 불가결한 것이다. 그러나 한갓 "관련됨"만으로 우리가 그러한 방식으로 우리에게 나타나는 것에 부응하게 되지는 않는다. 우리에게 "인상을 주는" 존재자는 우리 안에서 그저 심정의 움직임만을 산출하고자 할 뿐만 아니라, 그것의 본질 안에서 언어에 이르고자 한다. 인상형태는 표현형태로서 "읽혀지기"를, 곧, 우리에게 응답하도록 부르는 존재자의 요구가 감지되는, 감각적으로 지각할 수 있는 형태로서, 읽혀지기를 원한다. 이 요구는 상이한 종류를 지닐 수 있다: 물음설정과 이론의 응답시도들에로 향하게 하는 도전으로서, 존재자가 우리를 미적인 열광이나 혹은 종교적인 숭배의 행위에로 촉구하는 방식으로서, 자기헌신의 행위를 요구하고 그 안에서 자기발견의 가능성들을 약속하는 윤리적인 정언명법으로서. 그러나 이러한 요구를 드러내는 것이 우리에게서 항상 성공하지는 않는다. 그렇게 되면 받아들여진 인상을 통한 한갓 압도당함에 머물게 되고, 아직 해석되지 않은 문제-고시에 머물게 된다: 여기서 무엇인가가 나에게 말을 걸지만, 나는 여전히 그것이 무엇was이며 무엇 때문인지 wozu를 모른다.

    그와 같은 불확실한 문제-고시를 내용적으로 규정된 문제설정에 변화시키기 위해서는, 우리에게 향한 요구의 고유성을 명확하게 드러내주는 개념들이 필수적이다. 그와 같은 개념들은 이미 "완성되어fertig" 놓여 있는 직관에 이차적으로 적용되는 것이 아니라, 직관 자체의 성립을 위한 필수적 조건들이다.

    그에 대한 보기는 비례의 개념이다. 그것은 존재자가 우리에게 드러나는 방식에서 동일한 관계가 여러 번 회귀하는 것을 "응시하도록" 안내한다. 개념에서 학습된 비례를 위한 일별은 다양한 경험의 종류들이 실현되는 데에 중요한 역할을 한다. 직관에서 발견된 회귀하는 관계는 이론적인 해석의 과제를 앞서 지시할 수 있다(그 같은 관계의 회귀를 필수적으로 만드는, 그와 함께 동시에 이해할 수 있게 만드는, 법칙은 어떤 종류의 것인가?). 그 같은 종류의 회귀하는 관계는 또한 미적인 형태의 파악을 위한 실마리에 기여할 수도 있다(그것[형태]을 통해서 미적으로 지각된 대상이 자기 주변의 배경 앞에서 자신의 개성을 드러내고, 우리에게 "대체할 수 없는 유일자"의 성격을 지니고 마주서며, 그것을 미적인 경험의 대상으로서 규정하게 하는 바로서의, 저 형태의 특수성을 구성하는 것은 무엇인가?). 심지어 윤리적인 경험에 속하는 것은, 우리의 의무라고 알고 있는 행위가 그 대상에 "비례해 있다"는 것이다: 저마다 시도된, 하나의 인격 혹은 사안이 우리에게 호소하는, 도움의 실행은, 이 인격 혹은 사안의 자기형상화의 힘들과 이 자기형상화를 촉진하거나 혹은 방해하는 그들의 환경세계의 영향들 간의 관계에 대한 개입이다; 시도된, 도움을 주는 개입은 "관계에 적합한" 것이어야 한다. 다시 말해서 그러한 개입은, 만일 그것이 도움을 주는 자의 최상의 의도에도 불구하고 폭력의 행사에로 변질되어서는 안 된다면, 자기형상화와 외부규정의 이 관계에 상응해야 한다.

우리가 만일, 존재자가 우리에게 직관적으로 주어져 있는 방식에서, 이 만남 안에서 우리에게 설정된 과제를 "응시하는 것"을 배워야만 한다면, 이에 필수적인 개념들이 있다는 것인데, 그렇기 때문에 이에 대한 보기로서 비례의 개념이 적합할 수 있다. 비로소 그때, 위에서 언급했었던 비규정적인 문제고시로부터 ("여기서 무엇인가가 나에게 말을 걸지만, 나는 여전히 그것이 무엇이며 무엇 때문인지를 모른다") 존재자가 우리를 자신의 요구 아래 세우면서 "자신을 표명하는", 구체적이고 내용적으로 규정된 방식이 나온다. 비로소 그렇게 "인상형태"는 저 해방시키는 요구를 나타내는 "표현형태"가 되는데, 그 요구에 접해서 우리는 우리가 어떤 존재자와 구체적인 상황에서 관련되어 있는지를 인식하게 된다.

인상형태로부터 표현형태로의 이 이행은 대상구성을 향한 길에서 중요한 행보이다. 말하자면 이제 존재자 자체가 우리 의식의 주관적인 상태들 안에서 등장하는 방식은, 존재자가 우리에 대한 자신의 요구를 타당하게 만들고 이 요구의 고유성을 통해서 그것 자체가 어떤 종류의 것인지를 인식하게 해주면서이다. 이 이행을 실행하기 위하여 개념들이 필요한 한에서, 이 개념들은 우리 자신의 말이며, 이것은 존재자의 요구를 통해서 우리에게서 제거되는 것이 아니라 오히려 요구되는 것이다. 우선은 내적으로 말해진 "정신의 말verbum mentis"이요, 이차적으로는 외부를 향해서 공표되는 "발설된 말verbum oris"로서. 그러나 우리가 이러한 우리의 말을 늘 새롭게 존재자의 요구에 접해서 점검하고, 경우에 따라서는 교정이 필요한 것으로 경험하는 한에서, 존재자는 이러한 대화 안에서 첫 번째 말뿐만 아니라, 늘 또한 마지막 말을 지닌다.

d) 주석 역시 대화적인 과정이다

표현형태들을 만나는 곳에서는, 존재자가 "자신을 표명하는" 방식 안에서 그것의 존재Sein의 고유성이 표현되어 있음을 발견하는 주석의 과제가 제기된다. 주석의 이 과제를 이행하기 위해서는 계속되는 개념들이 필요한데, 가령 "동일한 것"과 "동일하지 않은 것"의 개념들이다. 이 개념들의 도움으로 그 어떤 표현-계기들의 회귀 안에서 규칙성을 확인하고, 이것의 근거를 묻는 것이 가능해진다. 이 자리에서는 이러한 주석과제의 고유성으로부터 이 과제의 이행에 필요한 "범주들의 표"를 도출하는 것이 가능하지도 않고, 필요하지도 않다. 더 중요한 것은, 이미 이 자리에서 세 가지를 확인할 수 있다는 것이다:

첫째: 어떤 범주들이 우리가 경험하는 요구를 주석하는 데 필요한지는, 그 요구의 고유성에 달려 있다. (그에 대한 고전적인 보기를 칸트가 제시했다: 윤리적인 정언명법을 주석하는 데 필요한 "자유의 범주들"은 학문적인

경험지식의 내용으로부터 자연법칙을 통해서 그것의 해명에로 건너가는 과제를 주석하는 데 필요한 "필연성의 범주들"과는 다른 종류의 것이다.) 그러나 그로부터, 칸트의 견해와는 상이하게, 추론되는 것은: 범주들은 사유의 생득적이고 불변적인 형식들이 아니라, 저마다의 특별한 과제들을 적합하게 파악하려는 시도들인데, 그 과제들이란, 존재자가, 상이한 경험의 종류들에서 자신을 드러내는 것처럼, 상이한 방식들 안에서 우리의 주석하는 사유에게 제기하는 것이다.

둘째: 그러한 주석은 존재자가 자기 자신으로부터 스스로를 드러내는 방식에 주관적인 첨가를 하는 것이 아니라, 존재자의 이러한 자기-현시의 객관적인 형태를 비로소 규정할 수 있게 만드는 것이다. 비로소 그렇게 해서, 만일 존재자가 "우리에게 생각하도록 야기할" 경우에, 우리가 어떤 종류의 대답을 하도록 호출되었는지, 그리고 말Wort과 응답Antwort의 이러한 상호작용 안에서 어떤 방식으로 "존재자의 본질was das Seiende ist"에 해당하는 것이 등장하는지가 진술될 수 있다.

셋째: 대상구성의 매 단계에서 존재자는 첫 번째 말을 가진다. 만나는 사안이 우리의 의식에 자신을 "등록하는" 인상은, 이 인상의 다양한 계기들을 동일성을 확인할 수 있는 "인상형태"에로 형성하려는 우리의 모든 노력에 선행한다. 그렇게 획득된 인상형태를 우리에게 향해진 요구의 고유성이 읽혀질 수 있게 되는 "표현형태"에로 변형시키는, 사안으로부터 비롯되는 동인은, 그런 요구의 동일성을 확인하고 그것에 적합한 개념들의 발전을 통해서 해석하는 우리의 모든 노력들에 선행한다. 매번 우리가 존재자를 통해서 행위 하도록 도전받게 되는 고유-활동성은 "응답적인 형성"의 성격을 가진다: 그것으로부터 존재자가 "우리에 대한 것이 되는" 저 형태가 생겨난다; 그러나 우리의 이러한 형성의 활동은 우리가 존재자의 요구에 대해서 던지는 대답의 성격을 갖는다. (이 "응답적인 형성"의 고유성은 예술적인 형성에서 범례적으로 읽혀지며, 자연과 예술 안에서 "아름다움"을 미적으로 지

각하는 행위에서도 읽혀진다.) 존재자의 "첫 번째 말"은 유일자로 남는 것이 아니라, 우리에게 그러한 응답적인 형성의 대답을 하도록 불러낸다. 그러나 동시에 존재자는 대상구성의 저마다의 단계에서 마지막 말을 갖는다: 존재자의 요구는 우리에게 응답적인 형성의 행위를 할 수 있게 만드는 동인으로서 작용할 뿐만 아니라, 동시에 우리가 우리의 형성의 결과물들을 자기비판적으로 측정하는 척도로서 작용한다. 존재자는 자기편에서 우리의 대답에 응답하며, 우리로 하여금 우리의 대답을 점검하고, 경우에 따라서는 그것을 개정하도록 촉구한다.

4. 대상구성의 역설

우리가 보는 것 중의 어떤 것도 봄-행위의 활동성 없이는 생겨나지 않는다: 우리의 목전에서 구축되는 볼 수 있는 것의 형태는, 눈과 이 눈에 제시되는 것 사이의 능동적인 상호관계의 결과이다. 우리가 정신적으로 인식하는 것 중의 어떤 것도 사유-행위의 활동성 없이는 생겨나지 않는다: 우리의 정신적인 눈앞에서 구축되는 가지적인 형상은 사유와 이 사유에 인식될 수 있는 것 사이의 능동적인 상호작용의 결과이다. 그럼에도 불구하고 가시적인 대상은 눈과 마주해서, 그리고 정신적으로 인식될 수 있는 대상은 사유와 마주해서 규준성을 지니고 등장하며, 봄과 사유의 지향성에 중단 없이 자신을 순응시키는 것이 아니라, 봄과 사유에 맞서 독립성을 보전하며, 그 독립성은 대상으로 하여금 고유한 종류의 저항성 안에서 봄과 사유에 자신을 "맞세워 던지는 것"(objici)을 가능하게 한다. 그렇게 대상은 우리의 비판적인 자기평가의 법정이 되고, "사유의 새로움에로 이르는 변형"을 진척시키는 계기가 된다. 우리의 첨가물 없이 생겨나지 않은 것은, 그럼에도 불구하고 우리와 마주해서 자신의 저항적인 독자성을 주장한다. 그 점에 대상-구성의 역설이 존립한다.

이 역설은 철학자가 고안해 낸 것이 아니며, 궤변론자들이 의도적으로 일으킨 혼란의 산물은 더더욱 아니다; 그것은 정신적으로 생산하는 자에게는 누구나 자신의 경험으로부터 알려진 것이다. 예술작품은 그것을 제작한 예술가에게 특유한 독자성을 가지고 맞서 등장하며, 그에게 말을 걸며, 그를 열광시킬 수도 (혹은 각성시킬 수도) 있으며, 그에게 그것을 새롭게 바라

보고, 이때 이 작품을 제작했음에도 불구하고 지금까지 그에게 은폐된 채 있었던 것을 발견하게 하는 계기가 될 수 있다. 비슷한 것이 한 책의 저자에 대해서도 타당하다. 그는 그 책을 썼고, 수많은 자신의 표현들을 여러 차례 검토했고, 경우에 따라서는 고쳤고, 그 책의 구조를 잘 숙고해서 계획했고, 그럼에도 쓰는 동안에 여러 차례 변경했다. 그렇게 저마다의 세목이 그에게 친숙하다. 그럼에도 불구하고 그 책은, 이제 완성된 채 저자 앞에 놓여 있을 경우에, 그에게 종종 놀라게 하는 생소함 안에서 마주 등장하며, 그 결과 그 저자는 마치 다른 이가 그것을 쓴 것처럼 그 책을 읽을 수 있고, 이때 다음의 판단에 이를 수 있는 것이다: 이제 그는 전체의 책을 변화된 방식으로 쓰기를 새롭게 시작할 수밖에 없다. 자신의 고유한 산물이 그에게는 비판적인 자기-점검의 법정이 된 것이다.

형상화의 결과가 형성자에게 독립적으로 맞서고, 비판적인 규준성과 진척시키는 혁신-동인을 가지고 맞서는, 그런 종류의 경험 안에서, 대상구성의 과정은 그 (잠정적인) 종결에 이르게 된다. 우리에게 감각적으로 혹은 정신적으로 지각할 수 있는 형태로서 목전에 등장하는 것은 존재자와 우리의 대화로부터 생겨났으며, 그럼에도 불구하고 그것은 사람들이 "존재자의 저마다의 더 큰 진리"라고 부르는 것에 대한 투명한 형태가 된다: 곧, 우리에게 접근 가능하게 되는 형태보다도 더 큰, 존재자의 규준성주장에 대한 투명한 형태가 된다. "존재론적인 물음", 곧 "존재자란 무엇인가?"의 물음은, 그런 경험들에 직면해서 다음의 형태를 얻게 된다: 무엇이 존재자를 우리와의 저 대화 안으로 들어설 수 있게 해주는가? 그 대화 안에서 우리는, 존재자의 요구아래서, 응답적인 형성을 할 수 있게 되며, 동시에 존재자의 요구가 척도로 남아서, 그 척도에 즉해서 그것과의 대화 안에서 생겨나는 저마다의 형태는 자신을 잠정적이고 능가될 필요가 있는 것으로 입증한다.

5. 성공적인 경험의 우연성과 신적인 말 건넴의 해방시키는 자유

"존재자는 무엇인가?"라는 존재론의 근본물음은 "도대체 무엇인가가 있으며 오히려 아무 것도 없지 않다"는 것에 대한 놀라움에서 생겨난다. 이 경이는 우리가 공상 안에서 여행하는, 사유 가능한 것의 부정(不定)의 공간 내의 곳곳에서 "그저-사유된 것이-아닌, 실재적인 것의 섬들"이 만나질 수 있음에 대한 한갓 이론적인 놀라움 그 이상이다. 오히려 이 경이는 우리가 강요할 수 없는 만남의 경험에서 생겨나는데, 그 만남 안에서 존재자는 우리가 마음대로 처분할 수 없는 고유-주도권 안에서, 우리를 자신의 요구아래 세우고, 그것을 통해서 "우리에 대한 것이 된다". 존재자의 이러한 "우리에-대한 것이-됨"은, 존재자가 자신의 유보로부터 등장하고, 우리와 맞서고("ob-jicitur"), 우리에게 "생각하도록 야기하는" 사건으로서, 마지막으로 거쳐 간 숙고들 안에서 여러 단계의 과정의 결과로서 입증되었다. 그 과정 안에서 존재자는 매번 우리에게 대답을 촉구하는 첫 번째 말을 한다. 이 대답의 힘으로 우리는, 응답적인 형성의 행위들 안에서, 우선은 인상형태들을, 그런 다음에는 표현형태들을 구축한다. 표현형태들 안에서 존재자의 요구가 우리에게 감지할 수 있는 것이 되고, 그것들에서 이 존재자의 고유성이 우리에게 읽혀질 수 있는 것이 된다. 비로소 존재자와의 이 대화가 성공하는 정도에 따라서, 존재자는 우리의 이론과 실천의 규정 가능한 대상으로서 우리에게 맞서는 것이다. 비로소 그때 "우리에 대해서 존재자가 있으며 오히려 아무 것도 없지 않다".

이것이 발생한다는 것은 매번 우연적인 사건이며, 우선 두 가지 이유들에서 그렇다: 존재자가 우리와의 대화를 개시하는 저 "첫 번째 말"에 대해서 우리가 마음대로 처분할 수 없기 때문이며, 이 말에 대해서 적합한 대답을 주려는 우리의 시도가 늘 성공하지는 않기 때문이다. "첫 번째 말"이 부재하다면, 대화는 전혀 생겨나지 않는다; 적합한 대답이 우리에게서 성공하지 않는다면, 대화는 곧 중단된다. 두 경우 모두 대상구성에 이르지 못한다. 그래서 이런 물음이 생겨난다: 이 사건은, 만일 그것이 발생할 경우에, "우연"의 결과인가, 즉 두 개의 서로 독립적인 인과계열의 중첩인가? 이 인과계열의 하나는 "최초의 행위actus primus"와 그로부터 귀결되는 "두 번째 행위actus secundi"에로의 능력이라는 전통적인 개념들로 묘사될 수 있다. 그렇게 이해되었을 때, 첫 번째 인과계열은 존재자의 내적인 활동으로부터, 그것의 "최초의 작용-중에-있음"-actus primus-으로부터 외부로 향한 저 "이차적인 작용-중에-있음"-actus secundus-이 생겨나는 방식일 것이다. 이것을 통해서 존재자는 우리에게 "인상을 준다"; 두 번째 인과계열은 우리의 의식상태들의 연속일 것이다. 이것은 우리로 하여금 어떤 시점에 어떤 인상들에 대해서 충분히 수용적이 되며, 응답적인 형성의 행위에로 정향되도록 이끌 수 있다. 혹은 두 개의 그처럼 서로 독립적인 인과계열들의 가정은 자의적인 가설로서, 오직 사건의 우연성에 대해서 외견상의 해명을 주도록 규정된 것이다 - 물론 아무 것도 설명하지 못하는 해명, 왜냐하면 두 개의 가정된 인과계열들의 "중첩"에로 이끄는 것은 이때 어둠 속에 남기 때문이다. "우연"(두 독립적인 인과계열들의 중첩)을 끌어다대는 것은 대개 해명의 시도라기보다는 해명할 수 없음에 대한 시인이다.

그러나 우연적인 사건, 곧 "우리에 대해서 존재자가 있으며 오히려 아무 것도 없지 않다"는 것을 설명하기 위해서는 어떤 대안이 제안되는가? 앞선 자리에서 언급되었던 것은, 우연적인 사건을 위한 적합한 근거는 자유의 작용에서 구해져야만 한다는 것이었다. 존재자의 "우리에 대한 것이 됨" 안에서 그러한 자유가 작용 중에 있다는 가정을 위한 근거가 있는가? 실제로 이러한 가정을 권고하는 두 가지 이유들이 있다.

이 두 이유들 중의 첫 번째는, 방금 거명한 두 "인과계열들"이 모든 점에서 서로 독립적이지 않다는 데에 존립한다. "우리에게 생각하도록 야기하는" 것은, 다시 말해서, 사안이 우리를 자극하는 인상에 대해서 우리가 민감해지도록 만들며, 동시에 사안의 이 "첫 번째 말"에 대해서 대답의 힘을 우리 안에서 일으키는 것은, 사안 자체이다. 두 가지 안에서, 인상에 대한 감수성과 대답에로의 능력 안에서, 존재자의 해방시키는 힘이 효력을 발휘하며, 그것이 우리로 하여금 선입견과 편견을 극복하게 해주며, 가상과 진리를 구분할 수 있게 해준다. 그러한 해방이 그것의 원인을 자유 안에서 구하도록 권고한다. 그 자유는, 만일 현실적인 것과 그것의 요구와의 대화가 성공한다면, 그때마다 늘 우리에게 작용하게 된다. 우리가 그와 함께 현실적인 것과의 대화 안으로 들어서는 바로서의 "해방된 자유"에 상응하는 것은 그때, 사안이 그와 함께 우리에게 작용하게 되는 바로서의 "해방시키는 자유"일 것이다.

그 같은 "해방시키는 자유"를 구하는 두 번째 이유는, 현실적인 것과의 대화가 우연히 실패할 수도 있다는 것만은 아니라는 데에 존립한다(예를 들면, 우리가 어떤 시점에 생활사적인 이유들로 충분히 존재자에 의해 인상을 받거나 이 인상에 대해서 적합한 대답을 하도록 정향되어 있지 않기 때문에). 대화는 오히려 필연적으로 한계에 부딪히는데, 그것은 곧 존재자가 우리를 그 아래에 세우는 다양한 요구들이 서로 경쟁하며, 동시에 서로 침투하고, 이 관여Interferenz 안에서 서로가 상대화될 지경에 처하게 됨이 드러날 때이다. (이 자리에서 상론될 수는 없지만) 이미 제시된 것처럼, 그 점에 "순수 이성의 변증법"이 의거한다는 것을 칸트는 범례적으로 이중의 요구에 접해서 기술했는데, 그것은 윤리적으로 권고된 것을 한편으로는 전적으로 윤리법칙에 정향된 순수한 심정 안에서 구해야 한다는 요구와, 그러나 동시에 그것을 효력 있는 행위 안에서 실현시켜야 한다는 요구이다. 그런데 후자는 자연법칙을 고려함이 없이는 가능하지 않다는 것이다. 계속 전개되는 칸트-해석에서 배우게 되는 것은 이렇다: 이 모순이 해소되는 것은, 윤리적 경험의 내용이 우리에게 던지는 두 요구들이 하나의 신적인 "명령 Mandatum", 곧 신이 우리에게 "믿고 맡기는" 위탁의 현상형태들로서 이해될 경우이다. 그것은 우리가 신적인 계명의 현상형태로서 이해해도 좋은 윤리적 의무에 대해서만 타당한 것이 아니라, 존재자가 우리에게 던지는 요구에 대한 저마다의 경험에 대해서도 그러하다. 다양한, 서로 관여하는 그리고 이 관여 안에서 서로를 상대화시키는 존재자의 요구들 안에서 우리는 신의 의무 지우는, 동시에 해방시키는 명령의 현상형태들을 인식해도 좋은 것이다. 그러나 이 "명령"은 바로, 그 안에서 신의 자유가 "해방시키는 자유"로서 작용하게 되고, 그 안에서 우리가 봉사의 "해방된 자유"에로 고양되는 바의 것이다. 우리가 봉사에 유보 없이 헌신할 수 있는 것은, 이때 우리가 신적인 명령자에게 신뢰하며 자신을 맡기기 때문이다. 현실적인 것과의 우리의 대화가 불가피하게 빠지게 되는 위기는, 오직 신의 해방시키는 자유에 대한 신뢰를 통해서만 극복될 수 있는데, 그것의 경험 가능한 현재형태들이 존재자의 다양한 요구들인 것이며, 이것들이 우리 경험의 내용들을 구성한다(참고할 것은, 이 책의 2장: "칸트적인 체계 내의 빈틈은 채워질 수 있는가?").

그러나 그때 우리가 하는 다양한 경험들을 하나의 "텍스트"로서 읽는 것이 가능해야 할 것이다. 그것의 의미내용이 우리에게 개시되는 것은 비로소, 우리가 그 안에서 신의 말 건넴을 해독하고, 이것을 그의 "해방시키는 자유"의 표현으로 파악할 때이다.

6. 존재자에 대해 새롭게 제기된 물음
신에 대한 새로운 언사에로의 길인가?

　새롭게 이해된 존재론과 신에 대한 철학적 언사의 가능성과의 관계에 대한 숙고는 의아하게 여겨질 수 있는 결과에로 이끌었다. 신이 "우리에 대해서" 존재하는 방식이 그 표현을 발견하는 것은 존재자가 "우리에 대해서" 존재하는 방식 안에서이다: 사물들은, 그것들이 우리를 압류하고 그리하여 우리의 직관과 사유의 자기활동성에로 불러내는 방식들의 다양성 안에서, "우리에 대해서" 존재한다. 이 요구들의 긴장에 찬 다양성은, 그것들 모두가 우리에게 자신의 명령을 위탁하고 이를 통해서 우리에게 해방시키는 자유로서 작용하고 있음을 입증하는, 신적인 증여의 현상형태들로서 이해될 때, 내적인 모순들 안에서 스스로 폐지되는 것으로부터 보호된다. 이 해방시키는 자유가 신이 "우리에 대해서" 존재하는 방식의 표지이다. 존재자로서의 존재자에 대한 새롭게 획득된 물음이 존재자의 "우리에-대한 것이-됨"과 그렇기 때문에 "대상-구성"의 대화적인 과정과 관계된다면, 그 과정 안에서 존재자는 늘 "첫 번째 말과 마지막 말"을 갖는데, 그때 철학적으로 신에 대해서 말하는 새로운 방식은 신의 자유로운 "우리에-대한 것이-됨"의 우연적인 사건과 관계가 있다. 그 신의 해방시키는 자유가 이때 첫 번째의 철학적인 '신 술어Gottesprädikat'가 된다. 그런데 행위의 자유는 존재 안에서의 자립을 전제하기 때문에, 자기 자신 안에 머무는 신의 "실체성"에 대한 철학적 언사는, 인간을 향한 신의 주권적인 자유를 이해시키는 데에 필수적인 해석도구가 된다.

이로부터 이러한 길 위에서 존재론과 철학적 신학을 변화된 형태로 다시 획득하려는 시도에 대해서 비판적인 물음이 생겨난다. 그 같은 존재론과 철학적 신학은 "주관주의적"인가? 왜냐하면 그것들은 다음의 경험에서 시작되기 때문인데, 그것은 인간적 주관성의 표지인 저 자유와 자기규정이 오직 존재자와의 대화 안에서만 획득될 수 있다는 경험과, 존재자와의 이 대화 안에서 신의 해방시키는 증여가 그 현상형태를 발견하게 된다는 경험이다. 늘 존재자의 "우리에-대한 것이-됨"에서, 그리고 이를 통해서 중재된, 신의 "우리에-대한 것이-됨"에서 시작되는 그러한 사유에, 사물들의 "즉자존재 Ansichsein" 그리고 무엇보다도 신의 즉자존재에 다다르는 통로는 닫혀 진 것인가?

존재자의 즉자존재와 관련되어서 말하자면, 이 물음은 그 권리가 비로소 점검되어야만 하는 하나의 전제를 만들고 있다: 사물들의 "우리에-대한 것이-됨"이 그것들의 "즉자존재"를 위해서 비본질적이라는 전제. 이 전제는 명백한 것처럼 여겨지는데, 왜냐하면, 가장 많이 인용된 보기를 상기하자면, 인간들이 거기에 존재했기 이전에, 별들은 수백만 년 동안 그들의 궤도를 따라 움직였기 때문이다. 인간들은 이 별들을 관찰하면서 천문학적인 물음을 던지게 되었고, 또한 미적인 열광이나 혹은 종교적인 숭배의 행위에로 고무될 수도 있었던 것이다. 그렇기 때문에 별들이 인간과의 대화 안으로 들어서고 그런 다음에 인간을 위해서 경험의 상이한 형식들의 내용이 되는지는, 별들의 "존재"를 위해서는 전적으로 비본질적인 것처럼 보인다.

하나의 대안이 제안되는 것은, 우리가 근세 초기의 자연탐구자들과 철학자들에게서 흔히 발견되는 한 은유를 따를 때이다: 세상은 읽혀지기를 원하는 하나의 "책"이다. 물론 검토되어야 할 것은, 이 은유에서 관건이 되는 것은 단지 아름답고 인상적인 시적 그림인지 혹은 그 안에서 인식이론적으로 그리고 심지어 존재론적으로 본질적인 것이 표현되고 있는가의 여부이다. 왜냐하면 하나의 책을 위해서는 독자와의 관계가 본질적이기 때문인데, 그 책이 아직도 그처럼 오랫동안 읽혀지지 않은 채 책장에 보관되고 있을지라도 말이다. 비로소 그것이 독자에게 "생각하도로 야기하면서", 그것은 책으로서의 자신의 본질에 따라서, 그것의 무엇임이 된다. 그러나 독자와의 이 본질적인 관계는, 책이 독자에게 말하는 것을 독자가 책에게 미리 지시할 수 있다는 것을 의미하지는 않는다. 독자는 오히려, 책과 그것이 말하는 것을 통해서 직관과 사유의 새로운 방식들에로 불러일으켜지면서, 비로소 독자가 된다. 그 점에 책들과 그것들의 독서가 지니는 "도야가치"가 의거한다. 읽혀지는 책들은 독자의 직관과 사유를 "형성한다". 다시 말해서 그것들은 독자의 "정신의 형성formatio mentis"을 비로소 산출하고, 그리하여 독자로 하여금 읽은 것을 이해할 수 있게 해준다. 책이 독자에게 "생각하도록 야기하는" 특별한 방식 안에서, 특별하고도 혼동될 수 없는 "저자의 필체"가 인식 가능하게 된다: 저자가 자신의 책에 존재하는 모든 단어들 옆에서 독자에게 말을 건네는 것이 아니라, 자신의 책에 존재하는 각각의 단어 안에서 독자에게 말을 건네는 방식.

   모든 인식이 이런 의미에서 "세상의 책에서 읽기"라면, 이를 통해서 동시에 신에 대해서 철학적으로 말하는 새로운 방식이 가능하게 되는지가 물어질 수 있다: "세상의 책"을 쓴 "신의 필체를 해독하는 것"은 동시에 신적인 저자에 대한 시선을 열어준다: 그가 자신의 책에서 독자에게 말을 던지면서 작용하는 방식의 전제로서, 그가 존재하는 방식에 대한 새로운 시선.

5장

세상의 책에서 읽기

신에 대한 철학적 언사의 한 길인가?

서론: "세상의 책에서 읽기"
오래된 프로그램어, 새롭게 읽힘

1. 이 프로그램어의 다중적인 의미

"세상의 책에서 읽기" - 이제 전개될 상론을 위한 이 제목은 내가 직접 고안한 것이 아니다. 나는 이것을 한스 블루멘베르크Hans Blumenberg에게 빚지고 있다. 그의 저술들인 "근세의 적법성"[116]과 "세상의 읽혀질 수 있음"[117]으로부터, 그리고 우리가 함께 보낸 보쿰 대학 교편시절에 그와의 사적인 만남으로부터 나는 삼중의 지침을 얻었는데, 이제 그것을 다시 끄집어내어서, 이 책에서 행해진 숙고의 마지막 장에다 설정한 과제의 해명과 연결시키고자 한다.

"세상의 책에서 읽기"라는 표현은, 이미 중세후기에 등장하는데, 르네상스시기에 의사들과 자연탐구자들의 프로그램어Programmwort의 성격을 띠게 된다. 그들에게는 "고대의 책들에서 읽기"는, 특히 히포크라테스나 갈렌의 저술들을 읽는 것은, 인식의 일차적인 근원으로서 여겨지지 않았고, 건강하고 병든 사람들에 대한 자신의 관찰, 식물에 대한 자신의 실험과 그로부터 얻어진 추출물들, 마찬가지로 광물들과 그것들이 유기체에 미치는 작용에 대한 실험이 더 중요하게 간주되었다. 이러한 고유한 관찰들을 그들

---
116 Hans Blumenberg, Die Legitimität der Neuzeit, Frankfurt a. M. 1966.
117 Ders., Die Lesbarkeit der Welt, Frankfurt a. M. 1981.

은 "세상의 책에서 읽기"라고 부른 것이다.

"세상의 책에서 읽기"라는 표현은 그 다음, 근세의 시작에, 철학의 프로그램어가 된다. "가지적인intelligible 진리들"은 이제 더 이상 감각적으로 경험된 세계와 떨어진 곳에서, 곧 이데아들에 도달하고자 감각세계를 뒤에 남겨둔 "상승" 안에서, 구해져서는 안 되었던 것이다. 그것들은 감각적으로 경험할 수 있는 사물들의 "안에서"라는 의미에서조차도, 그래서 그것들 안에서 물질로부터 "추상"되는 "본질형상"이 발견되는 방식으로도, 구해지는 것이 아니다. 오히려 그것들은 현상 자체의 물질성과 감각성에서 구해지는 것이다. 가지적인 진리들을 발견했노라고 주장하는 사람은 이 진리들이 감각적으로 주어진 세계의 구상적인 형태에서 읽혀질 수 있음을 보여줄 수 있어야만 하는 것이다. 그리고 이러한 "읽기"가 바로 "세상의 책에서 읽기"라고 지칭되는 그것이다. 이에 대한 고전적인 보기는 해석기하학인데, 이것이 보여주는 바는 이렇다: 직관과 개념은 의미가 동일하다. 가령 "$y=x^2$"와 같은 정식이 말하는 것은, 중력축에 비스듬히 상공으로 던져진 물체의 주위를 도는, 직관적으로 관찰할 수 있는 궤적과 동일한 것이다. 관건이 되는 것은, 수학적으로 구성되는 것을 감각적으로 주어진 물체의 궤적 안에서 직관하는 것이고, 이것을 "텍스트"로서 파악하는 것이다. 이 텍스트가 감각세계 안에서 우리에게 주어져 있고, 그것의 의미내용은 단지 이 텍스트의 "읽기" 안에서만 파악될 수 있는 것이다.

"세상의 책에서 읽기"라는 표현은 마지막으로 계몽된 이성의 프로그램어가 될 수 있었다. 여기서 관건이 된 것은, 물리학과 형이상학의 통일성을 다시 획득하는 것이었다. 물리학은 현상들을 인과개념을 길잡이로 해서 탐구한다; 형이상학은, 계몽주의가 그것을 이해한 것처럼, 동일한 현상들을 목적론적인 개념들을 가지고 해석함을 통해서, 곧 하나의 목적에 도달하는 그것들의 적합성 안에서, 현상들의 의미를 해명한다. 바로 그 점에 "읽을 수 있는 텍스트"의 의미가 존립하는 것이다. 이것에 대한 고전적인 보기는 라이프니츠가 시도한 입증으로써, 자연현상들에 대한 인과적인 해석과 목적론적인 해석은 의미가 동일하다는 것이다. 조밀한 매체로부터 보다 얇은 매체로 들어갈 때나 혹은 그 반대의 경우에 빛줄기의 굴절은 빛줄기의 궤도에 미치는 매체의 영향을 기술하면서 인과적으로 설명이 된다; 그러나 그것은 목적론적으로도 설명이 되는데, 가령 빛줄기가 그때마다 자신의 길에 대해서 최소한의 시간을 소요하게 만드는 궤도를 투과한다는 지적을 통해서 말이다. 그 안에서 사람들은 굴절법칙들의 목적을 볼 수 있는 것이다. 또 다른 보기: "힘들의 평행사변형", 이것은 두 개의 상이한 추진력들이 작용하고 있는 물체가 움직일 때 그 속도와 방향을 인과적으로 설명하는 것인데, 다음과 같이 목적론적으로도 해석될 수 있다. 곧, 그러한 추진력들이 서로 충돌할 때 목적으로서 의도되고 있는 하나의 작용이 있는데, 그것은 추진력들 간의 대립을 불가피한 최소치에로 줄이고, 그 물체에 함께 작용한 가속도를 최대화하는 것이다. 그 안에서 "신성한 법학Jurisprudence divine"의 지혜가 인식되는데, 그것은 지혜로운 판관이 하듯이, 서로 다투고 있는 당사자들 간의 갈등은 최소화하고, 그들의 공통점들은 최대화하여 양측이 동의할 수 있는 타협점을 가능하게 만드는 것이다. 물리적-인과적 설명과 형이상학적-목적론적 해석은 동일한 현상들에 즉해서 확증되며, 그 현상들을 "읽혀질" 수 있는, 그리하여 이해할 수 있는 텍스트로 만드는 것이다.

2. 다음에 전개되는 숙고의 의도

한스 블루멘베르크의 이 삼중의 지침을 따르면서, 다음의 상론이 시도하는 것은, "세상의 책에서 읽기"라는 프로그램어에 그 이상의 의미를 부여하는 것이다. 이 프로그램은 신에 대해서 철학적으로 말하기 위해서 하나의 길을 제시해야만 한다. 관건이 되어야 할 것은, "세상의 책에서" "그 저자의 필체"를 찾아내는 것이다. 여기서 추구되고 있는 길이 전통적인 철학적 신 인식의 길들과 구분되는 것은, 그 길이 "작용과 원인" 혹은 "수단과 목적"

이라는 개념 쌍을 길잡이로 해서가 아니라, "현상형태와 의미내용"이라는 개념을 실마리로 해서 신 인식에로 나아간다는 것이다. 왜냐하면 하나의 텍스트를 읽는 사람은 우선적으로 그것이 어떻게 생겨났는지가 아니라, 그것이 무엇을 의미하는지를 묻기 때문이다.

신 인식을 "작용과 원인"이라는 개념들을 길잡이로 해서 얻으려는 사람은 신을, "세계"로서 우리와 만나는 그 모든 것의 "최초의 원인"으로서 이해한다. "수단과 목적"이라는 개념들로 진전하는 사람은 경험 가능한 세계를 서로 연관되어 있는 수단들의 결합체로서 이해하며, 그 안에서 "마지막 목적"이 인식될 수 있고, 그것은 단지 지성적인 창조자에 의해서만 설정될 수 있었던 것이라고 생각한다. 그와는 반대로 여기서 선택한 길은 다음의 방식으로 선취하면서 기술된다: 출발점을 형성하는 것은 경험이다. 그 경험의 내용은, 사물들이 우리에게 "무엇인가 말할 것을 갖고 있다"는 것이며, 그 내용을 우리가 파악하게 되는 것은, 사물들 자체가 우리에게 "생각하도록 야기함"을 통해서라는 것이다. 사물들은 우리에게 사유의 과제를 제시한다. 그리고 - 그에 대해서는 좀 더 자세히 살펴보겠지만 - 사물들은 우리를 온전히 문자적인 의미에서 "형성한다informieren": 사물들이 사유를 비로소 저 형식Form 안으로 운반하는데, 그 안에서 사물들이 우리에게 생각하도록 야기하는 바의 것이 숙고될 수 있는 것이다.

"안으로-형성됨in-formatio"에 대한 그 같은 이해가 전제되었을 때, 이제 관건이 되는 것은, 사물들이 우리에게 "말하고자 갖고 있는" 것과 "생각하도록 야기하는" 것 안에서 한 "저자"의 말 건넴을 발견해내는 것이다. 마치 사람들이 하나의 책을 읽을 때 그 저자의 필체를 다시 인식하는 것처럼.

3. 철학적으로 신에 대해서 말하는 새로운 방식의 시도를 위한 동기들

이 자리에서 철학적으로 신에 대해서 말하는 새로운 길이 추구되는 이유는, 이미 수백 년 동안 실행된 논증과 반론의 교환이 낳은 불만족스러운 결과에 놓여 있다. 한편으로는 철학적 신 증명들이 실행되었고, 다른 한편으로는 그것들의 불가능성이 입증되었노라고 말해졌다. 이러한 다툼 안에서 논증과 반론은 오랜 시간 이래로 눈에 띄는 성공 없이 반복되었다. 신 증명을 실행하는 사람은 비판자의 논증을 통해서 자신의 노력을 포기하는 쪽으로 움직여진 적이 거의 없었고, 신 증명의 불가능성을 입증하고자 한 사람도 그런 증명을 시도한 사람의 논증을 통해서 설득된 적이 거의 없었다. 그토록 오랜 시간에 걸쳐 실행된 토론이 관망자에게서 불러일으킨 이 극도로 불만족스러운 그림은, 이러한 신 증명들을 통해서 시도된 것이 또 다른 길 위에서 더 잘 달성될 수는 없는가 하는 물음을 생겨나게 한 것이다.

전통적인 신 증명들은 - 여기서 불가피한 단순화 안에서 말하자면 - 신을 긴 계기판의 맨 마지막에서 구한다: 작용에서 원인에로 되물어가면서, 그리고 이것으로부터 항상 그 이상의, 멀리 떨어져 있는 원인에로 향하며, 그리하여 "제일 원인"에 도달할 때까지; 혹은 수단들에서 목적들에로 거슬러 올라가면서, 그 목적들이 자기편에서는 그 이상의 목적 달성을 위한 수단들로 이해되면서, 결국 "최종목적"에 도달할 때까지; 혹은 세계 안에서 관찰된 "완전성들"로부터 상승해가면서, 그것들은 또한 항상 불완전성의 계기를 포함하고 있기에, "불완전성의 그 어떤 그림자"도 더 이상 마주치지 않는 "가장 완전한 존재자"에 이르기까지. 그 같은 증명들에 대한 전통적인 비판은, 신이 그곳에서 발견될 수 없다고 말한다. 그러나 아마도 다툼이 결실이 없는 이유는, 신이 도무지 그곳에서, 즉 중간지체들의 무한히 긴 계열을 통해서 우리로부터 떨어져 있는 곳에서, 구해질 수 없다는 점에 있을 것이다. 아마도 그와 같은 방식으로 구해지고 있는 신은, 설령 그 길 위에서 발견될 수 있다 할지라도, 종교와 신앙이 말하는 그런 신은 아닐 것이다. 아마도 - 이 추측이 앞으로의 숙고를 이끌 텐데 - 신이 세계와 관계하는 것은, 오히려 저자가 자신의 책과 관계하는 것에 훨씬 더 유사할 것이다: 저자는 자기 책의 모든 페이지에서 현존하고 있다. 비록 그가 그 페이지들의 어떤 것에서도 - 첫 페이지나 혹은 마지막 페이지에서조차 - 출현하지 않는다고 할지라도.

내가 이런 길 위에서 신에 대한 철학적 언명의 가능성을 찾으려는 것은 얼마 전 오랜 친구의 아들인 젊은 물리학자와 나눈 대화가 계기가 되었다. 그가 나를 방문한 것은 다음의 사태에 대한 자신의 경악을 알리기 위해서였다. 그것은, 세계-생성에 대한 물리학적인 이론들에 몰두해 있는 물리학자가 "창조자를 위한 그 어떤 자리도 없다"는 결론에 이르게 되었다는 것이다. 나는 신앙에 대한 이러한 반론이, 마치도 실러Schiller의 "발렌슈타인Wallenstein"을 읽는 독자가 "프리드리히 실러를 위한 그 어떤 자리도 없다"고 말하려 한 것처럼, 어리석은 것으로 간주된다고 대답하고 싶었다. 왜냐하면 실제로: 프리드리히 실러는 이 드라마에서 출현하지 않기 때문이다. 첫 번째 장면에서도, 더욱이 마지막 장면에서도. 그럼에도 불구하고 그 누구도 그로부터 저자의 비-실존을 추론하려는 생각에 미치지는 않을 것이다. 하지만 나는 이 대답을 언표하지는 않았다. 왜냐하면 다음과 같은 의혹이 그렇게 명했기 때문이었다: 아마도 이러한 반론의 어리석음은 단지 신을 발견할 수 없는 곳에서 신을 찾는 신앙인들의 그릇된 자기이해를 반영하는 것이 아닐까: 기다란 세계내재적인 인과계열의 맨 처음이나 마지막에서, 가령 "대폭발 이전에" 혹은 "저온으로 인한 우주종말 이후에", 신을 발견하려는 오해. 신을 "그의 작품의 모든 페이지에서", 세계운행의 모든 순간에 현존하며 작용 중에 있는 존재로 발견하려는 대신에.

사람들이 저자를 그의 작품 안에서 찾으려는 것처럼, 신을 그렇게 세상 안에서 찾는 것이 처음부터 헛된 일이 아니라는 추측을 나는 한 증인에게 의존하고 있는데, 그의 이름은 많은 독자들을 놀라게 하거나 심지어 경악하게 만들 수도 있다: 임마누엘 칸트. 칸트는 잘 알려진 대로 종교를 "우리의 의무를 신적인 계명으로서 인식하는 것"[118]이라 정의하였다. "으로서 als"라는 작은 단어는 - 전문가들은 "해석학적인 으로서als"에 대해서 말한다 - 다음의 사태를 암시하고 있다: 관건이 되는 것은, 구체적인 삶의 상황에서 경험한 의무로부터 무한히 오랜 시간 전에 이 세상의 사물들과 인간들에게 저마다의 품위를 불어넣어 준 입법자에로 향하는 인과추론이 아니다. 그러한 품위 때문에 이 세상의 사물들과 인간들이 우리를 의무지우는 방식으로 압류한다는 것이다; 그러한 원인은 의무의 경험을 하는 사람으로부터 무한히 긴 인과계열을 통해서 멀리 떨어져 있을 것이다. 그 계열들로부터 우리가 "오늘" 마주치는 사람들과 사물들이 생성되었다는 것이다. 칸트의 종교-정의 안에 있는 "해석학적인 으로서"는 오히려 하나의 주석규칙이다. 이것은 우리로 하여금 매번 "오늘", 우리가 구체적인 의무들을 경험할 때, 그 안에서 우리에게 위탁된 신의 "명령Mandatum"을 인식하도록 촉구하는 규칙이다. 이제 제시될 것은 이렇다: 그 같은 주석의 규칙을 따르는 것은 단지 윤리적인 의무에 대한 이해만이 아니라, 우리가 하는 저마다의 경험에 대한 이해이다. 우리는 우리의 의무를 "신적인 계명으로서" 이해해도 좋고 또 그래야 할뿐만 아니라, 우리가 하는 저마다의 경험을, 의무지우고 동시에 해방시키는 신적 증여의 현상형태로서 파악해도 좋은 것이다. 그럴 때에 우리는 신적인 "저자"를 "세상"이라 일컬어지는 그의 "책"의 매 페이지마다에서 발견하게 된다.

사람들이 철학적 신 인식에 이르는 길을 이러한 방식으로 찾는다면, 그때 물론 사람들은 전통적인 신 증명의 길보다도 더 높은 정도의 인내를 요구하게 된다. 사람들이 전통적인 신 증명의 의미에서 세상을 작용들의 복합체로서 이해하고, 그것의 공통적인 원인을 묻는다면, 작용들의 이러한 복

---

118 I. Kant, Die Religion innerhalb der Grenzen der bloßen Vernunft, B 229.

합체를 하나의 규칙에로 가져가서, 그 규칙의 적용사례들을 우리의 경험내용 안에서 다시 인식하는 것으로 충분하다. 그렇게 되면 사람들은 가령 이렇게 말한다: 경험 안에서 우리와 마주치는 모든 것은 움직여진 것이다; 그렇기 때문에 그것은 움직이는 자를 지시하고, 마지막으로 "최초의 부동의 동자"를 지시한다. 혹은 사람들은 이렇게 말한다: 우리와 만나는 모든 것은 자신을 "다소간에 완전한" 것으로 입증한다; 그렇기 때문에 그것은 "가장 완전한 존재자"를 지시한다. 혹은: 존재하는 모든 것은 자신을 단지 "상대적으로 필연적인" 것으로서, 말하자면 특별한 조건들이 주어져 있는 전제 아래서, 입증한다; 그렇기 때문에 그것은 "절대적으로 필연적인 존재자"를 지시한다. 모든 구체적으로 경험된 운동들, 모든 구체적으로 발견된 완정성의 정도들, 모든 구체적으로 발견된 상대적 필연성들은 그렇게 되면 단지 저 일반적인 규칙의 보기들일 뿐이다. 구해진 증명은 그 규칙에 의거하는 것이다. 그 규칙을 찾아내기 위해서 수많은 보기들을 아는 것이 필수적인 것은 아니다. 그와는 반대로 저자를 그의 책에서 인식하려는 사람은 저자를 그 책의 페이지마다에서 새로운 방식으로 알아갈 각오를 해야만 한다. 그렇다면 그는 저자가 말하는 것을 듣기 위해서 참으로 "책"의 각 페이지마다 머물러 있어야 한다. "세상의 책"과 관련해서 이것이 의미하는 바는 이렇다: 전체의 삶도 저자가 자신의 책에서 어떻게 자신을 진술하는지를 알아가기에는 충분치 않으며, 그 책의 한 개별적인 장은 그 저자를 알아가기에 더더욱 충분치 않은 것이다.

다음에 전개되는 상론의 목적을 테제들로 요약하자면, 그것들은 종결적인 가르침의 명제들이 아니라, 다가올 상론을 필요로 하는 프로그램의 표명일 수 있다. 그 테제들은 이렇다:

1. 세상은 읽혀질 수 있는 하나의 책이다.
2. 이 책의 고유성에서 그 저자의 필체가 읽혀진다.

이어지는 숙고의 두 부분들은 이 두 테제들에 상응하는 것이다.

A. 하나의 책으로서의 세상 -
그리고 그것이 읽혀질 수 있는 조건들

　세상을 "저자의 필체"를 인식하게 해주는 "책"으로서 읽기 위한 절차를 적어도 윤곽적으로 제시하기에 앞서서, 나는 이 프로그램 자체를 좀 더 해명하고 싶다. 이런 해명은 두 가지 이유에서 내게 필요한 것처럼 보인다: 한편으로, "세상의 책에서 읽기"라는 언사는 명백히 하나의 은유이다; 그리고 하나의 은유로부터 그 이상 진행되는 논리적 결론들을 도출해내는 것은 항상 방법론적으로 의심스러운 것이다. 그렇기에 먼저 제시되어야 할 것은, 이 특별한 은유가 아마도 아름다운, 그러나 유사시에 포기될 수도 있는, 시적인 그림 그 이상이라는 것이다. 다른 한편으로, 이 특별한 은유의 사용이 그러한 결론들을 허용해야 할 것이라는 전제하에서조차도, 그와 함께 철학적 신 인식의 물음을 위해서 무엇이 얻어질지는 처음부터 분명하지 않다는 점이다. 그것은, 내가 희망하기로는, 계속되는 숙고를 통해서 더 분명하게 드러나게 될 것이다.

1. "세상의 책에서 읽기" - 일체의 "인간들의 책들에서 읽기"를 비로소 가능하게 만드는 유일한 조건

　문자적인, 전의적이지-않은 의미에서 "읽기"라는 단어는 인간들에 의해 쓰여 진 책들과 우리가 어떻게 관계하는가의 방식을 지칭한다. 그러나 그 책들이란 무엇인가? 그 책들 안에서, 쓰여 진 혹은 인쇄된 부호의 형식으로, 우리에게 도달하는 단어들은 무엇인가? 그런 단어들을 진술하거나 혹은 기록하는 사람들은 자기 자신에 대해서 말할 뿐만 아니라, 무엇보다도 사안과 사태들에 대해서 말한다. 그들의 단어들이 무엇을 말하는지 우리가 이해하게 되는 것은, 오직 우리가 그 단어들을 통해서 사안과 사태를 참조하게 되고, 그 결과 사안과 사태가 우리에게 무슨 말할 것이 있는지를 파악하게 되는 경우일 뿐이다. 말을 하는 혹은 글을 쓰는 저자는 사안의 요구를 청자들에게 혹은 독자들에게 계속해서 전달하는데, 그것은 이들이 자신의 사유 안에서 이러한 요구에 응답하게 하려는 것이다. 이해를 위한 독자의 고유한 책임도 이와 같은 자신의 고유한 활동에 의거하는 것이다. 청자와 독자는 사안의 요구에 대한 응답을 고유한 책임 안에서 내릴 때에만 텍스트를 제대로 이해한 것이다. 비록 그들이 사안의 요구를 자신들이 듣거나 읽은 텍스트로부터 알게 되었을 지라도 말이다. 이 같은 응답의 자기책임이 결여될 경우, 그들은 텍스트를 이해한 것이 아니라, 기껏해야 이해 못한 채로 따라 말한 것일 뿐이다.

텍스트가 말하고 있는 사안의 요구에 대한 그 같은 자기책임적인 응답이 가능한 것은 오직, 독자가 읽혀진 것의 빛 안에서 자신의 고유한 경험을 새롭게 이해하는 것을 배울 때, 그리고 역으로 그렇게 새롭게 해석된 자신의 경험의 빛 안에서 텍스트의 내용 또한 비로소 파악하게 될 때이다. 이것은 역사적 증언에 대해서나, 문학의 텍스트에 대해서, 혹은 철학이나 아니면 종교적 증언의 텍스트에 대해서 못지않게, 학문적 텍스트에 대해서도 타당한 것이다. 그렇게 이해했을 때, 텍스트들은 청자나 독자를 위한 경험의 학교가 된다. 이때 경험Erfahrung은 비판적인 이해 안에서 비로소 체험Erlebnis의 한갓 주관성과 구분된다.

경험의 학교가 된다는 점에 그 같은 텍스트들의 "도야가치"가 의거한다. 도야가치란 곧 독자가 텍스트들과 교제함을 통해서 얻게 되는, 직관과 사유의 저 형태의 형성을 위한 텍스트들의 의미를 뜻한다. 텍스트는 직관과 사유를 저 형식 안으로 운반하는데, 곧 독자를 다음의 방식으로 "안으로-형성하는데in-formieren", 그 방식은, 독자의 주관적인 체험들이 맥락 안으로 운반되고 그 안에서 그것들이 객관적으로 타당한 것을 말하기 위해서, 필수적인 것이다. 이 지점에서 하나의 관찰을 언급하자: 오늘날 유통되고 있는 "정보Information"라는 말의 용법은, 이 어휘의 근원적이고 문자적인 의미 뒤로 떨어져있다. "정보"에 대한 오늘날의 친숙한 이해는 이 말을 단지, 계속해서 점증하는 수많은 자료들을 완성된 채 존재하는 프로그램 안으로 저장함으로서 간주한다. "안으로-형성됨In-formatio"이라는 고전적인 개념은 사유의 형식이 비로소 저 현실과의 만남으로부터 생겨나는 것을 본다. 이 현실이 이러한 사유를 "형성한다", 다시 말해서, 사유를 적합한 형식 안으로 운반한다. 이제 제시될 것은, "정보"에 대한 이 같은 고전적 이해가 오늘날의 인식론의 맥락에서 놀랍게도 시사적인 것으로서 입증된다는 것이다.

오직 문자적인 의미에서 "형성된" 주체에게서만 "현상들이 경험으로서 읽힐 수 있도록 그것들을 한자 한자 읽는 것"이 성공할 수 있다. 이 문장으로써 나는 칸트 자신이 "읽기-은유"를 사용하고 있는 대목을 암시하고 있다.[119] "세상의 책에서 읽기"가 의미하는 것은 이제 이렇다: 우선은 단지 주관적으로 체험된 세계현실의 현상형태 안에서 우리와 맞서 등장하는 저 요구를 드러내는 것. 말이나 글로 인간이 작성한 모든 텍스트들은, 그것들이 우리를 그와 같은 "세상의 책에서 읽기"로 안내하는 한에서만, 그 목적을 달성하게 된다. 그리고 텍스트들이 이러한 안내를 성취하는 것은, 오직 저자 자신이 그 이전에 "세상의 책에서 읽었기" 때문에, 즉 자기 체험의 주관성 안에서 사물의 객관적인 요구를 감지했기 때문이다. 그 요구를 그는 우리에게 계속 전달하는 것이다.

이것은 훨씬 더 단순한 텍스트들에 대해서도 타당한데, 가령 우리 각자가 이미 종종 써 본적이 있는 편지와 같은 텍스트들이 그것이다. 편지들 또

---

[119] I. Kant, Prolegomena zu einer künftigen Metaphysik § 30.

한 독자에게 무엇인가 생각하도록 야기하는데, 그것들이 작성자가 한 경험을 전달하기 때문이다. 즉 작성자가 "세상의 책에서" 읽었기 때문이다. 그리고 독자가 쓰여 진 것을 이해하는 것은, 그가 그 내용을 자기 자신의 경험과 비교하거나, 아니면 발신자가 그에게 전달하는 것을 통해서 그가 지금껏 할 수 없었던 경험의 또 다른 방식들에 주의하게 되기 때문이다. 양자의 경우들에서 읽혀진 텍스트는 독자에게 그 자신의 "세상의 책에서 읽기"를 지시한다. 이하에서는 또 다른 텍스트들이 아닌, 바로 책들에 대해서 언급할 텐데, 그 이유는, 책들이 더욱 복잡한 언어적 형태를 통해서, 텍스트들의 모든 쓰기와 읽기에서 발생하는, 종종 덜 분명하게 지각될 수 있는 것을 분명히 드러내주기 때문이다.

2. 하나의 은유, 그러나 시적인 그림 그 이상인 것

그러나 사람들이 쓰는 책들이 세상의 책에서 읽기로부터 생겨날 수 있었다면, 그리고 그 책들이 독자로 하여금 스스로 세상의 책에서 읽을 능력을 준다는 점에서 확증된다면, "세상의 책에서 읽기"라는 표현은 여전히 하나의 은유이기는 하다. 하지만 그것은 동시에 모든 "문자적 의미에서의 읽기", 곧 인간에 의해 쓰여 진 책들의 모든 읽기의 조건이자 결과이다. 그렇기에 아래에서 "세상의 책에서 읽기"라는 은유가 놀라울 만큼 철학적으로 생산적인 것으로서 입증된다면, 그것은 그 은유의 시적인 암시효과 때문이 아니라, 그 관계가 역전된다는 데에 놓여 있다: "인간들의 책에서 읽기"가 구상적으로 우리의 세계이해의 방식에 전의轉義된 것이 아니라, "세상의 책에서 읽기"가 "원형"으로서 입증되는 것이며, 그 "모형들"을 우리가 "인간의 손에 의한 책들"을 읽는 도처에서 발견하는 것이다.

그러나 이것이 여기서 사용된 은유의 참된 의미라면, 우리가 인간의 책들을 읽어나가는 과정에서 세계현실에 대한 태도의 고유성을 읽어내는 것이 가능해야 하는데, 그 태도에서부터 모든 인간적 쓰기와 읽기가 생겨나는 것이다. 우리가 인간의 책들이나 혹은 또 다른 "인간의 손에 의한 텍스트들"을 읽을 때 관찰하는 것은 이제, 우리가 "세상의 책을 읽을" 때, 우리가 무엇을 행하는지를 이해하도록 안내하는 길잡이가 된다. 따라서 이어지는 숙고 안에서 인간의 책들을 읽을 때 발생하는 것에 대한 적합한 그림을 부여하는 것이 성공한다면, 그것은 이 상론의 자기목적이 아니라, 하나의 수단이다: 그것이 기여해야 하는 것은, 만일 우리가 인간의 책이나 혹은 또 다른 기록된 텍스트들을 쓰거나 읽을 수 있게 되기를 원한다면, 어떤 방식으로 우리가 늘 이미 세상의 책에서 읽었어야만 하는지를 분명히 하는데 있다.

이로부터 계속되는 물음들이 생겨난다: 우리가 "인간의 손에 의한 책들"을 읽을 때, 도대체 무슨 일이 발생하는가? 그로부터 "세상의 책"에서 읽기 위한 우리의 과제를 위해서 무엇이 추론되는가? 이제 이미 여기서 행해진 숙고의 제목 안에서 언급된 것은, 신에 대한 철학적인 언사의 가능성이 개시되는 하나의 길이 이러한 방식으로 얻어질 수 있는지의 여부가 검토되어야 한다는 것이다. 그것이 전제하는 것은, 신은 "세상의 책"에서 자신을 그 "저자"로 인식하게 해준다는 것이다. 이로부터 두 개의 물음들이 더 생겨난다: 어떤 방식으로 "인간의 손에 의한 책들"은 "저자의 필체"를 인식하게 하는가? 그리고 그로부터, "세상의 책" 역시 저자를 지시하고 그 저자의 "필체"를 분명하게 해주는 것인지를 우리가 결정하고 싶다면, 무엇을 배우게 되는가?

3. 읽기는 능동적인 과정이며, 그러나 자기대화는 아니다

a) 문자를 파악하는 것이 이미 독자의 능동적인 성취이다

독자와의 관계는 책을 위해서는 본질적이다. 독자가 없다면 책은 책이 아니라, "문자소들", 즉 먹물이나 인쇄용 검정 잉크로부터 종위 위에 찍힌 그래픽 형태의 집적일 뿐이다. 독자의 첫 번째 능동적 성취는, 이 그래픽 형태들이 기호들이며, 그렇게 이해되었을 때, 이 기호들이 다른 기호들과 결합되어서 그로부터 단어들과 문장들의 그래픽적인 묘사가 생겨난다는 것을 파악하는 데에 있다. 외래 문서의 알파벳을 해독하는 것이 성공하기 이전에, 이미 사람들은 종이에서 직접적으로 발견되고 있는 것에서 그러한 기호들이 문제되고 있음을 파악했어야만 한다. 이 점에 독자의 첫 번째 능동적인 성취가 존립한다.

이러한 과제를 전혀 발견하지 못하는 독자들이 있다. 그렇게 되면 그들은 독자가 될 수 없다. 그렇게 되면 그들은 예컨대 하나의 필체를 서예적인 작품으로 바라보며, 이 문자소들이 무엇인가를 의미하는 기호들이라는 것을 알아채지 못한 채, 그것의 아름다움에 감동할 수 있다. 혹은 그들은 이 눈에 띄는 문자소들의 집적이 마술적인 효용을 위한 것이라고, 가령 그것을 바라보는 사람에게 축복을 중재하거나 혹은 불행으로부터 보호해주는 것이라고 추측을 할 수도 있다. 많은 관찰자들에게 그것은 바로 발견된 문자소들의 서예적 아름다움이며, 그것이 그들에게 그 같은 마술적 효용을 암시해준다. 그렇게 되면 필체가 독자에게 말하려고 하는 단어에 대해서 묻는 일조차 없게 된다. 마침내 관찰자들은 그러한 문자소들의 등장 안에서 어떤 규칙성들 역시 알아차리게 된다. 가령 그들은 독일에서 쓰여 진 필체들 안에서 "e"의 형태가 눈에 띄게 빈번히 나타난다거나, 혹은 이 그래픽적인 형태에서 눈에 띄게 또 다른 문자소, 가령 "i"가 뒤따른다는 것을 눈치 채게 된다. 그러면 사람들은, "e" 혹은 "ei"의 음성가치를 단지 추측해 보지도 않고, 그러한 문자소들의 빈도분포와 그것들의 결합을 통계적 공식들을 통해서 묘사하려 할 수도 있다. 그 같은 관찰자들 역시 자신들이 보고 있는 것을, 의미내용을 향해서 주석되어져야 할 텍스트로서 파악하지 못한 것이다.

이러한 보기들은 자의적으로 선택되고 "억지로 가져온" 것으로 여겨질지

5장 세상의 책에서 읽기 201

도 모른다. 그것들이 여기서 언급되고 있는 것은, 자신들의 세계경험에 대해서 마치도 이러한 보기들에 상응하는 것처럼 행동하는 관찰자들이 있기 때문이다. 그러한 관찰자들은 세상 안에서 아름다운 형태들의 충만을 보거나, 그것들에 접해서 그들은 미적으로 열광한다, 혹은 인간적 목적을 위해서 초인간적 힘들을 이용할 수 있는 가능성이 제공되고 있음을 본다(이것이 주술의 특징이다). 아마도 그들은 이 형태들이 출현하는 규칙성들을 정식화하기 위해서, 그것들을 통계적인 용기의 대상으로도 만든다. (예컨대 플라톤의 "동굴"의 비유에 나오는 "포로들"은, 그 동굴의 뒷벽에 현상하는 그림들을 바라볼 때, 빈도분포의 그와 같은 법칙들을 알아차리고 있다.) 이런 경우들에서는 읽혀질 수 있는 어떤 텍스트도 세상으로부터 생기지 않는다. "현상들이 무엇을 말하는지"를 묻는 과제조차 발견되지 않는다. 이와는 반대로 그러한 물음을 제기하는 것은 물리학자인데, 그것은 그가 관찰된 현상이 "해명될 만한" 것인지를 검증할 경우이다. 가령, 그 현상이 하나의 가설을 확증하거나 혹은 반박하는데 적합한 것으로 입증되면서. 자신의 경험세계 안에서 발생한 모종의 사건들이 성스러움과 신적인 것의 현상형태들로서, 곧 "성현들"로서 파악될 수 있는지 그리고 어떤 방식에서 그러한지를 연구하는 사람도 그런 물음을 제기한다. 그 사건들은 이전의 성현들의 빛 안에서 해석될 수 있으며, 그것들 편에서 이전의 성현들을 새로운 방식으로 이해하게 만든다. 그와 같은 그리고 유사한 물음제기를 통해서 비로소 기호는 기호로서 파악되고, 그것을 해석하는 과제도 감지된다. 그때에야 비로소 세상은 하나의 "책"이 되고, 그 안에서 사람들이 "읽을" 수 있는 것이다.

b) 비로소 맥락 안에서 문자들은 의미를 획득한다

현상들, 가령 그래픽의 형태들을 해석되어야 할 기호로서 파악하는 것은, 제시되는 것으로부터 읽혀질 수 있는 책이 되어야 한다면, 이때 행해져야만 하는 몇 가지 단계들 중의 첫 번째 단계일 뿐이다. 독자가 실행해야 하는 두 번째의 능동적인 성취는 개별적인 기호들과 기호들의 복합체를 하나의 맥락에로 연결하는 것이다. 오직 그러한 맥락 안의 지체들로서만 기호들은 의미를 갖는다.

    이 관점에서도 탈락현상들이 관찰될 수 있다. 초등학교의 교사들이 전달하는 바에 따르면, 각각의 문자를 인식하기는 하지만 이것을 단어와 문장의 부분들로서는 파악할 능력이 없는 학생들이 있다. 그런 경우에 그 학생들은 "읽기능력이 박약하거나" 혹은, 유통하는 외래어로 말하자면, "독서 장애를 겪는legasthenisch" 것이다. 우리 성인들에게도 각각의 단어를 인식하긴 하지만, 이 단어들이 어떻게 문장들에로 결합되는지를 발견해내지 못하는 경우들이 있다. 우리가 이런 어려움과 마주치는 것은 무엇보다도 우리의 모국어로 쓰이지 않은 텍스트들을 읽을 때이며, 설령 우리에게 친숙한 언어로 된 텍스트라 하더라도 개별적인 단어들이 그 안에서 생소한 방식으로 끼워져 있을 때, 가령 문학작품의 텍스트를 읽을 때에 그렇다. 그럴 때 우리는 말한다: "우리는 각각의 단어는 인식하면서도 어떤 의미도 발견하지 못한다". 그러한 텍스트들을 읽을 수 있기 위해서, 우리에게 부족한 것은 [즉, 우리가 구비해야 하는 것은: 역자 의역], 좋은 사전이 아니라 문법의 숙달이다. 우리는 단어들이 하나의 문장에로 삽입되는 규칙들을 알지 못한다. 그리고 때로는 문장 안에서의 단어들의 위치에 따라서 그것들이 변화를 경험하는 것도 규칙들 때문이다; 그리하여 가령, 문장 안에서의 위치는 명사들의 격-형성 혹은 수-형성을 통해서나, 혹은 조건문에서의 동사의 특수한 활용형식들을 통해서, 개별적 어휘들의 변화를 요구하는 것이다. (내 선생님들 중의 한 분이 이런 말을 하곤 했다: "그리스 말을 할 수 있는 자는 조건문과 분사구문에 통달해 있는 사람이다".) 독자가 문장구성을 파악할 능력이 있다면, 그것은 그의 능동적인 성취이다. 문학작품의 텍스트들에 있어서 그것은 종종 특별히 어려운 일이다.

독서 장애나 혹은 문법의 취약과 같은 탈락현상들에 대해서 여기서 언급한 것은, 그 탈락현상들이 우리가 세상의 책에서 읽기를 시도할 때 우리가 부딪히는 어려움들을 발견하도록 도울 수 있기 때문이다. 여기서도 "독서 장애자"와 "문법에 취약한 자"가 있다.

"인간의 손에 의한 책들"에서 독서 장애를 가진 독자는 단지 문자들의 동일성만을 확인할 수 있지, 이것들이 어떻게 무엇인가를 의미하는 단어들로 결합되는지 파악하지 못한다. 이에 상응하게도 "세계경험의 독서 장애자"는 그가 가졌던 체험들의 연쇄를 묘사할 수는 있다. 체험들의 한갓 연쇄는 그에게 경험으로까지 되지는 못한다. 체험들의 계열은 그에게 "무엇인가를 의미함"이 없이, 한갓 "그림들의 열차"로 남는다. 그래서 그는 이 한갓 체험들을 통해서 인식의 길 위에서 어떤 걸음도 내딛지 못한다.

"문법에 취약한 독자"는 "인간의 손에 의한 책들"에서 무엇인가를 의미하는 단어들은 인식하지만, 그것들이 어떻게 그에게 "생각하도록 야기하는" 문장들에로 결합되는지를 파악하지 못한다. 그런 문장들 중에서 가령, 의문문은 그에게 하나의 문제를 자기 것으로 만들도록 촉구하며, 진술문은 그에게 그런 물음에 대한 대답을 제공하는 것이다. 그래서 문법에 취약한 독자는 그런 단어들이 출현하는 텍스트가 "본래 말하고자 하는" 것을 파악하지 못한다.

그 같은 탈락현상들은 "세상의 책에서 읽기"에서도 존재한다. "경험 Erfahrung의 독서 장애자"가 자신의 체험들Erlebnisse이 해독해야 할 "문자들" 즉, 기호들이라는 것을 전혀 파악하지 못하는 반면에, "문법에 약한" 독자는 세상의 책에서 자신의 주관적 체험들을 소화함으로써, 그 체험들은 그에게, 마치 문자로서 파악된 기호들처럼, 가능한 경험의 요소들을 마련해 주기는 하지만, 아직 경험 자체는 아니다. 이 요소들은 그가 확인하고, 모으고, 가능한 방식으로 유사성과 비유사성의 관점에 따라 질서 짓는 사실들 Tatsachen이다; 그러나 이 사실들은 그에게 "무엇인가를 해명하는 사실들"

로 되지는 않는다. 곧 그것들은 그로 하여금 문제들을 발견하도록 유발하거나, 혹은 그에게 그런 문제들을 해결할 수 있는 척도가 되게끔 하는 사실들이 되지는 못한다. 그것을 위해서는 그것들을 맥락 안으로 편입시키고, 이 맥락의 구조를 파악하는 것이 필요한데, 그 맥락 안에서야 사실들은 이 해명하는 기능을 실현할 수 있는 것이다. 그에 대한 이미 언급한 보기는 자연의 탐구자인데, 그에게는 관찰된 것들이 "해명하는 사실들"로 인식된다. 왜냐하면 그것들은, 가령 탐구프로그램 안에서, 질문을 일으키거나 혹은 가설적으로 제시된 대답들을 확증하거나 반박하기 때문이다. "세상의 책"과 관련해서도 사람들은 "문법"을 파악해야 하는데, 이는 맥락 안에서 요소들로서 파악된 "단어들"이 독자로 하여금 "생각하도록 만들기" 위함이다.

c) 텍스트들의 문법과 "세상의 책"의 문법

이 지점에서 분명해지는 것은, "인간의 책에서 읽기"와 "세상의 책에서 읽기"가 얼마나 서로 긴밀히 결합되어 있는가이다. 생성에 따라 보자면 세상의 책에서 읽기는 모든 쓰여 진 책들보다 선행한다. 그러나 인식에 따라서 보자면 쓰여 진 책들에서 읽기는 세상의 책에서 읽기가 배워지는 학교가 된다.

쓰여진 텍스트의 저자는 체험들을 가졌을 뿐만 아니라, 그로부터 경험들을 획득했다. 체험은 무언가 순전히 주관적인 것으로 남지만, 경험은 객관적 타당성을 주장할 수 있다. 그렇기에 체험들은, 가령 고통의 느낌, 기쁨과 근심의 정서, 예술과 자연 안에서 아름다움에 사로잡히는 것, 등은 그러한 것들로서 전달될 수가 없는 것이다; 사람들은 기껏해야 청자나 독자로 하여금 그들 자신의, 비교할 만한 체험들을 상기하게끔 할 수 있을 뿐이다. 그러나 우리의 체험들을 가공함으로부터 얻어지는 경험들은 전달할 수 있는 것이다. 언표된 혹은 쓰여진 텍스트의 저자는 자신의 경험 안에서 현실적인 것의 요구를 발견했고, 자신의 직관과 사유를 통해서 그것에 대답한 것이다. 그리하여 그는 이 요구를 독자에게 계속 전할 수 있으며, 독자가 현실적인 것의 동일한 요구에 대해 자신의 (아마도 또 다른) 대답을 내릴 수 있게 한다. 저자가 쓴 텍스트의 문법은 그가 이 텍스트에서 중언하는 경험의 문법을 반영한다. 경험의 문법이란 곧, 저자가 자신의 체험내용들에 하나의 기능을 할당할 수 있었던 방식인데, 그것이 체험내용들을 경험-맥락의 요소들이 되도록 만든 것이다. 그런 텍스트를 읽는 독자에게는 그로부터 하나의 과제가 생겨나는데, 그것은 텍스트의 문법에서 경험의 문법을 읽는 것이다. 경험의 문법은 저자에게 단지 자신의 체험을 기술할 뿐만 아니라, 경험을 하도록 허용한 것이다. 그 경험은 전달할 수 있는 것이고, 독자에게 스스로 사유하도록 과제를 설정한다. 독자가 이 과제를 이행하는 정도만큼 텍스트는 그를 안내하며, 자신의 고유한 체험들 역시 "한 자 한 자 읽음으로써, 그것들을 경험으로서 읽을 수 있는 것"이다. 그렇기 때문에 방금 말했던 대로이다: 생성에 따라서 보자면, 저자로 하여금 자신의 경험을 할 수 있게 만든 "세상의 책에서 읽기"가 독자에게 전해준 저자의 텍스트보다 선행하는 것이다. 그러나 독자에게는 인식의 과정에서 보자면, 쓰여진 텍스트에서 읽기가 세상의 책에서 읽기보다 선행한다. 왜냐하면 독자는 쓰여진 텍스트의 문법에서, 어떤 종류의 맥락에 그 자신의 체험들 또한 삽입할 수 있는지, 그리하여 자신의 체험들이 경험이 되도록 하는지를 배웠기 때문이다.

이 지점에서 읽기의 "도야가치"에 대한 소견을 여기서 행해진 숙고 안으로 삽입할 수 있을 것이다. 체험을 가질 뿐만이 아니라 경험을 하기 위해서는, 자신의 직관과 사유를 저 형식 안으로 나르는 것이 필요한데, 그 형식의 도움으로 직관과 사유는 한 자 한 자 읽는 것에 머물러 있지 않고, 맥락을 구축할 수 있게 된다. 그 맥락 안에서 체험들로부터 경험이 형성될 수 있는 것이다. 이미 존재하는 텍스트는, 직관과 사유를, 경험을 가능하게 만드는 "저 형식 안으로 나르면서", 문자적인 의미에서 "안으로-형성하는informativ" 것일 수 있다. 그리고 독자로 하여금 자신의 경험의 문자들, 곧 그가 확인하는 사실들로부터 자기 경험의 "읽을 수 있는 텍스트"를 구축하도록 안내하는 것은 바로 텍스트의 문법이다. 학생들에게 종종 성가시게 느껴지는 문법-수업은, 한갓 체험들이나 연결되지 않은 사실들에 머물러 있지 않고, 자기 자신의 경험을 하도록 만드는데 불가결한 부분이다. 텍스트의 문법은 "세상의 책"의 문법을 파악하기 위한 안내가 된다.

그렇게 문법수업을 받은 학생이 이제 쓰여 진 텍스트의 저자들이 그들 언어의 문법을 전승된 언어공동체로부터 넘겨받았음을 확인하게 되면, 그는 다음의 사실을 알아차리게 된다: 그렇게 전승된 언어는 그 문법을 여러 세대들의 "침전된 경험"에 빚지고 있다(에드문트 후설Edmund Husserl이 여러 곳에서 사용하고 있는 표현). 그렇기 때문에 언어들은 그들이 사용하는 단어들을 통해서뿐만 아니라, 무엇보다도 그들의 문법을 통해서 서로 구분된다. 외래어를 배우는 것은 그렇기에 동시에 다음을 의미한다: 주관적인 체험들을 경험세계의 텍스트에로 연결시키는 상이한 가능성들을 발견하는 것. 그렇게 학습 받은 독자가 계속해서 한 특정한 텍스트가 그것의 문법 안에서 전승된 일상어의 언어구조와 다르다는 것을 알아차리게 되면, 그는 그 안에서 저자가 수많은 세대 이래로 확증된 절차에 저항하는, 즉 지금껏 친숙했던 경험세계의 문법에 끼워 넣기 어려운 경험들을 했다는 징표를 발견하게 된다. 종종 전승된 문법의 규칙들에 저항하는 시인의 언어가 바로 시인의 능력을 증언하는데, 그것은 전승된 경험세계의 문법에 삽입되지 않는 그런 체험들을 맥락-구조의 변화를 통해서 전달 가능한 경험으로 변화시키는 능력이다.

4. 텍스트는 모든 성급한 이해에 저항한다

a) 텍스트의 지속적인 생소함

주관주의는 독자가 텍스트 안에서 반영된 자신을 보기 위해서 스스로 텍스트 안으로 집어넣은 것만을 발견할 수 있다고 믿는 사조이다. 비로소 독자가 현존하는 문자소들의 집적을 책으로 만든다는 통찰은 이러한 주관주의에 기여하는 것이 아니다. 반대로 이 통찰은 주체의 자기비판에 기여한다. 주체가 자기 자신에게 말할 수 없는 것을 텍스트가 말할 수 있도록, 그렇게 텍스트를 경청하는 것을 주체는 자신의 진력 안에서 비로소 배워야한다.

그렇기 때문에 위에서 말했던 것처럼, "독자와의 관계가 책을 위해서 본질적"이라면, 곧 덧붙여져야 하는 것은 이렇다: 독자에 대한 이 관계의 본질적인 계기는 책의 생소함인데, 이 생소함과 함께 텍스트가 독자와 마주서게 되며, 독자에게 "달리 생각함"을 요구하는 것이다. 텍스트가 "생각하도록 야기하는" 것은 바로 이러한 생소함에 의거한다. 너무도 친숙하게 현상하는 것은 오직 독자의 선입견만을 확증시켜 주는 위험에 처하게 된다. 그 때에 독자는 아마도 반갑게 텍스트에 동의하게 될 텐데, 그 이유는 그 텍스트가 "그가 이미 항상 자기 자신에게 말했던 것만을 말하기" 때문이다. 그래서 사람들은 좋은 책을 항상 다시 읽을 수 있고, 또 그래야 하는 것이다. 좋은 책은 자신의 생소함 안에서 늘 우리에게 새로운 방식으로 생각하게 만든다. 그렇기에 사람들은 좋은 책을 항상 다시 *읽어야* 하는 것이다. 즉, 사람들은 고유한 활동성 안에서 책의 의미를 새롭게 드러내야 한다. 좋은 책은 이러한 활동성을 줄이는 것이 아니라, 항상 새롭게 그것을 불러일으킨다.

이것은 세상의 책에 대해서도 타당하다. 그것이 "말하는" 것은 단지, "생각하도록 야기하면서", 즉 독자의 고유-활동성을 불러일으키면서이다. 그러나 그것은 독자가 단지 텍스트 안에서 반영된 자기 자신을 발견하기 위한 것이 아니라, 그로 하여금 달리 생각하도록 재촉하는 사안의 요구를 드러내기 위한 것이다. 세상의 책 역시, 우리의 모든 성급한 이해의 시도에 저항하면서, 우리의 선입견에 저항하면서, 우리를 그것의 생소함 안에서 그저 당황케 하는 것이 아니라 새로운 사유를 하도록 불러내면서, 말을 하는 것이다. 세계현실이 "우리에게 생각하도록 만드는" 것은, 그러나 또한 우리가 이 세계현실을 한 좋은 책을 읽는 것과 마찬가지로 "다시 그리고 또 다시 읽어야"만 하는 것은, 세상의 책의 생소함에 의거한다. 우리가 하는 놀라운 경험들은, 지금까지 세상 안에서 우리를 정향시킨 친숙하고 확증된 방식을 교란시킨다. 그러나 그 경험들은 오직 처음에 바라보았을 때만 우리를 혼란스럽게 하며, 그 결과 우리는, 일상어가 이를 표현하듯이, 이 개별적인 경험들을 불가해한 것으로 발견할 뿐만 아니라, "세상을 더 이상 이해하지 못하게" 된다. 두 번째 바라보았을 때 바로 그 경험들은, 우리로 하여금 달리 생각하도록 재촉하면서, 스스로를 밝게 비추는 것으로서 입증한다. 이때 달리 생각함은 우리의 옛 경험들에 즉해서 자신을 주석하며 확증할 수 있다. 우리가 행한 새로운 경험들의 빛 안에서, 우리는 오래 전부터 알고 있던 것 역시, 새로운 빛 속에서 보게 된다.

그리고 "세상의 책"이 그런 방식으로 항상 새롭게 우리에게 "생각하도록 만들기" 때문에, 인간의 책들도, 여러 차례 읽었을 때, 항상 새롭게 생각할 거리를 줄 수 있다. 우리가 인간의 책들을 새롭게 읽는 이유는, 우리가 마지막 독서 이래로 새로운 경험들을 했고, 이제, 종종 놀랍게도, 예전부터-알아온 텍스트가 이 새로운 경험들도 이해하도록 도울 수 있다는 것과, 그와 함께 우리가 이 옛 텍스트를 새로운 방식으로 읽게 된다는 것을 알아차리게 되기 때문이다.

b) 하나의 책이 우리에게 생각하도록 만드는 것은 유일한 정식으로 표현되지 않는다

하나의 좋은 설화에서 "줄거리를 가르치려는fabula docet" 것은, 그리하여 그 가르침 안에서 모든 내용을 요약하려는 것은 헛된 일이다. 가령 설화의 모든 내용을 그 설화 안에서 단지 "예시되고" 있을 뿐인 하나의 (종종 도덕적인) 명제로 요약할 때처럼 말이다. 만일 그렇다면, 우리는, 단지 규칙들을 파악하자마자, 보기들을 잊어버릴 수 있다. 성공적인 논문은 논증의 전 과정을 거쳐서 충분히 근거 지어진 유일한 명제로 요약될 수 있다. 그러나 그런 논문조차도 그 명제를 신빙성 있게 만드는 것 안에서, 그 결과로 사람들이 제기된 물음에 대한 대답을 파악했을 때 논증과정을 잊어버릴 수도 있는 것처럼, 그렇게 소진되지는 않는다. 심지어 이 경우에도 그때마다 도달된 목적의 이해를 위해서는 길이 본질적인 것이다. 시가나, 역사적 증언, 혹은 심지어 종교적 고백의 의미내용은 하나의 "짧은 정식"으로 묘사하기에는 더더욱 충분치 않은 것이다.

바로 여기서 특별한 정도로 임박한 위험은, 독자가 자신의 고유한 활동성에 맡겨진 과제를 건너뛰거나, 혹은 그가 읽기를 독백이 되도록 하는 방식으로 이 활동성을 실행할 때이다. 그와 같은 "짧은 정식"에로 옮겨졌을 때, 읽기가 기여할 수 있는 것은, 텍스트 안에서 단지 "학설을 기술하듯이 doxographisch" 저자의 종종 생소하고도 주관적인 의견을 인지하고, 이것을 일단 간결하게 표현해서, 그대로 방치해 두는 데에 있을 뿐이다. 사람들은 그렇게 되면 저자의 모든 관점들을 규정하는 견해를 "알고" 있으며, 이 견해에 공감하거나 혹은 그것을 잘못된 것으로 간주할 수 있다. 이때, 저자와 그의 텍스트와의 대질에 자신이 직접 관여해야 함이 없이도 말이다. 짧은 정식은 독자의 의견을 확증시키는 데에 기여할 수도 있는데, 왜냐하면 독자는, 그가 먼저 텍스트를 그런 유일한 정식으로 환원했을 때, 그 텍스트에 동의할 수 있기 때문이며, 또한 그렇게 이해된 텍스트는 독자가 "항상 이미 말한" 것만을 반복하기 때문이다. (바로 도덕적으로 이해된 "줄거리를 가르침"에서, 계몽시대의 해석자들이 그 안에서 설화들의 의미들을 요약한다고 생각했었는데, 텍스트에 대한 추정적인 이해는 종종 특별히 독자의 도덕적 확신을 확증해주는데 의거한다.)

텍스트를 짧은 정식에로 환원하는 시도에 맞서서 텍스트는 "페이지마다에서 저항함"을 통해서 생각할 거리를 준다. 좋은 책의 매 페이지는 그 자신의, 항상 재차 놀라게 하는 의미내용을 갖고 있다. 이 의미내용은 책의 맥락 안에 있는 페이지의 자리를 통해서 더욱 분명하게 드러나기는 하지만, 중단 없이 이 맥락 안에 삽입되는 것에 국한되지는 않는다. 우리가 각각의 페이지의 고유한 의미를 파악하게 되는 것은, 다음을 알아차릴 경우이다: "여기서부터 책은 단순히 그렇게 지금까지처럼 계속해서 쓰여질 수가 없었다". 그렇게 되면, 충분히 이해하면서 계속 읽어나갈 수 있기 위해서, 우리 역시 독자로서 우리의 관점을 바꾸도록 요청받게 된다. 그때마다의 새로운 내용들과 함께 그것들이 속해 있는 맥락의 구조도 바뀌게 된다.

주석기술의 교사들이 늘 재차 강조하듯이, 텍스트의 이해는 단지 "부분"과 "전체"의 "해석학적인 순환" 안에서만 얻어질 수 있다는 것은 위에서 언급한 내용에 의거한다. 텍스트는 우리가 그것을 그 맥락의 "전체"안으로 편입시킬 때에만 "말을 한다"; 그러나 이 전체에 대한 우리의 표상은 개별적인 부분 각각에 대한 더 정확한 인식과 함께 변한다. 이 "해석학적인 순환"이 주석-방법의 요청인 이유는, 단지 그것이 먼저 텍스트 자체의 본질적인 계기이기 때문이다. 내용과 맥락-구조 간의 역동적인 상호관계는 책의 고유성을 위해서 구성적인 것이다. 어떤 부분도 전체와의 그리고 그 구조법칙과의 연관 없이는 자신의 의미를 갖지 못한다; 그러나 전체는 자신의 형태를 내용들에 즉해서 발전시키며, 그 내용들이 항상 다시금 맥락의 구조를 부수는 것이다.

이것은 심지어 우선적으로 "세상의 책"에 대해서도 타당하다. 그것의 내용은 물리적이든, 도덕적이든, 종교적이든, 하나의 유일한 세계정식으로 환원되지 않는다. 그것은 여기서 두 가지 특별한 이유들 때문에 성공할 수 없다. 첫 번째 이유는, 우리가 세상의 책에서 읽기를 결코 그 마지막 페이지까지 도달할 수 없다는 데에 있다. 우리는 이 책의 전체를 결코 우리 앞에 "가지고" 있지 않으며, 그 한복판에서 읽을 뿐이다. 전체에 대한 우리의 개념은 무엇인가가 주어진 것이 아니라, 무엇인가가 부과된 것이다. 우리는 전진해 가면서 부분-맥락들을 보다 포괄적인 연관들 안으로 편입시키며, 그때 모든 것을 포괄하는 맥락의 목표상에 의해서 인도된다. 전체의 이념은 과제의 이행에 대한 목표상이며, 그 과제의 이행에 있어서 우리는 마지막에 이르지 못한다. 바로 그렇기 때문에 그러한 이념은 우리에게 주어질 수도 있는 전체-질서의 묘사가 아니라, 우리가 바라보는 관점을 지칭하는 것이며, 우리의 행보들로부터 하나의 길이 되기 위한 것이다. 우리는 우리의 개별적인 경험들을 전체에 편입시키기를 바란다. 그런데 전체에 대한 이와 같은 목표상을 우리가 교정하게 되는 것은, 새로운 종류의 내용들이 그렇게 하도록 우리를 재촉할 때이다.

그러나 우리가 세상의 책에서 마지막 페이지까지 넘기지는 않았지만, 그래도 맥락을 너무도 잘 알아서 그 어떤 새로운 페이지도 더 이상 우리를 놀라게 할 수 없다고 한번 가정해보자: 그럼에도 불구하고 우리는 그 텍스트를 유일한 정식으로 묘사할 수가 없다. 저마다의 짧은 정식은 폭력적인 방식으로 전체에 대한 특정한 시선을 다른 모든 시선들의 열쇠로 만들 수 있다: 그런 정식은 세계의 전체를 과학이나 도덕, 미학, 혹은 종교의 관점 아래서 보는 방식을 묘사한다. 이 부분적인 관점들 안에서 이미 그러한 세계정식들은 항상 다시금 불충분한 단순화로 입증된다. 게다가 그런 정식들로서 "세계의 전체"를 묘사하려는 것은, 세상의 책이 그 안에서 쓰여 진 바로서의 "종류들"의 상이성을 오인하는 것이다. (그것에 대해서는 곧 다시 다룰 것이다.)

5. 텍스트는 새로 읽었을 때, 새로운 것을 말한다. 그러나 그것이 상대주의를 정당화하지는 않는다

좋은 책은 항상 새롭게 읽히기를 바란다는 사실은 이중의 이유를 가진다. 첫 번째 이유는 텍스트의 부분들 상호간의 관계, 말하자면 "문학적인 맥락" 안에서의 텍스트의 장소와 관련되며, 두 번째 이유는 교체되는 삶의 상황들과 맺는 텍스트의 관계, 곧 "삶의-맥락" 안에서의 텍스트의 장소와 관련된다. 텍스트는 그런 삶의 상황들 안에서 읽혀지는 것이다.

독자는, 그가 책의 마지막 페이지에 도달했을 때, 그가 그 이전 페이지들에서 읽었던 모든 것 역시 새롭게 이해할 것이다. 그것은 이전의 페이지들을 다시 한 번 읽고 새롭게 이해하게 되는 동기를 그에게 제공한다. 그러나 그것은 이전에 읽었던 모든 것이 이제 그 고유한 의미를 잃고, 그 결과 독자는 단지 마지막 페이지만을 주의 깊게 읽을 필요가 있다는 것을 뜻하지는 않는다. 마치 마지막 페이지에서 "저자가 본래 말하고자 했던 것이 비로소 등장하기라도" 하듯이 말이다. 만일 그렇다면 이전의 페이지들은 기껏해야, 사람들이 마지막 페이지를 경험했을 때, 그 마지막 페이지를 지시하는, 그래서 잊어버릴 수도 있는 "암시들"을 내포하는 것에 불과할 것이다. 반대로: 책의 전체에 대해서 책임 있게 말해져야만 한다면, 그 어떤 부분-내용도 결여되어서는 안 된다. 사람들이 요즈음 말하는 것처럼, "의미를 만드는" 것은 맥락이기는 하다; 그러나 이 의미를 "부분들"의 역동적인 연관으로서 비로소 등장시키는 것은, 저마다의 새로운 내용이다.

이러한 통찰은, 텍스트 안에서, 관계들이 얼마나 본질적인 것인지 인식시켜 준다. 그러나 그것은 상대주의를 정당화시키지는 않는다. 상대주의는 텍스트의 어떤 곳에서도 구속력 있는 진리를 발견할 수 없다고 생각하는데, 그 이유는 전체의 그림이, 책의 계속되는 페이지가 넘겨질 때, 언제든 계속해서 변하기 때문이다. 반대로: 저마다의 부분은, 변화하는 맥락 안에서도,

고유한 그리고 이 고유가치 안에서 대체할 수 없는 의미를 보유한다.

새로운 독서를 위한 두 번째 이유는 삶의 상황들의 교체에 존립한다. 텍스트가 이해되는 것은, 이전에 말한 것처럼, 독자로 하여금 자신의 고유한 삶의 경험들을 텍스트의 빛 안에서 새롭게 이해하도록 안내할 때에만 그렇다; 그리고 그렇게 해석된 고유한 경험들의 빛 안에서 독자는 텍스트 역시 새롭게 파악하는 것을 배운다. 그러나 이러한 사실 역시 텍스트의 의미가 "상대적"이라는 테제를 정당화시키지는 않는다. 이것은 텍스트가 결코 무엇인가 지속적으로 구속력 있는 것을 말하고 있지 않으며, 독자에게 항상 자신의 교체하는 자기이해와 세계이해에 상응하는 것만을 의미한다는 이유로 설정된 테제이다. 반대로: 독자가 자신의 이전 독서에서 텍스트로부터 배운 것은 지속적인 규준성을 보유한다. 우리가 삶의 과정 안에서 하는 새로운 경험들 또한, 그것들이 이전에 획득한 통찰들을 우리의 새로운 세계이해와 자기이해에 통합시키도록 안내하는지, 혹은 그 뒤로 뒤쳐지도록 우리를 오도하는지를 우리가 비판적으로 검토할 때에만, 적합하게 이해된다. 그래서 우리가 텍스트의 이전 독서로부터 획득한 저 통찰들 역시 우리의 새로운 자기이해와 세계이해에 속하는 것이다. 책을 새로운 삶의 경험의 빛 안에서 새롭게 읽는 것은, 우리가 이전 경험의 이해를 위해서 이전에 한 독서로부터 배운 것을 잊어버림을 의미하지는 않는다. 책들의 독서를 위해서도 이 점이 타당하다: 일찍이 참으로서 입증된 것은 항상 참으로 남는다 (Semel verum semper verum).

이것은 세상의 책에서 읽기에서도 타당하다. 모든 개별적 경험이 경험-맥락에 종속되어 있음으로부터 귀결되는 것은, 우리가 하는 새로운 경험들로부터, 즉 우리가 넘기는 책의 새로운 페이지들로부터 새로운 맥락이 형성되고, 그 안에서 우리는 이전 경험들 역시 새롭게 "읽게" 된다는 것, 즉 그 의미내용을 향해 물을 수 있게 된다는 것이다. 세상의 책은 모든 좋은 책처럼 늘 재차 읽혀지기를 바란다. 그러나 그것은, 마치 "역사적 상대주의"가 여기는 것처럼, 일찍이 인식된 것은 단지 "자신의 시대"에만 타당했었다는 것을 의미하지는 않는다. 역사적 상대주의는 다음의 정식으로 진술될 수 있다: "마지막 날"에야 비로소, 즉 책의 마지막 페이지가 우리에게 알려질 경우에야, 최종적으로 타당한 것이 말해질 수 있다. 그때까지는 "모든 것이 상대적"이라는 것이다. 역사적 상대주의는 또한, 전체에 대한 저마다의 진술이 제약된 관점으로부터 획득된다는 점을 고려할 때, 다음의 정식을 이용할 수도 있다: 진리에 대한 저마다의 주장은 사람들이 그렇게 혹은 그와 달리도 선택할 수 있는 관점의 물음이다.

그러나 상대주의적인 결론은 이 맥락에서도 오류추론으로서 입증된다. "전체"에 대한 우리의 개념이 항상 교정의 필요가 있는 규제적 목표상이라 할지라도, 심지어 저마다의 그런 개념이 부분적인 관점을 제공하고, 그래서 세계에 대한 이런 종류의 일별을 방법적으로 허용되지 않는 방식 안에서 유일하게 규준적인 것으로 간주하도록 우리를 오도할지라도, 일찍이 인식된 저마다의 내용은 효력을 지닌다: 그것은 이전의 모든 내용들을 주석하며 - 또 다른 관점 아래서 발견된 것들도 - 그리고 그 내용들을 통해서 주석된다. 우리가 인간에 의해 쓰여 진 책들을 늘 재차 새롭게 읽을 수 있고 또 그래야 하는 것은, 이러한 상호적인 주석관계에 의거한다. 그 안에서는 어떤 페이지도 그것의 고유의미를 잃지 않으며, 계속되는 페이지와의 관계 안에서 그것의 해석학적인 힘을 새롭게 증명한다. 이것은 세상의 책에 대해서도 타당하다. "자신의 시대"에 그 특별한 관점 아래서 타당하다고 입증된 모든 것은 그 표준성을 보유하며, 다른 모든 인식 내용들을 주석하고 또 그것들을 통해서 주석되는 힘 안에서 이 표준성을 확증한다. 세상의 책 역시 다시-읽기에서 이전에 읽었던 것을 무의미하게 만들지 않고, "새것과 옛것 nova et vetera", 오래된 통찰들과 새롭게 획득한 통찰들의 상호작용 안에서, 그것의 지속적인 규준성을 단지 더 명료하게 드러낸다.

B. 길은 텍스트의 이해로부터 저자의 인식에로 이끄는가?

1. 도달된 문제 상황에 대하여: 어떤 종류의 유비가 신을 "저자"로서 말하게 허용하는가?

지금까지 행한 숙고는 두 테제들 중의 첫 번째를 확증했는데, 그 테제를 통해서 예비적으로 여기서 제안된 프로그램이 약술되었다: "세상은 읽혀질 수 있는 하나의 책이다". 우리가 세상을 하나의 책으로서 이해할 때, 여전히 우리가 내용적으로 무엇을 읽게 되는지에 대해서는 아무 것도 말해지지 않았다. 그것은 이미 이 프로그램에 대한 상론의 한 부분일 것이다. 제시될 수 있었던 것은, 지금까지 단지 이 과제가 의미 있게 제기될 수 있다는 것뿐이다: 읽혀지기를 바라는 책으로서 세상을 이해하는 과제[120].

이제 여기서 행해진 연구의 제목 안에서 통보된 것은 이렇다: 그 같은 세상의 책에서 읽기가 신에 대한 철학적 언사를 가능하게 만드는 길을 개시하는지 검토되어야만 한다. 그것은 예비적인 테제들 중의 두 번째 것이었다: "이 책의 고유성에서 그 저자의 필체가 읽혀진다"(195쪽 참조). 물음은 따라서 이런 것이다: 이 "세상의 책"의 텍스트는 저자를 인식하게 해주는가? 만일 그런 인식이 성공한다면, 설령 신적인 저자가 책의 어떤 페이지에서

---
[120] 또 다른 관점에서 오스발드 바이어Oswald Bayer는 동일한 물음을 다루는데, 그것은 "저자로서의 신Gott als Autor"이라는 제목을 가진 그의 창조신학 안에서이다(Tübingen 1999).

도 출현하지 않는다 할지라도, 그 저자는 마치 인간적 저자가 쓰여진 책의 모든 페이지에서 독자에게 현존하는 것과 똑같이 "책의 매 페이지마다" 현존할 것이다. 오직 그럴 때 위에서 제기된 물음 역시 대답될 것이다: 세상을 하나의 책으로서 이해하는 것이 성공한다고 가정했을 때, 그와 함께 신에 대해서 철학적으로 말하게 되는 길 역시 얻어지는가?

우리가 그렇게 묻게 되면, 처음부터 이 유비의 한계가 분명해진다. 우리가 시험적으로나마 신이 이 세상의 책의 저자라고 표상한다면, 그리고 이 가정을 나중에 검토하려한다면, 그때 우리가 즉각 알아차리게 되는 것은 이렇다: 신적인 저자가 자신의 책과 맺는 관계를 우리는 인간적 저자들이 그들의 책과 맺는 관계와는 다른 것으로서 생각해야만 한다. 우리는 신을 다음과 같이 생각할 수가 없다. 곧, 마치도 그가 인간적 저자처럼, 우선은 "체험들"을 가졌고, 그런 연후에 이것들을 하나의 맥락 안으로 가져가서 "경험들"로 변환시키고, 그것들을 인간들에게 전달하고, 그 결과로 인간들이 그 책의 문법에서 그의 경험들을 읽을 수 있고, 그것을 통해서 자신들의 고유한 체험들을 상응하는 경험들로 변환시킬 능력을 얻게 되듯이 말이다. 따라서 인간적 저자가 자신의 책에 관계하는 것과 "똑같이" 세상의 책의 저자가 그렇게 이 세상과 관계하는지가 조금 전에 물어졌다면, 이미 그 물음의 표명은 옳게 제시되어야만 한다. "똑같이"라는 표현은, 동일한 관계의 회귀에 대해서 물어질 수 있음을 암시한다. 동일한 관계, 동일한 "비례"의 그 같은 회귀는 전통 안에서 "비례의 유비Analogia proportionalitatis"라 명명되었다. 신과 인간적 저자 간에 하나의 유비가 존속한다면, 그때에 문제가 될 수 있는 것은 "비례의 유비"가 아니라, 오직 "속성의 유비Analogia attributionis"일 뿐이다. 신과 세상의 관계는 인간적 저자가 자신의 책과 맺는 관계와 동일한 것이 아니라, 신이 세상과 관계하는 방식이 인간들에 의해서 읽혀지는 가능성을 이 세상에 분배한다; 이를 통해서 신은 동시에 인간적 저자들에게 하나의 읽을 수 있는 책처럼 이 세상과 관계할 수 있는 능력을 "귀속시키며attribuiert", 그렇기 때문에 그들 편에서 읽을 수 있는 책들을 쓸 수 있는 능력도 귀속시킨다.

물음은 따라서 이런 것이다: 세상의 책의 텍스트는 자신의 읽혀질 수 있음의 원인을 그와 같은 신적인 "분배" 혹은 "속성의 부여Attribution"에서 찾도록 해주는가? "세상의 읽혀질 수 있음"은 이런 의미에서 신적인 저자를 지시하는가? 세상이 그것의 읽혀질 수 있음을 자기 자신에게서가 아니라, 신적인 저자에게 빚고 있다는 표지들이 있는가? 우리가 세상을 신적인 저자의 책으로서 이해하지 못할 경우에, 세상이 우리에게 "판독할 수 없는" 것이 된다는 표지들이 있는가? 이러한 상론의 마지막에 적어도 암시적으로나마 제시될 것은, 이 물음에 대한 대답이 칸트 철학의 계속적 전개를 통해서 주어질 수 있다는 것이다: 순수 이성의 변증법은, 칸트가 그것을 보여준 것처럼, 이 세계의 임박한 판독 불가함을 분명히 해주며, 동시에 그것이 보여주는 것은, 세상의 책의 텍스트는 이 위험에 직면해서도, 만일 우리가 이 책이 내포하는 모든 것 안에서 신적인 말 건넴의 현상형태를 다시 인식한다면, 오직 그때 다시 읽을 수 있는 것이 된다는 것이다.

2. "심리학적인" 그리고 "문법적인" 주석

지금까지 분명해진 것은 이렇다: 세상의 책에서 그 저자의 필체를 발견하려는 프로그램은, 우리가 저자에 대해서 물을 때에만 그 저자의 책을 이해할 수 있다는 것에 대한 표지들을 그 책 자체가 내포할 경우에만 회수된다. 세상의 책이 그런 종류의 것인지를 결정하기 위해서는 주석기술의 검증된 대가들에게서 정보를 얻는 것이 바람직하다. 그 정보는 어떤 방식으로 그들이 인간의 손에 의한 책들에서 인간적 저자들의 필체를 인식할 수 있게 만들었는지에 대한 것이다. 그때 우리는 주석기술의 이러한 절차가 세상의 책에도 적용될 수 있는지를 물을 수 있으며, 그것은 여기서도 – 비례성이라고 속여서 믿게 함이 없이 - 신적인 저자의 필체를 다시 인식하기 위함이다.

거의 200년 전 이래로 주석의 이론가들과 실천가들은 - 특히 독일에서, 그러나 다른 나라들에서도 점증적으로 - 프리드리히 슐라이어마허에게 향하고 있다. 그의 "해석학"[121]은 두 개의 과제들에 바쳐진 것이다: "이해의 이론"이란 이론적 과제와 "주석기술의 기술론"이란 실천적 과제. 이 주석기술을 위해서 무엇보다도 두 개의 절차가 해명되고 있다: "심리학적인" 그리고 "문법적인" 절차. 이때 이 두 절차들의 강점들과 약점들은 아주 단순하게 다음과 같이 특징지을 수 있다: 심리학적인 주석은 텍스트의 관찰로부터 저자의 인식에로 이끄는데 - 그러나 그것은, 부지중에 저자가 일단 인식되면 텍스트는 불필요한 것이 되고 마는 그런 방식이다. 텍스트-분석은 사람들이 일단 목적에 도달하면 뒤에 내버려두게 되는 길이다. 문법적인 주석은 그와는 반대로 텍스트의 고유한 의미에 충실한 것이지만, 텍스트 자체로 충분할 뿐, 저자에 대한 물음은 동기를 잃게 되는 그런 방식이다.

이 두 주석절차들의 강점들과 단점들이 "세상의 책"이 주석되어야 하는 곳에서도 나타난다는 것이 제시될 것이다. 세상의 책에서 그 저자가 독자에게 던지는 말 건넴을 밝혀내고자 한다면, 이런 장, 단점들로부터 무엇을 배울 수 있는지가 물어져야 할 것이다.

a) 심리학적인 주석기술

심리학적인 주석은 앞서 현존하는 텍스트의 고유성으로부터 저자의 마음에로 역 추론을 하는 것이다. 사람들은 저자가 텍스트를 집필하고, 현재 존재하는 형태대로 그 텍스트를 만든 원인들을 발견하고자 한다. 그리고 사람들은 이 원인들을 그의 전기에서 발견한다. 이제 그러한 전기는 단순히

---

[121] Friedrich Schleiermacher, Vorlesungen "Die allgemeinen Prinzipien der Hermeneutik und Kritik und ihre Anwendung auf das Neue Testamente", Berlin 1832-1833, neu herausgegeben von H. Kimmerle, Heidelberg 2. Aufl. 1974.

"삶의 상황들"의 사슬이 아니다; 그 전기가 자신의 고유성을 얻게 되는 것은, 저자가 이 "주변상황들", 말하자면 자신의 삶에서 그를 "둘러싸는" 모든 것들을 그렇게 자기 것으로 만들어서, 그로부터 자신의 고유한 삶의 수행의 특징적인 형태가 될 수 있게 한 방식을 통해서이다. 누군가가 이러한 습득Aneignung을 수행하는 방식이, 곧 자기를 둘러싸고 있는 것 그리고 자기 자유의 한갓 제약처럼 보일 수 있는 것을 자유로운 자기수행의 요소로 만드는 방식이, 한 인간의 "경험적인 성격"이라 불리어지는 바로 그것이다: 우리의 경험("경험적 지식")이 한 인격의 혼동될 수 없는 고유성(그의 "성격")을 인식하게 해주는 것은, 그가 자기가 살아가는 외적인 상황들과 그에게 일어나는 교체적인 사건들을 자기의 고유한, 자유 안에서 형성된 삶의 계기들로 변화시키는 특수한 방식을 우리가 관찰할 때이다. 심리학적인 주석은 그런 한에서 텍스트로부터 저자의 성격에로 추론해가며, 그 성격은 그의 전기 안에서 드러난다; 그리고 이 주석은 저자의 문학적인 수확물을 이 전기의 특별히 중요한 계기로서 이해한다.

심리학적-전기적 성격고지의 이 방식은 이제 - 슐라이어마허에게서 발생하지 않는 것 - 일종의 "탁월함의 길Via eminentiae"과 결합될 수 있다. 텍스트가 그렇게 많은 지혜를 내포하고 있다면, 그 저자는 "얼마나 더 지혜로운" 존재였어야 할까. 텍스트가 우리를 그 아름다움으로 감동시킨다면, 그런 텍스트를 산출한 그 저자의 영혼은 "얼마나 더 아름다운지"를 우리는 생각해야만 한다. "인간의 손에 의한 텍스트"를 주석하는 이 절차를 통해서 의심할 바 없이 텍스트로부터 저자에 이르는 길이 발견된다. 그러나 이때 텍스트와 텍스트의 구절들은 저자의 성격에 대한 해석자의 견해를 정당화시켜주는 "전거들"이 된다. 해석자가 집필한 전기 안에서, 그런 텍스트들은 말하자면 해석자가 어떻게 해서 저자에 대한 파악에로 이르게 되었는지 독자에게 제시하는 "각주들"이 된다. 저자에 대한 동일한 심리학적-전기적인 성격묘사를 정당화시키는데 적합한 텍스트의 구절들은 수많이 존재할 수 있기 때문에, 그것들 중의 어느 것이 이 "주석들"에 수용될 수 있는지는 개인의 재량에 맡겨진 물음이다. 텍스트들이 그렇게 이해되었을 때, 그것들은 혼동될 수 없는 고유의미를 갖지 못한다.

세상의 책에서 저자의 고유성이 증언되어 있음을 발견하려는 많은 시도들이 이 절차를 따른다. 그것들은 우리의 경험 안에서 주어진 대로의 세상으로부터 신적인 저자의 본질-속성들("성격")에로 추론해간다. 우리가 세계현실과 하게 되는 다양한 경험들은 이 저자의 본질-고유성에 대해서, 즉 그가 자신의 창조적 활동의 대상들과 관계하는 혼동될 수 없는 인격적 방식에 대해서 정보를 제공하는 인식의 출처들이 된다. 그런 한에서 이 주석방식은 전통적인 신 증명들과 유사하다. 왜냐하면 전통적인 신 증명들도 우리의 세계경험의 내용들로부터 신적인 창립자와 그의 본질-속성들에로 추론해가기 때문이다. 이 주석절차가 전통적인 신 증명들의 절차와 구분되는 것은 기껏해야, 이 주석절차가 우리 경험들의 차별성을 더 명시적으로 고려하고, 그래서 신적인 저자에 대한 보다 세분화된 그림에 도달한다는 데에 있다. 사람들이 이 주석절차를 세상의 책에 적용하더라도, 의심할 바 없이 텍스트로부터 저자에 이르는 길이 발견된다.

그러나 신 인식으로부터 부지중에 "신의 심리학"과 같은 것이 귀결되는데, 이때 그의 성격은 자신의 업적들 안에서 나타난다. 그러나 우리의 세계경험의 개별적인 내용들은 신적인 저자의 고유성에 대한 해석자의 견해를 확증시켜주는 전거들이 된다. 하지만 신적인 저자에 대한 동일한 견해가 그와 같이 수많은 전거들을 통해서 정당화되기 때문에, 우리가 하는 경험들은 이러한 기능 안에서 서로 간에 계속해서 교환할 수 있는 것이 된다. 이런 의미에서 집적된 경험들은 임의로 수를 늘릴 수 있는, 그러나 항상 동일한 결과를 정당화시켜주는 주석들이 된다. 그렇기 때문에 사람들은 교육적인 합목적성의 관점에 따라서 그 주석들 중에서 선택을 할 수가 있다. 그 주석들은 이런 관점에서는 혼동될 수 없는 고유의미를 갖지 못한다.

b) 문법적인 주석기술

또 다른 주석절차는 "문법적인" 절차이다. 여기서는 텍스트형태 자체에서, 더 자세히 말하자면 한 텍스트의 상이한 구절들을 규정하는 텍스트형태들의 다양성에서, 말해진 것의 의미가 읽혀질 수 있다는 것이다. 그러한 방식으로 "텍스트는 자기 자신으로부터 말한다". 그러나 그렇게 되면 텍스트 "밖에서" 여전히 저자를 알게 되거나 혹은 저자에 대해 묻는 것이 텍스트의 이해를 위해서 무언가 의미를 가지는지는 의심스럽게 된다.

이제 문장들뿐만 아니라 전체의 텍스트-모음집 또한 문법적 구조를 갖는다는 것은 문법적 주석의 중요한 결과였다. 학문적인 논문은 시와는 다른 문법적 형식을 갖고 있다. 사람들은 그래서 상이한 "문학적 장르들"에 대해서 말한다. 그렇게 되면 아주 동일하게 울리는 문장 역시, 가령, 하나의 의문도, 그것이 학문적 논문과 시 안에서 존재할 경우에, 또 다른 의미를 취하게 된다. 그래서 예를 들면, 생리학자는 이렇게 묻는다. "내가 말할 경우에, 누가 나를 들을 수 있는가?" 그리고 그는 대답할 것이다: "청각기관을 소유한 자만이; 그것에 속하는 것은 특히 고막, 작은 귀 뼈들과 신경-끝을 가진 와우각의 계열인데, 이것들로부터 감각적 자극이 두뇌의 청각중심으로 전송되는 것이다". 이제 라이너 마리아 릴케 같은 시인이 물을 경우에: "내가 소리쳤을 때, 천사들의 질서로부터 누가 내 말을 들었는가?"[122] 이때 "누가 나를 들을 수 있는가?"라는 물음은 명백히 다른 것을 의미한 것이다. 만일 생리학자가 이 물음에 다음과 같이 대답하려 했다면: "물론 어떤 천사도 외침을 들을 수는 없다; 천사는 육체가 없는 존재이고 고막을 가지고 있지 않기 때문에", 우리는 이 대답을 아주 우스꽝스럽게 여길 것이다. 이렇게 대답하려는 사람은, 동일한 물음이 한번은 학문적인 논문에서, 다른 한번은 시 안에서 제기될 경우에, 그것이 그때마다 또 다른 의미를 갖고 있다

---

[122] R. M. Rilke, Duineser Elegien, Erste Zeile der ersten Elegie.

는 것을 파악하지 못했기에 그런 것이다. 이제 방금 언급한 보기가 묘사하듯이, 문학적 장르들에 대한 그렇게 어설픈 혼동들은 드물게 발생한다. 그러나 또 다른 경우들 안에서 그것들은 더 쉽게 마주칠 수 있다. 그렇기에 저 보기는, 그렇게 부조리하게 선택된 것일지라도, 하나의 과제를 분명히 해준다: 문법적 해석은 한 텍스트의 형식에서 그것이 속해 있는 문학적 장르를 읽어내는 과제를 가진다. 비로소 그때에야 이 텍스트 안에서 존재하는 문장들의 의미가 규정된다.

물론 문법적 주석의 지지자들은 이러한 발견을 보통 그 텍스트들 안에서 저자에 대해 묻는 동기를 발견하는 데에 사용해오지는 않았다. 그럼에도 불구하고 상이한 문학적 장르들의 발견은 텍스트가 이러한 물음에 대한 동기를 부여한다는 것을 분명하게 해줄 수 있다. 두 가지 이유들에서 그렇다: 오직 독자가 저자의 말 건넴을 감지하게 될 때에만 이해가 되는 문학적 장르들이 있다. 이때 저자의 말 건넴은 텍스트 안에 존재하는 어떤 개별적인 단어와도 합치하지 않는다. 그리고 또 다른 경우들이 있는데, 그 안에서는 바로 장르들의 상이함이 상이한 텍스트들을 집필한 동일한 저자에 대해서 묻게 만든다. 그리고 지금 벌써 말해질 수 있다: "세상의 책"은 이 경우들 중의 하나인 것처럼 보이며, 심지어 가장 탁월한 경우처럼 보인다: 바로 세상의 책을 읽을 때 저자의 단일성에 대한 물음을 생겨나게 하는 것은 장르들의 차이이다.

3. 텍스트의 문법으로부터 저자의 필체에로?

a) 저자의 말 건넴은 텍스트 안에 등장하는 어떤 단어와도 동일할 필요가 없으며, 그럼에도 이 텍스트 안에서 언급된다.

여기서 우선 "인간의 손에 의한 책"의 한 보기를 들 수 있겠다. 실러의 드라마에 나오는 발렌슈타인의 커다란 독백, "그것이 가능했다 해도, 더 이상 내가 원했던 대로 할 수 없었을 거야 …"는 직접적으로 실러가 자신의 극중 인물의 입을 빌려서 말한, 인간적 자유의 한계에 대한 진술이 아니다. 드라마 안에서 독백은, 결코 외래의 청자를 위해서 규정된 것이 아니라, 화자가 자기 자신과 나눈 대화 안에서 자기 자신을 경악케 하는 경험에 대해서 분명해지기 시작한 말이다: 자기 행위의 가능성들과의 자유로운 유희로부터 더 이상 **빠져나올** 수 없는 운명으로 전환하게 된 것에 대해서. 그러나 그것은 우선은 자기 자신에게 향한 물음의 형식 안에서 발생하고 있다("그것이 가능했다 해도 …"). 텍스트를 이해한다는 것은 이때 다음을 의미한다: 텍스트가 예술적으로 형성된 드라마의 전체 안에서 발렌슈타인 자신을 위해서 의미하는 것을 파악하는 것. 그것은 드라마의 건축법칙, 곧 그것의 "문법"에서 읽혀져야만 한다. 그런 한에서 청자와 관람자는 그 자신의 고유한 느낌과 반성에 대해서 질문 받는 것이 아니라, 이 독백 안에서 비판적인 국면으로 들어가는 사건의 "객관성"에 온전히 헌신하게 될 것이다.

그러나 동시에 청자와 관람자는 무대 위에서 벌어지는 것으로부터 마음을 움직이는 방식으로 자기 자신에게 말이 건네어졌음을 알고 있다: 청자를 위해서 규정되지 않은, 그 자체로서는 독백으로 남는 발렌슈타인의 말로부터가 아니라, 독자에게 향하는 시인으로부터. 시인과 이 말의 관계 안에서 독자는 "전혀 상관이 없는" 관람자와 청자로 남는 것이 아니라, 수취인인 것이다: 텍스트가 극 자체 안에서 등장하는 인물들 중의 누구에게도 생각하도록 야기하지 않은 그런 방식으로 텍스트가 생각하게 만드는 수취인. 그렇기에 텍스트를 이해한다는 것이 의미하는 것은 이렇다: 무대에서 벌어지는 일안에서 두 번째 행보로 시인의 말 건넴을 드러내는 것. 이를 위해서도 드라마의 문법은 결정적인 발견지점이다. 드라마에 등장하는 인물들이 관람자에게가 아니라 대화적으로 서로를 향하거나 혹은 독백하며 자기 자신에게 향하는 반면에, 예술작품으로서의 드라마는 "상연이 되도록" 그로써 관람자와 청자에게 향하도록 그렇게 연출된 것이다. 시인이 "자신의" 인물들이 서로에게 혹은 자기 자신에게 말하게 하는 특별한 방식 안에 동시에 관람자와 청자에게 던지는 시인의 말 건넴이 놓여 있지만, 이 말 건넴은 무대에서는 결코 나타나지 않는다. "이해한다는 것"은 따라서 다음을 의미한다: 우선은 모든 자신의 감정과 반성을 도외시하고, 전적으로 텍스트에 몰입하기 위해서, 드라마 안에서의 언사와 행위가 의미하는 것을 파악하는 것, 그런 다음에는, 텍스트가 말하는 것에 대한 온전히 "객관적인" 파악의 과정을 거쳐서 시인이 자신의 "수취인들"에게 행하는 말 건넴을 밝혀내는 것이다.

이런 종류의 관찰들로부터 다음의 물음이 생겨난다: 이것은 단지 문학적으로 특별한 경우일 뿐인가? 텍스트에 나타나는 모든 언사들과 독자에게 향하는 저자의 말 건넴 사이의 차이, 그러나 또한 두 가지 종류의 언사의 결합은 특별한 문학적 장르, 가령 드라마의 구별표지인가? 혹은 "인간의 손에 의한 텍스트" 저마다에 대해서 다른 방식으로, 종종 눈에 띄지 않게, 타당한 것이, 단지 이 특별한 텍스트의 장르에서 분명하게 된 것뿐인가? 그리고 여기서부터 "세상의 책에서 읽기"를 위한 지침 또한 얻어질 수 있는가?

이것은 한 저자가 아주 상이한 특성을 가진 책들을 쓴 경우들에서 더 분명하게 드러날 것이다. 그때에는 말하자면 이 상이한 책들의 각각은 우리가 그것들 안에서 동일한 저자의 필체를 다시 인식할 경우에만 적합하게 이해된다.

b) 저자의 동일성은 그의 텍스트의 다양성 안에서 다시 발견될 것이다

동일한 저자가 아주 상이한 책들을 쓰는 경우들이 있다. 그때에 제기되는 과제는 동일 저자의 필체를 그의 작품의 다양성 안에서 다시 발견하는 일이다. 그때 드러나는 것은 이렇다: 저자의 이 필체의 동일성은, 예컨대 그의 모든 이야기들이 하나의 유일한 이야기-맥락을 형성하거나, 혹은 그의 모든 시가들이 하나의 유일한 시로 연결됨을 통해서 드러나는 것은 아니다. 동일한 저자의 상이한 텍스트들을 하나의 공통된 문학적 장르에 부속시키는 것, 가령 이 모든 텍스트들 안에서 이론적 가르침이나 혹은 도덕적 훈계라는 하나의 장르를 발견하는 것은 실로 필요하지도 않은 것이다. 다시 한 번 실러를 예로 들자면, 우리는 실러의 혼동될 수 없는 필체를 그의 드라마(가령, "발렌슈타인") 안에서뿐만 아니라, 그의 시가들 안에서(가령, "종에 대한 노래"), 그의 역사서 안에서(가령, "30년 전쟁의 역사"), 그의 이론적 저술 안에서(가령, "우미優美와 존엄에 대하여"), 혹은 그의 역사철학적 반성 안에서도(가령, 예나대학교 취임강의인 "보편사란 무엇이며, 어떤 결말에 사람들은 그것을 연구하는가?") 마찬가지로 분명하게 인식한다.

이 재인식은 텍스트의 어떤 특성들로부터 저자의 성격적 특징에로의 귀납적 추론에 따른 것이 아니라, 하나의 주석인 것이다: 독자는 이 모든 텍스트들에 대한 문법적 관찰안에서 저자의 필체를 은밀히 드러내는 "문체Stil"를 알아차리게 된다. 이 "문체"는 한갓 미적인 현상 이상의 것이다. 그 문체 안에서 저자가 자신이 말하는 모든 것을 "하나의 사안으로 만드는", 그래서 그와 함께 독자를 그에게 특유한 방식으로 이 사안의 요구아래에 세우게 하는, 특별한 방식이 표현된다. 저자가 하는 말은 그 형태의 모든 다양성 안에서 언제든 혼동될 수 없는 "그의" 말이며, 예컨대 언제든 "전형적으로 실러인" 것이다. 그러나 그것은, 마치 그가 의연하게 자기 자신에 대해서 말하는 것인 양 "그의" 말인 것이 아니라, 그가 독자에게 상이한 형식들 안에 있는 상이한 내용들을 눈앞에 제시함을 통해서 바로 그의 말이 되는 것이다; 그러나 그것은 매번 다음과 같이 발생하는데, 바로 이 내용들이 독자에게 생각하도록 만들며, 그것도 오직 실러만이 할 수 있는 방식으로 그렇게 한다.

그런 경우들에서 우리가 알아차리게 되는 것은 이렇다: 이 작품들의 각각은 자신의 고유한 언어로 말하고 있기는 하다. 그들 중의 어느 것도 다른 작품의 언어로 번역할 수 있게끔 의미가 동일하지 않다. 그들 중의 각각은 자신이 말하는 것 안에서 스스로 충분하며, 다른 작품으로부터의 어떤 논평도 필요로 하지 않는다. 실러의 드라마나 시가는 자기 자신으로부터 말하며, 그것에 자신의 역사적이고 철학적인 저술들을 끌어들임으로써 비로소 이해되어야 할 필요는 없다. 그럼에도 불구하고, 만일 우리가 그들 중 각각의 것 안에서 동일한 저자의 혼동될 수 없는 문체를 재인식하지 못할 경우에, 우리는 어느 것도 적합하게 이해한 것이 아니다; 그리고 다시 한 번 말해서, "문체"가 의미하는 것은: 저자가 자신이 말하고 있는 사안을 자신의 사안으로 만들고, 동시에 독자 또한 그들 편에서 그 사안을 자신의 사안으로 만들도록 촉구하고, 그 사안이 독자로 하여금 고유한 응답을 하도록 도전하는, 혼동될 수 없는 방식.

그러한 방식 안에서 저자에 대해 묻게 된다면, 그것은 텍스트의 고유성으로부터 저자의 심리학과 성격학에로 추론하는 방식이 아니라, 텍스트가 "우리에게 숙고하도록 만드는" 것을 저자가 독자에게 건네는 언사로 이해되어야만 하는 방식에서이다. 텍스트는 따라서 저자의 심리학을 위한 가능한 "전거들"의 다수가 아니라, 저자의 언어가 청자나 독자에게 도달하는 불가결의 현상형태인 것이다. 텍스트는 "한갓 현상형태"이기는 하다: 저자가 건네는 언사는, 텍스트의 본문으로서 목전에 놓여 있는 것과 동일하지는 않다. 그러나 텍스트의 본문은 동시에 이 말 건넴의 "실재하는 현상형태"이다. 저자는 텍스트의 밖에서 그것의 원인으로서 구해지는 것이 아니라, 이 텍스트 안에서 독자에게 말을 건네고 있다. 텍스트를 이해한다는 것은 그렇기 때문에 두 가지를 동시에 의미한다: 텍스트의 언어적 형태, 곧 그것의 "문법"에서 텍스트 자신이 말하는 것을 읽어내는 것, 그리고 동시에 어떤 방식으로 텍스트 안에서 저자가 자신의 독자들에게 말하고 있는지를 파악하는 것.

c) 열려진 물음: 그것은 세상의 책에서 읽기에 대해서도 타당한가?

그것은 "세상의 책에서 읽기"에 대해서도 타당한가? 여기서도 독자에게 건네는 저자의 언사를 이 책에 등장하는 모든 "말들", 즉 우리 경험의 상이한 내용들이 우리에게 던지는 객관적 타당성에 대한 주장들과 구분하는 것이 가능한가? 그리고 그럼에도 불구하고 동시에 우리 경험의 이 내용들이 아주 상이하게 구성된 맥락 안에서 우리에게 생각하도록 만드는 다양한 방식들을 하나의 말 건넴의 현상형태들로 이해하는 것이 가능한가? 그 말 건넴이란 저자가 "이 세상의 텍스트" 밖에서가 아니라, 그 안에서 우리에게 던지는 것을 의미한다.

이것이 맞는 말이라면, 그때에는 "세상의 책"에 나오는 모든 말들을 저자가 건네는 언사와 구분하는 것이 필수적이기는 하다. 그러나 동시에 이 언사를 작용으로부터 원인에로의 추론을 통해서 인식하는 것이 아니라, 그 언사의 불가결한 현상형태로 남아 있는 텍스트 자체의 주석에서 인식하는 것이 가능할 것이다. 신적인 저자의 언사는, 그렇게 이해되었을 때, 우리가 하나 혹은 다수의 책들에서 읽는 *어떤 말과도 동일하지 않다*. 즉, 세상의 책은 그 책들로부터 존립하는데, 세상의 책의 저자가 건네는 언사는 세상의 사물들이 우리에게 생각하도로 만드는 요구들 중의 어떤 것과도 동일하지 않다. 그러나 이 언사는 *이 말들의 각각에 내포되어* 있으며, 가장 작은 단어에서조차도 그러하다. 그것들 중의 어느 것에서도 소진됨이 없이, 그리고 심지어 가장 큰 단어 안에서도 소진됨이 없이 말이다. 그럴 때에 이 언사는 진실로 신적인 말이라는 것이 입증된다.

전설적인 (프리드리히 횔더린의 "히페리온"에서 이런 형식으로 인용된) "로욜라의 이냐시오의 묘비명"은 이렇다: "가장 작은 것 안에 내포되어 있는, 그러나 가장 큰 것에 의해서도 포괄되지 않는 것, 바로 그것이 신적인 것이다". 성인의 입에 담긴 이 문장은 하나의 고백으로서 의미된 것이다.

그러나 그것은 동시에 하나의 척도를 부여하는데, 그것에 준해서 신에 대한 모든 언사가, 철학적인 언사 역시, 측정되어야만 하는 것이다.

C. 전망: 주석의 조력자로서의 칸트의 철학 - 그리고 새로운 테제:

경험의 해방시키는 힘이 필체이며, 그것에서 우리는 신적인 저자의 해방시키는 자유를 인식한다

그러한 방식으로 세상을 하나의 책으로서 읽고, 그 안에서 신적인 저자의 필체를 해독해내는 것은 자의적으로 고안된 프로그램인가? 그것은 어쩌면 경건한 동기에 기여하고자 우리의 온전히 세속적인, 일상적인 경험에 폭력을 가하는 프로그램일까?

1. 칸트 - 변화된 문제맥락 안에서 주석의 조력자로서

이제 한 저자에게서 필요한 도움이 발견될 수 있는데, 사람들이 추측하지 않은 인물이다: 임마누엘 칸트에게서. 우리가 칸트-독서로부터 우리의 문제를 위해서 얻게 되는 도움이 어떤 종류의 것인지는 이 자리에서 단지 간결한 핵심어들 안에서만 암시될 수 있다 - 전문가들에게는 물론 너무 적은 것이고, 칸트-해석을 둘러싼 토론을 잘 모르는 사람들에게는 바라건대 충분히 이해될 만한 것이다.

"선험적 분석론"에서 칸트는, 우리에게 객관적 타당성에 대한 주장으로 마주설 수 있는 내용들이 그 안에 포함되는 바로서의 저 맥락이 생겨나야 한다면, 우리가 무엇을 성취해야하는가를 보여주었다. 여기서 해명된 문제

맥락 안에서 그것이 의미하는 것은 이렇다: 내용들의 객관적 타당성이란, 그 내용들을 통해서 독자가 주관적 체험과 반성이라는 한갓 자기대화로부터 해방되어서 "사안에로" 운반되는 것을 지칭한다. 그것이 세상의 책에서 읽기에 대해서 의미하는 것은 이렇다: 세상은 주체의 고유활동성을 통해서 읽을 수 있는 책이 된다. 그러나 그와 함께 이 주체가 세상의 책에서 단지 자기 자신이 반영되어 있음만을 발견하는 것은 아니다. 세상의 책에서 주체에게 낯선 것이 마주설 수 있고, 그리하여 그것이 주체를 위해서 비판적인 자기평가의 척도가 되는 것이다.

"실천적인 이성사용의 변증법"에서 칸트는, 그러한 방식으로 다수의, 구조적으로 서로 상이한 맥락들이 생겨난다는 것을 보여주었다; 이때 그는 두 가지 보기들에 국한하였다: 그가 "자연"이라고 명명한 학문적 탐구의 대상들의 맥락, 그리고 그가 "목적들의 세계"라고 명명한 윤리적으로 의무지우는 행위목적들의 맥락. 세상의 책에서 읽기라는 새로운 문제맥락 안에서 그것이 의미하는 바는 이렇다: 세상의 책은 다수의 상이한 책들로 분류된다. 그러나 동시에 칸트가 보여준 것은, 이 맥락들이 상호적으로 침투하며, 그때 그것들 중의 각각의 구조가 교란되는 방식을 통해서 그렇다는 것이었다. 그렇게 되면 동시에 그렇게 교란된 맥락에 수용되는 내용들은 그 객관적 타당성을 잃게 된다. 칸트는 이를 위해서 단지 유일한 보기를 들었다: 윤리적 의무의 경험은 자연의 세계와 목적들의 세계라는 두 세계들의 교차영역 안에서 그 구속력을 잃는다. 그렇게 되면, 칸트가 표현하고 있듯이, 윤리적 의무의 경험은 "공허한, 상상된 목적들 위에 세워진"[123] 것처럼 여겨진다. 그것이 세상의 책에서 읽기라는 새로운 문제맥락 안에서 의미하는 바는 이렇다: 이 책들 중 각각의 책에서 불가피하게 그때마다 다른 책들로부터의 "인용문들" 또한 나타나며, 이를 통해서 각각의 책의 문법이 교란된다. 윤리적 경험의 내용들이 우리의 이론적 세계인식의 맥락 안에서도 "읽혀지

---

[123] KdpV A 205.

고", 우리의 미적인 경험의 내용들이 종교적인 맥락 안에서도, 우리의 종교적 경험의 내용들이 이론적이거나 혹은 윤리적인 경험의 맥락 안에서도 읽혀지는 것은 피할 수 없는 것이다. 그러나 그때 이 맥락들의 각각이 교란되고, 그 결과 이 경험들의 각각은, 낯선 맥락에서 읽혀졌을 때, 마치도 한갓 주관적인 것처럼, 객관적 인식을 위해서는 표준적이지 않은 "추가-해석"처럼 보이게 된다. 그러나 그 귀결은 이렇다: 그로부터 세상의 책이 존립하게 되는 바로서의 수많은 책들이 서로 분리되어 있지도 않고, 또한 모든 것을 포괄하는 하나의 맥락에로, 즉 하나의 유일한 책에로 결합될 수도 없다는 것을 우리가 알아차리게 되자마자, 이 책들의 각각은 읽혀질 수 없는 것이 된다.

칸트가 자신의 요청이론에서 보여준 것은 이렇다: 우리가 하는 개별적인 경험들이 그 객관적 타당성을 되찾는 것은, 그 경험들이 우리에게 던지는 요구를 신적인 요구의 현상형태로서 파악하게 되는 경우이다. 다시금 그는 이를 위해서 유일한 보기를 들었다: 윤리적 경험의 내용들, 곧 우리의 의무들이 그 객관적으로 의무지우는 힘을 되찾는 것은, 우리가 그것들을 "신적인 계명으로서" 파악할 때이다. 그것이 여기서 해명된 세상의 책에서 읽기라는 문제맥락에서 의미하는 바는: 우리가 개별적인 책에서 읽게 되는 각각의 개별적인 내용은, 오직 우리가 이 책들의 각각에서 신적인 저자의 필체를 인식할 때에만, 적합한 방식으로 주석될 수 있다.

마무리하면서 물어보자: 우리가 칸트와 함께 "우리의 의무를 신적인 계명으로서" 인식할 경우에, 우리가 덧붙여서 얻는 것은 무엇인가? 이 물음에 대해서 우리는 칸트의 의미로 대답해야 할 것이다: 우리가 얻는 것은 이미 인식된 세속적인 의무들 옆에서 새로운, 종교적인 의무의 인식이 아니라, 변증법 안에서 위태롭게 된 객관적으로 의무지우는 힘의 보증이다. 혹은 더 일반적으로 말해서: 우리는 새로운, 특별히 종교적인 경험의 내용들을 얻게 되는 것이 아니라, 우리가 상이한 경험맥락들의 각각에서 인식하는 저마다의 내용의 보증된 객관적 타당성이다. 왜냐하면 다음과 같은 점이 제시되기 때문이다: 칸트가 우리에게 제공한 단초들은 계속적으로 발전될 수 있는 것으로서, 그로부터 특별히 윤리적인 경험의 이론뿐만이 아니라, 경험 일반의 이론이 얻어질 수 있다. "목적들의 세계"에서뿐만이 아니라, 세상의 책이 그로부터 구성되는 저 책들의 각각에서 신적인 저자의 필체를 해독하는 것은 타당한 일이다. 개별적인 책들의 내용들이 우리에게 생각하도록 만드는 상이한 방식들은 현상형태들의 충만함을 이루며, 그것들의 의미내용이 비로소 파악되는 것은, 우리가 그 안에서 독자에게 건네는 신적인 저자의 말 건넴을 인식할 때이다. 각각의 경험의 객관적 타당성은 곧 요구인데, 그 요구와 함께 경험된 내용은 우리를 편견과 선입견으로부터 해방시키고, 그리하여 비로소 자유로운 판단을 할 수 있도록 만든다. 현실적인 것의 해방시키는 요구와 그 요구에 대해 우리가 내리는 응답의 자유 간의 회귀하는 관계 안에서 세상의 책의 저자는 자신의 독자에게 말을 한다. 우리 경험의 대상들이 우리에게 자유로운 판단을 하도록 만드는 그 해방시키는 힘은 오직 신적인 저자의 해방시키는 말 건넴의 현상형태로서만 이해될 수 있다: 신적인 저자가 세상의 책을 쓴 것은, 그가 사물들의 요구 안에서, 그리고 동시에 이 요구가 우리에게 능력을 부여함으로써 내려지는 우리의 자유로운 응답 안에서, 우리에게 말하기 위한 것이다. 그런 한에서 저자는 대상들에게는 이러한 힘을, 우리에게는 그러나 이 요구를 감지하고 그것에 대답하는 능력을 "부여한" 혹은 "귀속시킨" 것이다. 그 점에 우리가 구한 "속성의 유비"가 존립하며, 그것이 우리로 하여금 신을 "세상의 책의 저자"로서 말하도록 허용한다. 그러나 "이 저자의 필체"가 인식될 수 있는 것은, 우리의 상이한 경험들의 상이한 내용들이 우리를 해방시키면서 압류하는 방식 안에서이다, 다시 한 번 말하자면, 그 내용들이 우리를 주관적인 견해와 의도에 매여 있음으로부터 해방시키고, 그 내용들이 던지는 요구에 자유롭게 응답할 수 있도록 만드는 방식 안에서이다. 우리가 하는 경험의 해방시키는

힘이 곧 필체인데, 이것에서 우리는 신적인 저자와 그의 해방시키는 자유를 인식하는 것이다.

2. 전통적인 신 증명들 – 새롭게 통역함

마지막으로 제시되는 것은, 전통적인 신 증명들 역시 그러한 방식으로 "새롭게 통역될" 수 있다는 것이다: 세상의 책에서 읽기 위한 지침들로서. 나는 다른 곳에서 그에 대한 시도를 토론하고자 했다[124]. 이 시도는 여기서는 단지 극도로 축약하고 단순화해서 재현될 수 있다.

요청이론의 빛 안에서 이해되었을 때, 신 증명들은 경험가능성의 조건을 다음과 같이 드러낸다. 우리의 모든 삶의 정황들의 제약성 한가운데서 늘 재차 우리와 만나는 요구는, 우리에게 무조건적으로 요구하고, 그 요구에 우리가 무조건적으로 헌신할 수 있게 한다. 우리가 신적인 말 건넴의 해방시키는 자유를 인식해도 좋은 것은 매번 사물들과 사람들이 우리에게 조준하는 이 요구의 해방시키는 힘 안에서이다. 왜냐하면 매번 다음의 것이 제시되기 때문이다: 이 요구의 해방시키는 힘은 단지, 우리가 그것을 "신적인 명령Mandatum으로서, 곧 우리에게 위탁된 신의 명령으로서" 파악할 때에만, 제대로 이해된다. 그럴 때에 우리는 우리의 의무뿐만이 아니라, 존재자가 우리에게 향하게 하는 요구의 다양한 방식들을 "신적인 계명으로서" 인식하게 된다.

"우주론적 신 증명"은, 그렇게 이해되었을 때, 우리가 세계현실의 다양한 경험들 안에서 "신적인 저자의 필체"를 해독할 수 있다는 경험을 파악할 수 있게 해준다. 신적인 저자는 우리가 체험하고 행하는 것의 조건들과 결과들을 통한 모든 중재들 한가운데서 우리에게 직접적으로 말을 건네며, 또 직접적으로 그것에 대답하도록 우리를 불러낸다. "도덕적인 신 증명"은, 그

---

[124] R. Schaeffler, Philosophische Einübung in die Theologie, Freiburg und München 2004, III, 333ff.

러한 방식으로 "새롭게 읽혀졌을 때", 사물들과 사람들이 우리와 만나는 방식이 우리에게 자기헌신을 통해서 자기발견을 할 수 있게 만든다는 것, 바로 그러한 경험의 조건을 드러내준다. 왜냐하면 그 점에 모든 윤리적 경험의 고유성뿐만이 아니라, 모든 경험 일반의 해방시키는 작용이 존립하기 때문이다. "목적론적인 신 증명"이 주석하는 것은 다음과 같은 경험인데, 신이 우리에게 위탁한 명령들을 발견하고 그 안에서 활동적인 자기발견의 기회를 감지하는 것이 가능하지 않을 듯한, 여전히 세계와 우리의 고유한 자아의 반(反)목적론적인 상태란 없다는 경험이다. 그때 이러한 경험의 가능 근거는 신적인 명령들의 신뢰 안에서 발견되는데, 그 신뢰가 우리에게 그런 명령들을 "믿고 맡기는" 것이다. "존재론적인 신 증명"은 그러나, 그렇게 이해되었을 때, 다음의 경험을 분명히 해준다. 그 경험이란, 사물들과 사람들이 우리를 주관적인 견해나 의도의 편견으로부터 해방시키는 그 힘은, 비범한 사물들과 사람들의 비범한 특성들에 의거하는 것이 아니라, 단지 그들이 존재하고, 또 오직 우리의 견해와 의도가 반영되어 있음만을 발견하려는 우리의 성향에 저항한다는 데에 의거한다는 경험이다.

그렇게 이해된, 요청이론의 빛 안에서 새롭게 읽힌 신 증명들이 말하고 있는 그 신은 부정(不定)의 긴 중간 항들의 계열을 통해서 우리와 떨어져 있는 존재, 곧 "최초의 원동자", "마지막 목적", 혹은 "최상의 완전한 존재자"가 아니라, 자기 책의 모든 페이지에 현존하는 저자처럼 우리의 모든 경험 안에 현존한다. 그러나 신 증명들은, 그런 방식으로 새롭게 통역되었을 때, 이 책에서 읽기 위한 지침들이 된다. 그것들이 그렇게 이해되면, 이 신 증명들의 옹호자와 비판자 사이의 토론은 이러한 상론들의 처음에 말했던 것처럼, 항상 동일한 논증과 반론의 저 결실 없는 교환을 넘어서게 된다.

그러한 방식으로 신에 대해 말하는 철학은 동시에 여기서 제시된 탐구의 첫 장에서 말했던 척도들을 실현한다: 신앙이 말하는 신과 동일한 신에 대해서 철학이 말하는지를 보증할 수 있는 척도들. 왜냐하면 그렇게 이해된 신은 해방시키는 자유의 신이기 때문이다. 인간은 자기편에서 신적인 자유에 대해서 자신의 자유로운, 이성의 자기규정으로부터 생겨나는 대답을 줄 수 있는 것이다. 신적인 자유와 인간적 자유의 이 관계가 하나의 역사로 전개된다, 그 경과는 선천적으로 미리 알려질 수는 없다. 왜냐하면 이 신의 증여는, 존재자들이 우리를 그들의 요구 아래에 세우는 다양하고도 미리 예견할 수 없는 방식들 안에서 현상하기 때문이다. 그렇기 때문에 이 역사에 자신을 책임 있는 방식으로 맡기는 인간의 능력은, 이 역사의 "법칙"을 안다고 여기는 선취적인 지식에 의거하는 것이 아니라, 신적인 명령수여자에 대한 신뢰에 의거한다. 우리가 사물들과 인간들의 요구로부터 벗어나지 않을 경우에, 우리에게 개시되는 이론적이고 실천적인 행위가능성들 역시 신적 존재자의 명령들("Mandata")로서 이해되어도 좋은 것이다. 이 명령들을 이행함에 있어서 우리가 늘 실패하곤 하는 고통스런 경험은 칸트가 이미 그의 요청이론을 통해서 방지하려고 했던 "감성에서의 위로가 없음"을 낳을 필요는 없다. 신적인 명령수여자는 죄스런 세상 안에서 죄인에게 새로운 명령을 위탁하는 것을 멈추지 않으며, 이를 통해서 죄인에게 늘 새로운 회심의 길을 열어준다.

우리의 온전히 일상적인 경험들안에서 이 "신적인 저자의 필체"를 재인식하는 철학자는 그와 함께 동시에 하나의 맥락을 제시하는데, 그 안에서 특별히 성서적인 보도 역시 이해될 수가 있는 것이다: 인간과 함께 하는 신의 역사에 대한 보도, 신적인 부르심에 대한, 인간의 죄에 대한, 그리고 신적인 용서의 주권과 동시에 이 역사 안에서 인간을 좌절로부터 보호하는 신심 깊은 희망에 대한 보도. 그러한 종류의 철학적 개념들을 이용하는 신학은 그로부터 이미 항상 자기스스로 설정한 과제의 이행을 위한 제안을 얻게 된다: 혼동될 수 없이 성서적 보도를 이해시키고, 구원을 위태롭게 하는 오해들로부터 그것을 보존하는 과제.

부록

참고 문헌

색인

참고 문헌

※ 역자첨언: 독일어 원문에서는 인용된 문헌들 옆에 큰 숫자로 '쪽수'를 표시하고, 작은 숫자로 '각주 번호'까지 표시하였으나(가령, 81^{63}), 번역문에서는 큰 숫자로 '쪽수'만 표시하였다.

성경

Genesis [창세기]   107

Exodus [탈출기]   40, 45, 46, 51, 107, 133, 150

Josua [여호수아기]   45, 46, 78

Jesajah [이사야서]   47

Jona [요나서]   26

Psalmen [시편]   135

Matthäus [마태오 복음서]   50, 113

Markus [마르코 복음서]   50

Lukas [루카 복음서]   50, 51

Johannes [요한 복음서]   40, 51, 52

Römerbrief [로마 신자들에게 보낸 서간]   70, 108

Apostelgeschichte [사도행전]   51

Philipperbrief [필리피 신자들에게 보낸 서간]   52

Kolosserbrief [콜로새 신자들에게 보낸 서간]   57, 76

1. Timotheusbrief [티모테오에게 보낸 첫째 서간]   57

Hebräerbrief [히브리인들에게 보낸 서간]   72, 95

Aristoteles, Metaphysik   21, 22

Aurelius Augustinus, Confessiones   24, 148

Bayer, Oswald, Gott als Autor, Tübingen 1999   216

Blumenberg, Hans, Die Legitimität der Neuzeit, Frankfurt a.M. 1966   188

Blumenberg, Hans, Die Lesbarkeit der Welt, Frankfurt a.M. 1981   188

Bonaventura, Itinerarium mentis in Deum   128

Cassirer, Ernst, Substanzbegriff und Funktionsbegriff, Berlin 1910   69

Cohen, Hermann, Religion der Vernunft aus den Quellen des Judentums, Berlin 1917   39, 45

Eliade, Mircea, Traité d´histoire des religions, Paris 1949 deutsch: Die Religionen und das Heilige, Stuttgart 1954   41

Gregor v. Nyssa, "De Vita Moysis", ed Daniélou, gr.u.frz Paris 6. Aufl 1956   25

Greisch, Jean, Le Buisson Ardent et les Lumières de la Raison, drei Bände, Paris 2002-2004, insbesondere Band III: Vers un Paradigme Hermeneutique   115

Heidegger, Martin, Sein und Zeit, Halle 1927   130

Heidegger, Martin, Was ist Metaphysik?, 1943   129, 130

Heidegger, Martin, Vom Wesen der Wahrheit, Frankfurt a.M. 1943, 2. Aufl. 1954   120

Heidegger, Martin, Über den Humanismus, Frankfurt a.M. 1947   134, 135, 136

Heidegger, Martin, Die Frage nach der Technis, in: Vorträge und Aufsätze, Pfullingen 1954   130, 131, 145

Heidegger, Martin, Identität und Differenz, Pfullingen 1957   35

Heidegger, Martin, Unterwegs zur Sprache, Pfullingen 1959   135

Heidegger, Martin, Der Ursprung des Kunstwerks, in: Holzwege, Frankfurt a.M. 1963   134

Heidegger, Martin, Erläuterungen zu Hölderlins Dichtung, Frankfurt a.M. 1963   134

Heidegger, Martin, Beiträge zur Philosophie, aus dem Nachlaß herausgegeben, Gesamtausgabe Band 65, Frankfurt a.M. 1989   120, 124, 127, 131, 132, 133

Heraklit, Fragmente   106

Kant, Immanuel, Kritik der reinen Vernunft, Riga 1783   16, 65, 80, 85, 91, 128, 142

Kant, Immanuel, Prolegomena zu einer jeden künftigen Metaphysik, Riga 1783   198

Kant, Immanuel, Grundlegung zur Metaphysik der Sitten, Riga 1785   110

Kant, Immanuel, Kritik der Praktischen Vernunft, Riga 1788   93, 97, 99, 231

Kant, Immanuel, Die Religion innerhalb der Grenzen der bloßen Vernunft, Königsberg 1793   94, 96, 98, 194

Kant, Immanuel, Der Streit der Fakultäten, Aka.Ausg. Band 7   101

Kant, Immanuel, Opus posthumum, Akad.Ausg. Band 21   16, 73

Pascal, Blaise, Mémorial vom 23. November 1654   28

Pettazzoni, Raffaele, La verità del mito, 1954, deutsch auszugsweise in Paideuma IV 1950, 1-9   41

Riessler, Paul, Altjüdisches Schrifttum außerhalb der Bibel, Augsburg 1928, Kap 54 Die Sprüche der Väter, S. 1058-1083   46

Rilke, Rainer Maria, Duineser Elegien   222

Schaeffler, Richard, Zum Verhältnis von transzendentaler und historischer Reflexion, in: H. Kohlenberger, Festschrift für Karl Ulmer, Wien 1976, 42-76   69

Schaeffler, Richard, "Darum sind wir eingedenkt" - Die Verknüpfung von

Erinnerung und Erwartung in der Gegenwart der gottesdienstlichen Feier. Religionsphilosophische Überlegungen zur religiös gedeuteten Zeit, in: Ausdrucksgestaltungen des Glaubens, Hohenheimer Protokolle, Stuttgart 1986, 65-90   88

Schaeffler, Richard, Kant als Philosoph der Hoffnung, in: Theologie und Philosophie 56 [1981], 244-250   93

Schaeffler, Richard, Religions-immanente Gründe für religionshistorische Krisen, in: H. Zinser [Hrsg.] Der Untergang von Religionen, Berlin 1986, 243-261   108

Schaeffler, Richard, Innovation und Selbstkritik der Religion als innere Momente ihrer Überlieferung, in: W. Kluxen, Tradition und Innovation, Hamburg 1988, 471-487   108

Schaeffler, Richard, Aussagen über das, was "im Anfang" geschah, in: Internationale Katholische Zeitschrift Communio, 20 [1991], 340-351   88

Schaeffler, Richard, Erfahrung als Dialog mit der Wirklichkeit, Freiburg und München 1995   116

Schaeffler, Richard, Philosophische Einübung in die Theologie, Freiburg und München 2004   234

Schleiermacher, Friedrich, Vorlesungen "Die allgemeinen Prinzipien der Hermeneutik und Kritik und ihre Anwendung auf das Neue Testament", Berlin 1832-1833, neu herausgegeben von H. Kimmerle, Heidelberg 2. Aufl. 1974   219

Spinoza, Baruch, Ethik, aus dem Nachlaß veröffentlicht Amsterdam 1677   25

색인

ㄱ

객관 Objekt, Objektivität   36-38, 43, 54, 75, 87, 91, 141, 149, 198, 205, 224f., 228, 230-233.

거절 Verweigern, Verweigerung   121, 131-140, 144-153.

경험 Erfahrung   23, 28, 34-38, 42-44, 48f., 53-58, 63-79, 88f., 93, 96-101, 105f., 110-119, 129, 139, 146, 149, 151, 155, 157, 160-165, 172-179, 182, 184, 191, 194-199, 201-209, 212, 214, 217, 220-221, 224, 228, 230-236.

계명 Gebot, auch: Auftrag[명령], Aufträge   45-47, 50, 96, 101, 107, 109-119, 143, 155, 182f., 194, 232-236.

관계 Relation, relativ[상대적], Relativismus[상대주의]   26, 28, 70, 181, 213-215.

구원 Heil   27, 42, 64, 67f., 78, 101, 107, 236.

ㄷ

대상구성 Gegenstandskonstitution   22, 166, 168, 170, 173, 175-178, 180.

도래 Ankommen, Ankunft, auch: Parusia   41, 43, 52, 75, 133-138, 149, 153.

ㅁ

말 건넴 Anrede   57, 74, 117, 156, 179, 182, 191, 218f., 223-228, 233f.

맥락 Kontext   35-39, 42f., 50, 53-57, 64f., 75, 78, 80, 93, 108, 114, 118, 124, 131, 137, 140, 146, 150, 171, 198, 203, 205-207, 211-215, 217, 226-232, 236.

명령 Geheiß, heißen   127, 131, 138, 153, 156.

문법 Grammatik   203-207, 217-219, 222-227, 231.

ㅂ

법칙 Gesetz   86f., 92-96, 102, 109f., 112-114, 118.

변증법 Dialektik   69, 74, 83, 85, 90f., 94, 97, 99-103, 108, 118, 133, 142f., 155, 181, 218, 231f.

보냄 Schicken, Schickung, Geschick[운명, 역운]   130, 134, 138, 145, 147, 152, 156.

비판 Kritik   22, 24, 49, 57-59, 80, 84, 93, 110, 115, 146, 170, 192, 208.

ㅅ

상호관계 Korrelation   39, 45-47, 50-52, 57, 60, 64, 67.

선택 Wahl, wählen   27, 45-48, 51, 58-60, 67, 78f.

선험적 Transzendental   22, 35f., 43f., 48, 54, 63, 67-77, 79f., 118, 128.

시간 Stunde, auch: Kairos[때]   46, 50-53, 59, 66-68.

시간 Zeit, auch: Zeitansage[시간고지], eschatologische[종말론적]   40f., 46, 54f., 59-61, 63, 65-69, 79, 86, 88, 91, 100-103, 107, 115.

신뢰 Vertrauen, vertrauen, auch: anvertrauen   46, 78, 95-100, 109, 143, 182, 235f.

신 증명들 Gottesbeweise   96, 192, 194, 221, 234f.

심판 Gericht, richten   26, 40, 51, 59f., 106f., 150, 152f.

ㅇ

약속 Verheißung   26, 54f., 59f., 66f., 101, 133.

언어 Sprache   21, 23, 32, 35, 39, 41, 45, 56, 73f., 87, 101, 134f., 140, 172, 207, 227.

역사 Geschichte, geschichtlich, Geschichtlichkeit   25, 27f., 40f., 44, 48-54, 59-72, 75-90, 100-120, 136-138, 145-147, 154-157, 197, 210, 214f., 226f., 236.

요구 Anspruch   61, 63-66, 70, 74, 92-96, 103, 105, 117-119, 129-131, 141-153, 156, 160-183, 197f., 206-209.

요청 Postulat, postulatorisch   61, 74-77, 85, 92-105, 108, 118, 155, 211, 232-236.

우연성 Kontingenz, kontingent   61, 64f., 68, 71f., 163, 165, 179f.

인과적 kausal, Kausalität   69, 92, 101-103, 115, 119, 180f., 189f., 193f.

은총 Gnade, gnädig   94, 102, 117, 150.

의무 Pflicht   36, 74, 77, 92, 96-99, 109-113, 118, 155, 160, 173, 182, 194. 231-234.

의미내용과 현상형태 Bedeutungsgehalt und Erscheinungsgestalt   51, 57, 65, 67, 74, 98, 103, 109-114, 116-118, 141-148, 150-153, 156, 182-184, 189, 191, 194, 198, 202, 210f., 214, 218, 227f., 232f.

이름의 계시 Revelatio Nominis, Invocatio Nominis[이름의 부름], auch: Anrufung des Namens   39, 47, 60, 64, 71.

이해 Verstehen   33, 40, 61, 68, 71, 77-80, 85, 87, 90f., 101-104, 109, 118-120, 123, 135, 139f., 143-157, 163, 168, 191, 193f., 197-199, 208-211, 214, 216, 219, 222.

ㅈ

자기발견 Selbstfindung, Selbsthingabe[자기헌신], auch: Selbstlosigkeit[자기상실]   50, 105f., 160-162, 172, 235.

자유 Freiheit, auch: befreien, Befreiung[해방]   36, 45, 47, 49, 58, 60-68, 71f., 77-80, 94, 98, 101-103, 107, 117, 119, 150-153, 156, 161-167, 173f., 179-184, 194, 220, 224, 230, 233-236.

자율, Autonomie, auch: Selbstbestimmung[자기규정], Selbstgesetzgebung[자기입법]   98f., 103, 109-111, 116-118, 184, 236.

전례 Liturgie, auch: Gottesdienst[예배], Kultus[의례]   28, 40f., 46, 57, 106f., 132f., 138.

존재론적 차이 Differenz, ontologische   121, 127, 129-132, 138-146, 149-153.

죄 Sünde, Sünder, sündhaft   26f., 40, 94-97, 100f., 109, 117-119, 152, 236.

주석 auslegen, Auslegung   23f., 38, 41-44, 59, 63, 69f., 74, 77, 115f., 139f., 146, 150, 160f., 164, 171, 174f., 194, 209, 211, 215, 218-223, 226, 228, 230, 235.

주체 Subjekt, Subjektivität[주관성], Subjektivismus[주관주의]   74, 86, 95, 114, 140, 164, 169, 184, 197f., 208, 231.

진리 Wahrheit   41, 59-61, 65, 70, 79, 84-87, 95, 131f., 136, 138, 144, 146, 148, 150, 152, 168, 178, 189, 213, 215.

ㅊ

책임 Verantwortung 140, 144, 148, 170, 197.

처음, Anfang, auch: "Reden von dem, was im Anfang geschah", "Archaiologien"[시원론] 23f., 40, 43, 88, 105f.

척도 Kriterium 23, 26, 29, 33, 36-38, 42, 44, 49, 56, 60-64, 69, 126, 149, 151, 157, 161, 176, 178, 205, 229, 231, 235.

체험 Erleben/Erlebnis (im Unterschied zur Erfahrung) 36f., 149, 151, 197f., 204-207, 217, 231.

충만 Fülle (der Zeiten), Erfüllung[실현] (der Schriften, der Verheißung) 50-55, 59, 61, 65-67, 75.

ㅍ

표징 Zeichen, auch: signum 58, 101, 107, 111, 116.

필체 Handschrift (des Autors) 185, 190f., 195f., 200f., 216-219, 223-226, 230, 233-236.

ㅎ

해석학 Hermeneutik, hermeneutisch 23f., 44, 48f., 55f., 65-67, 71-77, 114f., 194, 211, 215, 219.

형이상학 Metaphysik, metaphysisch 22, 28, 37, 63, 67-69, 73-79, 95, 118, 127, 129, 137, 160, 189f.

회심 Bekehrung, auch: Umkehr 27, 94f., 102, 109, 117, 236.

효력 있는[작용하는] wirksam, Wirksamkeit 92-98, 101, 116, 152, 162, 182, 185.

희망 Hoffnung 26, 50, 54f., 60f., 66, 71, 74, 77-79, 88, 92-109.

힘 Macht, ermächtigen 70f., 77-79, 92, 100, 107f., 129, 137f., 141, 146f., 151, 156f., 160-162, 168f., 171, 173, 181.